U0534358

翻译硕士实践教学体系的
构建与应用

郝玉荣 著

中国社会科学出版社

图书在版编目(CIP)数据

翻译硕士实践教学体系的构建与应用/郝玉荣著. —北京：中国社会科学出版社，2021.4
ISBN 978-7-5203-8193-2

Ⅰ.①翻… Ⅱ.①郝… Ⅲ.①翻译—研究生教育—教育研究—中国 Ⅳ.①H059-4

中国版本图书馆 CIP 数据核字(2021)第 058592 号

出 版 人	赵剑英
责任编辑	陈肖静
责任校对	刘 娟
责任印制	戴 宽
出 版	中国社会科学出版社
社 址	北京鼓楼西大街甲 158 号
邮 编	100720
网 址	http://www.csspw.cn
发 行 部	010-84083685
门 市 部	010-84029450
经 销	新华书店及其他书店
印 刷	北京明恒达印务有限公司
装 订	廊坊市广阳区广增装订厂
版 次	2021 年 4 月第 1 版
印 次	2021 年 4 月第 1 次印刷
开 本	710×1000 1/16
印 张	20
插 页	2
字 数	288 千字
定 价	118.00 元

凡购买中国社会科学出版社图书，如有质量问题请与本社营销中心联系调换
电话：010-84083683
版权所有　侵权必究

目 录

前 言 …………………………………………………………（1）

第一章 绪论 ………………………………………………（1）
  第一节 研究背景 ………………………………………（1）
    一 翻译学科发展现状 ………………………………（1）
    二 翻译硕士培养质量现状 …………………………（3）
    三 实践教学的重要价值 ……………………………（5）
  第二节 研究目的与研究意义 …………………………（7）
    一 研究目的 …………………………………………（7）
    二 研究意义 …………………………………………（8）
  第三节 核心概念界定 …………………………………（11）
    一 体系与系统 ………………………………………（11）
    二 实践教学体系 ……………………………………（12）
    三 翻译硕士实践教学体系 …………………………（14）

第二章 文献述评 …………………………………………（16）
  第一节 翻译硕士研究 …………………………………（18）
    一 翻译硕士发展研究 ………………………………（18）

二　翻译硕士教学研究 …………………………………… (23)

　第二节　实践教学体系研究 ……………………………………… (33)
　　一　体系的问题与价值研究 …………………………………… (33)
　　二　体系的优化研究 …………………………………………… (34)
　　三　体系的构建研究 …………………………………………… (35)

　第三节　翻译实践教学体系研究 ………………………………… (38)
　　一　翻译类实践教学体系研究 ………………………………… (39)
　　二　翻译专业实践教学体系研究 ……………………………… (40)

　第四节　文献研究的特征与启示 ………………………………… (42)
　　一　文献研究的特征 …………………………………………… (42)
　　二　文献研究的启示 …………………………………………… (44)

第三章　理论基础与概念框架 ……………………………………… (48)

　第一节　理论基础 ………………………………………………… (48)
　　一　PACTE 翻译能力及习得模型 …………………………… (49)
　　二　认知技能习得理论 ………………………………………… (52)
　　三　认知灵活性理论 …………………………………………… (54)
　　四　OBE 工程教育理念 ……………………………………… (56)
　　五　动态系统理论 ……………………………………………… (57)

　第二节　概念框架 ………………………………………………… (60)
　　一　框架设计与指标设置 ……………………………………… (61)
　　二　指标的筛选与修正 ………………………………………… (70)
　　三　指标的确定与阐释 ………………………………………… (80)

第四章　研究设计 ……………………………………………………… (85)

　第一节　研究思路与研究方法 …………………………………… (85)
　　一　研究思路 …………………………………………………… (85)

二　研究方法 …………………………………………… (86)

　第二节　研究对象与研究工具 ……………………………… (90)

　　一　研究对象 …………………………………………… (90)

　　二　研究工具 …………………………………………… (96)

　第三节　数据的收集与整理 ………………………………… (98)

　　一　数据的收集 ………………………………………… (99)

　　二　数据的整理 ………………………………………… (100)

第五章　现状调查与影响因素分析 ……………………………… (102)

　第一节　现状调查 …………………………………………… (102)

　　一　构成要素及其重要性认识分析 …………………… (102)

　　二　各子体系建设现状分析 …………………………… (115)

　　三　问题与成因分析 …………………………………… (139)

　第二节　影响因素分析 ……………………………………… (148)

　　一　内部影响因素分析 ………………………………… (148)

　　二　外部影响因素分析 ………………………………… (151)

　　三　作用原理分析 ……………………………………… (156)

　　四　影响因素的运行机制分析 ………………………… (181)

第六章　模型构建 ………………………………………………… (184)

　第一节　翻译硕士实践教学体系的结构模型 ……………… (184)

　　一　构成要素的调整与修改 …………………………… (185)

　　二　结构关系的阐释与确定 …………………………… (187)

　第二节　翻译硕士实践教学体系的内涵 …………………… (189)

　　一　实践能力培养为核心的层级目标体系 …………… (190)

　　二　实现途径与方法为主体的阶段内容体系 ………… (209)

　　三　过程监控和结果评价为两翼的质量管理体系 …… (253)

四　资源+机制为支撑的保障体系 …………………………（259）
第三节　翻译硕士实践教学体系的价值与特征 ………………（286）
　　一　翻译硕士实践教学体系的价值 ………………………（286）
　　二　翻译硕士实践教学体系的特征 ………………………（288）

参考文献 ……………………………………………………………（293）

前　言

我国的翻译事业自 20 世纪 70 年代起,经历了 90 年代学科确立后的快速发展,已形成翻译本科、硕士和博士三级培养体系,随着各种国际会议日益增多,国外资料大量引进,工业、科技、司法、环保、金融等领域国际交流与日俱增,以往重理论、重学术研究的培养模式已无法满足当前我国社会、经济、文化发展对应用型翻译专业人才的迫切需求,我国翻译教育亟须完善翻译人才培养体系,创新翻译人才培养模式。

2007 年,国务院决定设置翻译硕士专业学位教育,调整我国研究生的培养结构,培养能适应全球经济一体化及提高国家国际竞争力的需要,适应国家经济、文化、社会建设需要的高层次、应用型、专业性口笔译人才,截止 2021 年 3 月,我国已有翻译硕士培养院校 215 所,为社会培养 5 万余名毕业生。然而受传统学术型研究生培养模式和师资的影响,我国翻译专业学位教育在培养目标、课程结构、实践环节等方面仍存在一些问题,为提升我国翻译硕士毕业生翻译实践能力和培养质量,缓解国内外市场对应用型翻译人才的迫切需求及高要求与目前国内高校翻译人才培养现状和翻译专业毕业生翻译实践能力的低下之间的矛盾,本书聚焦影响翻译硕士研究生翻译实践能力低下的主要因素——翻译硕士实践教学体系,借鉴 OBE(Outcome-based Education)工程教育理念,以认知技能习得理论、认知灵活性理论和动态系统理论为依据,以西部地区16所翻译硕士培养院校为样本，分析翻译硕士实践教学体系应然与实然之间的差距、成因、影响因素及作用原理，构建以翻译实践能力培养为驱动、以翻译能力习得为目标、与翻译硕士理论教学体系既相互支撑又彼此独立的翻译硕士实践教学体系，以期提升翻译硕士教学质量，为高层次、应用型翻译专业人才培养和翻译学科发展提供思路与建议。

本书共六章，主要探讨翻译硕士实践教学体系构建的理据与路径。本书的主要特点体现在以下三个方面：第一，将翻译硕士实践教学体系作为一个动态变化的系统研究。翻译硕士实践教学体系的建设水平是翻译硕士实践教学体系内在因素和学校等外部因素共同作用的结果，分析翻译硕士实践教学体系的影响因素，首先必须从翻译硕士实践教学体系体系内部出发挖掘各子体系之间的作用关系；其次必须从翻译硕士实践教学体系外部探寻其他主体是以何种途径、何种方式作用于翻译硕士实践教学体系本体。第二，力图对翻译硕士教学实践有指导作用。翻译硕士实践教学体系的价值体现在培养翻译硕士研究生的翻译实践能力上，翻译实践能力的培养贯穿整个翻译硕士实践教学体系的始末，从目标体系的确定，内容体系和管理体系的架构到保障体系的形成，皆严格遵循系统工程原理"施动—受动—调控—保障"的功能原则，以培养高层次、应用型的专业口笔译人才为终极目标，强调理论对翻译实践过程和翻译能力的指导。第三，构建多维视域下一体化翻译硕士实践教学体系。翻译硕士实践教学体系的构建基于对OBE工程教育理念一体化教学设计模式运用的基础上，首先，其"从学生预期学习产出→目标确定→课程体系构建→教学策略与教学评价选择"的反向设计原则，能快速而准确地通过相关利益者的调查确定翻译硕士的培养目标；其次，其根据具体毕业要求条目，细化培养目标并将其逐个分解到课程体系中的方法，能使课程与课程之间以横向的"群"组、纵向的"串"联形成知识、能力、素质培养的课程矩阵；再次，根据课程性质和课程目标确定教学单元的内容，在问题探究、案例讨论、项目参与的教学方法与手段的使用下，逐步分阶段达成预期目标的方法，能确保终极目标的有序实现；最后，在目标实现的过程中加强对教学质量和教学过程监控的方式，有利于对教师的"教"与学生的"学"的过程和结果做出阶段和最终评价。综合以上几点，该模式不仅解决了人才培养定位的问题，而且解决了培养模式的选择与运用问题，其持续改进的理念有利于随时调整教与学的各个环节与阶段，以此模式培养高层次、应用型翻译专业人才优势明显。

翻译硕士实践教学体系的构建与应用研究本身所具有的翻译硕士专业学位研究生教育和实践教学的价值以及跨学科研究的视域，使得本研究旨趣丰富、意蕴深远。翻译学科的人文学科属性使得翻译硕士实践教学体系即便精准设计体系、分解培养标准和课程目标，仍无法摆脱人文学科人才培养的特殊性，即人文学科实践活动所蕴含的社会、历史、环境以及人的特性，具有主观、开放的特点，无论是翻译实践能力的构成、翻译硕士实践教学体系分析框架的构建，还是翻译硕士实践教学体系理论模型的构建虽然无法像理工科学术研究那样精准的控制变量、那样精细的设计过程，或者反复验证和重复实验。但是研究过程中引入的工程教育理念和课程矩阵的方法对于细化、具化人文学科的宽泛、多变的目标与内容起到了很好的调谐作用。尽管本书提出的翻译实践能力的构成框架、翻译硕士实践教学体系的理论模型以及翻译硕士实践教学体系的运行机制都只是基于当下翻译硕士教学的情境中，有一定的目的性和指向性，并不全如流水线式的工艺流程一般精准和普适，但它对过程和实现路径的设计，无疑比以往仅以人文思辨和演绎方式得出的结论更加精确、可靠。

本人多年来一直从事高校翻译教学工作，目睹了翻译教学（泛指大学英语的翻译教学、英语专业的翻译教学以及翻译专业的翻译教学）随我国不同时期、不同阶段的"教学要求"变化过程。整体上看，我国的翻译教学在不断吸收和借鉴国外和港澳地区翻译教学的先进理念和一流技术的基础上，主客体上都得到了极大的发展，但统观我国翻译教学的现状和发展，无论是教学要素构成的微调，还是课程结构和培养目标的改革，都忽视了与翻译实践能力培养最直接相关、起着基础和决定作用的实践教学体系的作用。崔启亮教授受托编写的《全国翻译硕士专业学位研究生教育与就业调查报告》一书的出版为本人进行翻译硕士实践教学体系的构建与应用研究打开了视野、提供了依据，激励本人探寻我国翻译硕士培养院校的翻译硕士实践教学体系建设现状，构建运行有效的、能够提升翻译硕士翻译实践能力和教学质量的实践教学体系。限于本人的学识和研究水平，本书还有一些不尽如人意的地方，关于翻译硕士实践教学体系构建与应用研究的理论与方法还有很多领域有待更深入地拓展，因此本书还有不完善之处，希望更多同仁们能提出宝贵的意见和建议。

在研究过程中，我的导师姜秋霞教授，我的师姐周亚莉教授，师兄刘全国教授、郭来福博士、慕宝龙博士以及党宝宝博士一直给予我支持和鼓励，提出了许多很有价值的修改意见。接受我访谈的全国翻译专业学位研究生教育指导委员会和翻译硕士培养院校的专家、教授和翻译硕士任课教师们给了很多中肯而又宝贵的建议，在此一并表示感谢。

郝玉荣

2021 年 4 月

第一章 绪论

第一节 研究背景

对翻译硕士实践教学体系的研究缘于目前国内外市场对应用型翻译人才的迫切需求及高要求与国内高校翻译人才培养现状之间和翻译专业毕业生翻译能力低下之间的矛盾，翻译硕士实践教学的探索与研究有助于提升翻译硕士研究生的翻译能力，提升翻译硕士教学和人才培养质量。

一 翻译学科发展现状

我国的翻译事业自20世纪70年代起，经历90年代学科的确立后快速发展，已形成了翻译本科、硕士和博士三级培养体系。伴随着各种国际会议日益增多，国外资料大量引进，工业、科技、司法、环保、金融等领域国际交流与日俱增，以往重理论、重学术研究的培养方式已无法满足当前我国社会、经济、文化发展对应用型翻译专业人才的迫切需求，我国翻译教育亟须完善翻译人才培养体系，创新翻译人才培养模式，提高翻译人才培养质量。

庄智象[①]曾言，翻译人才素质不高、水平不够的呼声不绝于耳，翻译

---

① 庄智象：《关于我国翻译专业建设的几点思考》，《外语界》2007年第3期。

质量下降、高级翻译人才后继乏人的事例常见诸报端,翻译比赛一等奖屡屡空缺,翻译方向硕士、博士研究生实践能力不强、理论水平不高、研究能力不尽如人意、创新能力不足,师资队伍数量增加、学科点扩大,招生结构调整而翻译水平、翻译能力、翻译质量、研究创新能力却没有同步提升。造成这些问题的原因是以往翻译人才培养体系不完整,机制不科学、不合理。我国传统的翻译人才培养模式是在外语教育下开设翻译方向,翻译教学主要是结合文学讲授文学翻译,而不是现实生活中真正发生的实用文献翻译。实际上,现实中实用文献翻译占到90%以上,文学翻译的机会并不多。也就是说,传统的翻译教学并不是真正的专业翻译教学。文学翻译与专业翻译之间虽有相同之处,但也存在着巨大的差异。正是由于这种区别,导致传统的翻译人才培养模式下毕业的学生往往不能适应用人单位的要求,不能胜任翻译工作。

2007年,国务院决定设置翻译硕士专业学位教育,培养"德、智、体全面发展,能适应全球经济一体化及提高国家国际竞争力的需要,适应国家经济、文化、社会建设需要的高层次、应用型、专业性口笔译人才"[①]。从2007年15所院校的设立到目前,开办院校已达到215所[②],翻译硕士招生人数也由2008年的约350人,发展到现在的每年招生超过8000人,截至2021年3月,我国翻译硕士专业学位教育已为社会培养5万余名毕业生。

翻译专业学位教育的设置和招生结构的调整是经济全球化下高等教育适应经济、文化快速发展的需要,丰富了我国翻译专业研究生教育内涵,促进了翻译学科的建设和高层次应用型翻译人才的培养。然而翻译专业学位教育作为完整翻译专业培养体系之一,仍存在培养目标不清,课程结构单一、重理论轻实践等问题,因此,厘清翻译专业学位教育的

---

① 国务院学位办:《关于转发〈翻译硕士专业学位研究生教育指导性培养方案〉的通知》,《腾讯网》2007年第12期。
② 教育部与国务院学位委员:《新增翻译本科培养单位及MTI培养院校名单》,《中国译协网》2017年第12期。

实质和内涵，探讨适合翻译专业学位教育层次特有的应用型人才培养模式，是完善翻译专业人才培养体系的重要一环，是翻译学科健康、持续发展的必由之路。

二 翻译硕士培养质量现状

自2007年设立以来，翻译硕士教育无论在教学条件、教学手段、师资配比等方面都获得了长足的发展，也得到了国家和业界的认可，成为我国翻译人才培养、尤其是高层次应用型翻译专业人才培养的主要阵地。然而，中国翻译协会本地化服务委员会副主任崔启亮在全国范围内进行的关于"全国翻译专业学位研究生教育与就业调查"① 让我们看到了一些不同的东西。

对翻译硕士未来发展和现状满意度调查显示：72%的受访者持消极态度，认为翻译硕士发展速度过于迅速，大部分翻译硕士试点院校没有完成自己最初制定的培养目标；15%受访者认为，基本达到了培养目标的要求；剩余13%受访者不太确定是否已实现既定的翻译硕士人才培养目标。

翻译硕士在校生对翻译硕士教学不足的看法：37%认为翻译硕士教学最大的不足是重理论轻实践；30%认为课程间无内在联系，没有主次；30%认为翻译硕士教学最大的不足是缺乏专业知识储备就业前景不容乐观；24%认为学费与学习经验不对等；20%认为师资选择与配备不合理；19%认为翻译硕士教学与本科外语学习相差无几。

对翻译硕士毕业生就业方向和就业满意度的调查显示：40%的翻译

---

① 崔启亮：《全国翻译硕士专业学位研究生教育与就业调查报告》，对外贸易经济大学出版社2017年版。该调查受MTI教指委委托，由中国翻译协会本地化服务委员会副主任崔启亮在全国范围内发起，调查收到来自205所MTI高校的问卷4102份。其中592份MTI高校教师问卷，2849份MTI在校生问卷，522份MTI毕业生问卷，139份MTI用人单位问卷。MTI教师问卷覆盖高校195所，覆盖率为95.1%；MTI在校生问卷覆盖高校143所，覆盖率为69.76%；MTI毕业生问卷覆盖高校69所，覆盖率为43.67%。

硕士毕业生选择了与翻译相关的职业。没有选择与翻译相关工作的受访者中，32%的翻译硕士毕业生是因为没有找到合适的翻译相关工作；21%的翻译硕士毕业生认为翻译行业混乱，待遇不高；16%的翻译硕士毕业生则因为翻译能力低下而无法满足职业翻译的技能要求。在就业满意度方面，仅有7%的翻译硕士毕业生对于自己的职业表示很满意，25%的翻译硕士毕业生表示满意。

企事业单位对翻译硕士毕业生的满意度和要求的调查：对翻译硕士毕业生的评价上，73%的用人单位对翻译硕士毕业生的沟通能力很满意或者满意；80%的用人单位对于翻译硕士毕业生的合作能力很满意；79%的用人单位对翻译硕士毕业生的学习能力表示很满意；78%用人单位对于翻译硕士毕业生的综合素质表示满意。用人单位对于翻译硕士学生提出的建议，最关注的两条是提高责任心，加强专业知识学习；其次是正直诚实，能独立工作，能承受压力，有协作意识、服务意识，能适应变化，有实习实践经验、翻译能力，有机辅翻译能力，会办公软件，懂得人际礼仪。

以上对翻译硕士教师、学生、用人单位的关于翻译硕士教育现状、培养现状、就业现状的调查数据表明，备受关注的高层次、应用型、专业性翻译人才培养阵地——翻译硕士专业学位教育，其基本问题虽已逐步解决，但"许多深层次的问题仍然存在"。在理念上，尚未清楚区分翻译硕士专业翻译人才培养与翻译学硕士学术人才培养的差别，导致重理论、轻实践，没有突出实践性和专业化的特色；在实践层面，未将国家需求、市场需求与毕业生自身专业发展需求相结合，表现为培养目标混乱，教学内容片面，缺乏系统性。从调查数据中不难发现造成目前翻译硕士培养质量低下，难以满足翻译市场高层次人才需求的原因是翻译硕士毕业生翻译能力低下，而造成翻译硕士毕业生翻译能力低下的深层原因则是翻译硕士实践教学体系的积疴。

三 实践教学的重要价值

实践教学的旨趣缘于实践与认识的辩证关系。马克思主义哲学认为，实践是认识的基础，实践决定认识。首先，实践是认识的来源。人们改造客观世界的活动必然要求人们对客体事物的认识并与客体发生互动关系，实践为认识产生提供了基础和可能；其次，实践是认识发展的动力。实践活动的深入要求认识与之同行，促进主体认识能力的提高；再次，实践是认识的目的与归宿。认识的发生缘于实践活动的需要，最终服务实践活动去改造客观世界；最后，实践是检验真理的唯一标准。实践是联通人的主观意识与客观世界的桥梁，要判断人们对客观世界的反映是否与真实，唯一方式便是关照实践。马克思主义哲学在肯定实践对认识的作用的同时也十分重视认识对实践的反作用，他认为认识对实践的能动作用主要在于认识的高级形式——理论，能端正实践方向、指导人们的有目的、有计划地进行改造世界的实践活动，指导人们在实践中创新。

实践教学思想的产生源于亚里士多德，历经夸美纽斯、洛克、卢梭，发端于西方的实用主义。在我国，陶行知先生对杜威教育即生活思想进行了改进，提出了生活教育理论，他对"实践"和"行动"的强调成为我国教育实践思想的理论基础。20世纪90年代，联合国教科文组织强调学习者真实项目设计，主动建构、体验参与，"以项目为中心的学习"和"以问题为中心的学习"打破了传统学习固有的单一学习模式，教育与现实生活联系更加紧密，实践教学成为教育与生活世界相联系、培养学生实践能力和创新精神的必然选择。

1999年中共中央、国务院发布《关于深化教育改革全面推进素质教育的决定》[①]，将实践能力和创新能力培养作为全面实现素质教育的

---

① 中共中央、国务院：《关于深化教育改革全面推进素质教育的决定》，《人民教育》1999年第7期。

战略主题。2010年中共中央、国务院发布的《国家中长期教育改革与发展规划纲要（2010—2020）》[①]将实践能力和创新能力提高到了与学习能力同等重要的地位，并提出了实践能力培养的路径和方式。从上两个关于国家教育全局的纲领性文件都明确强调了实践能力和创新能力培养的重要性。国家对实践能力的强调越发凸显了实践教学的价值所在。翻译本身是一种实践性极强的活动，它不仅涉及语言层面的双语转换，还涉及了语言层面之下的文化信息的传递，此外，译者作为源语与译语之间的"中间人"，本身就是兼具个性与社会性的实践主体，译者在把握语言规律及语言转换规律的同时，还需要发挥主观能动性对译品进行创作、加工、改写等实践活动，因此，实践之于翻译如同空气与人，无法分割。对翻译硕士专业学位教育而言，实践教学是比理论教学更加重要的教学活动。翻译硕士专业学位教育是国家将研究生培养模式从"学术型"向"应用型"调整的重要举措，教育部下发的《翻译硕士专业学位教育指导性培养方案》中明确规定翻译硕士培养目标是"高层次、应用型、专业口笔译人才"，文件具体规定了实践环节的标准和要求，将实践教学摆在比理论教学更为重要的位置。

作为一名从事翻译教学的教师，在近20年的教学中，本人目睹了翻译教学（泛指大学英语的翻译教学、英语专业的翻译教学以及翻译专业的翻译教学）随我国不同时期、不同阶段"教学要求"的变化而变化的历程，或"积贫积弱"艰难前行，或"大刀阔斧"披荆斩棘。整体上看，我国的翻译教学在不断吸收和借鉴国外和港澳地区翻译教学的先进理念和一流技术的基础上，主客体上都得到了极大的发展，如师资力量的调整、培养目标的完善及教学设施的改进。但统观我国翻译教学的现状和发展，不难发现，无论是教学要素构成的微调，还是课程结构和培养目标的改革，都忽视了与翻译实践能力的最直接相关、

[①] 中共中央、国务院：《国家中长期教育改革与发展规划纲要（2010—2020）》，《人民教育》1999年第17期。

起着基础和决定作用的实践教学的作用，一套运行有效的实践教学体系是保证实践能力快速提升和翻译硕士专业学位教育健康发展的最基本条件。

基于此，本书在梳理国内外翻译硕士专业学位教育和培养现状的基础上，结合翻译硕士教学的特点、翻译硕士人才培养的要求和翻译硕士实践能力培养的特点寻找造成翻译硕士实践教学体系应然与实然差距的原因及其影响因素与作用原理，为翻译硕士实践教学体系的建设与优化提供思路与路径，以期提升我国翻译硕士研究生的培养质量，为我国翻译学科的建设和翻译事业的发展提供助力。

第二节　研究目的与研究意义

一　研究目的

本书旨在了解我国翻译硕士实践教学体系的建设现状，发现问题，寻找问题的原因，为我国翻译硕士实践教学体系建设提供思路和策略，具体研究目的如下。

第一，解决翻译硕士理论教学与实践教学的关系问题。理论教学与实践教学的关系发端于理论与实践的关系，理论源于实践又兼具指导实践的作用，实践是检验真理的唯一标准，实践是理论的基础，理论教学传授陈述性知识，实践教学践行程序性知识理念。理论教学与实践教学是教学系统的一体两面，二者共同服务于教学活动的开展和教学质量的提升。翻译硕士是一种专业学位教育，旨在培养高层次、应用型翻译专业人才，其应用型体现为市场对翻译专业毕业生翻译实践能力的需要，其高层次体现在翻译综合学科特性对翻译专业毕业生知识结构和理论水平的诉求，因此，厘清翻译硕士理论教学与实践教学的关系问题，对于准确定位翻译硕士实践教学体系的内涵有着重要意义。

第二，解决翻译硕士教育与实践教学体系的对接与融合问题。翻译硕士教育的翻译学科属性和专业学位属性决定了翻译硕士实践教学体系与以往其他任何一种学科（专业）或者层级的实践教学体系的不同所在，翻译是艺术与科学兼具、融合共生的一门学科，它既有人文学科的随性与多变，又有自然学科的严谨与规范，翻译硕士教育与实践教学体系的对接与融合正如人文学科于自然学科的碰撞与共存一样，是一个需要技术理据与人文情怀共同关照的过程，因此，探讨翻译硕士教育与实践教学体系的对接与融合是关系到翻译硕士实践教学存在的重要问题。

第三，解决翻译硕士实践教学体系内部结构与外部运行环境匹配的关系问题。翻译硕士教育与实践教学体系的交融决定了翻译硕士实践教学体系内部诸要素的构成与秩序，也决定其赖以生存和运行的外部环境与体系诸要素的互动关系与存在方式，因此，翻译硕士实践教学体系内部结构与外部运行环境匹配问题的解决与否，不仅关系到翻译硕士教学活动的发生与效果，还决定着翻译硕士人才培养院校内部各教学主体与客体的定位以及翻译硕士人才培养目标的定位问题。

第四，解决翻译硕士实践教学体系与翻译能力培养的依存关系问题。翻译硕士实践教学体系与翻译能力培养的依存关系问题是翻译硕士实践教学体系存在的价值诉求问题，是翻译专业学生翻译能力提升与发展的诉求，是翻译硕士教学质量和翻译硕士人才培养质量提升、乃至翻译学科发展的诉求，翻译硕士实践教学体系建设必须以翻译专业学生翻译能力提升为基础和目标，同时翻译能力的提升与发展必然有赖于翻译硕士实践教学体系的支撑和保障。

二　研究意义

从理论上讲，翻译硕士实践教学体系的研究具有以下意义。

第一，有利于丰富翻译能力的内涵，厘清各子能力的运用范围与主次。翻译能力的研究历来是翻译学界的热门话题，本研究基于国内外学者对翻译能力构成及其关系的研究，以西班牙 PACTE 小组的翻译能力构成与习得模型和我国学者张瑞娥再范畴化的翻译能力构成模型为基础，在统观翻译硕士教学特点的基础上，从翻译能力和实践能力两个维度探索侧重知识运用与技能掌握的翻译实践能力，将侧重概念、规则、原理识记的语言能力与侧重概念、规则、原理运用的言语能力（翻译实践能力）进行了较为合理的区分，为翻译能力的发展提供了培养标准，也有效地区分了以学术型人才培养为目标的翻译本科与应用型人才培养为目标的翻译硕士教学中对翻译能力培养的主次与侧重点。

第二，有利于拓展实践教学体系的内涵，赋予实践教学体系人文学科的内涵。从本研究梳理的实践教学体系的相关研究中可以发现，实践教学体系历来是高职院校与理科院校培养体系中可以量化的重要指标之一。人文学科虽也有对实践教学体系的探讨，如对思政教育和商务英语专业实践教学体系的构建与优化研究，但这种探讨多半是理论际遇实践的顺从与依傍，实践教学体系本身沦为理论教学的延伸和补充，并没有被赋予独立的价值与地位。

第三，有利于厘清翻译硕士理论教学和实践教学的关系，分清翻译硕士教学的主次。翻译硕士实践教学体系是翻译学科与专业学位教育的结合，是我国研究生教育培养规格从"学术型人才培养"向"应用型人才培养"的有益尝试，它具有传统学术型人才培养对知识结构和理论水平的要求，又有专业学位职业化与专业性的需求，在教学内容上必要要求既有理论知识的系统习得，又有技能和能力的培育与养成，这一要求体现在教学系统中就是对理论教学体系和实践教学体系的协调推进。

第四，有利于丰富翻译学科的内涵，促进人文学科与自然学科的融合、生长，赋予实践教学教学体系人文学科的内涵。研究借鉴 OBE 工程教育理念的"反向设计，正向实施"原则，以翻译实践能力培养为起点，以翻译实践能力的发展为终点，对翻译硕士实践教学体系进行顶层设计和持续改进，以市场对翻译专业毕业时拟达到的能力水平（毕业要求）作为准绳，正确处理了教学目标与教学内容、教学评价、教学保障之间的关系，以过程的精准和严谨求效果的科学有效，这种设计理念弥补了人文的随性、偶然的不足，拓宽了人文学科的研究视角。

从实践上讲，翻译硕士实践教学体系的研究具有以下价值。

第一，翻译硕士实践教学体系模型的构建过程科学规范，能为同类相关研究提供范例。翻译硕士实践教学体系模型的构建是建立在对现实矛盾的思考、相关文献研究的梳理、概念框架分析、现状调查以及影响因素、作用原理、运行模式的分析基础上，这种研究的思路和模式能为同类研究对象理论模型的构建提供范例。

第二，翻译硕士实践教学体系维度及其构成要素的确定有利于翻译硕士实践教学的一体化设计。翻译硕士实践教学体系构成维度及其构成要素的确定，是对一般系统论和系统工程原理的运用和模式的实践，既有对翻译硕士教育建设背景与指导文件的准确把握与解读，又有对业内专家的调查与访谈，是经验与实证结合的产物。翻译硕士实践教学体系的维度与构成本身适合翻译学科的特点、语言学习的规律和对翻译能力培养这个最终目标的考量，因此，翻译硕士实践教学体系的维度与构成是一体化教学设计框架与标准。

第三，翻译硕士实践教学体系总体建设现状与西北地区建设现状透视与比照的过程，为全面了解不同行政区翻译硕士试点院校的翻译硕士教学情况提供了可参照的样例。研究将西北地区翻译硕士试点院校的翻译教学情况与全国翻译硕士教育与就业情况进行比照，在了解翻译硕士教育现状全局的基础上，对西部地区翻译硕士教学的实践教学情况进行了深入调查，这种整体与局部、点与面相结合的研究思路与研究设计，既可以统观，又可以深究，能为了解其他六大行政区翻译硕士实践教学体系提供思路。

翻译硕士实践教学体系研究是翻译学科内部艺术与科学的博弈，是人文学科与自然学科的碰撞交融，是解决翻译专业毕业生翻译能力低下与市场对翻译人才大需求与高要求之间矛盾的必然之举，其深入研究不仅能为翻译硕士教育发展提供方向，为翻译硕士教学质量的提升提供思路，为翻译专业人才培养质量的提升提供视角，还能为其他类型院校翻译实践教学体系的构建和优化提供路径。

第三节 核心概念界定

核心概念的界定是准确把握研究对象内涵与特质的重要手段，也是具化研究对象，提炼研究过程的重要方法之一。

一 体系与系统

从古至今，对于"系统"的定义不下百种，系统论的创立者贝塔朗菲（L. Von. Bertalanffy）将系统看作相互作用的要素的整体。美国学者阿柯夫（R. L. Ackoff）认为系统是由两个以上相互联系的要素构成的集合。我国学者钱学森认为系统是若干部分组成的有机体，这些部分相互作用、相互依赖，实现某种特定功能。无论"系统"定义如何，各客观要素如何存在，其表述的思想从来都是部分之和大于整体，强调整体的作用。"体系"泛指一定范围内同类的事物或意识以某种秩序和关系组合而成的整体，它强调各个组成部分相互联系的状态对整体所发挥的作用，二者既有共同点，即都包含整体与部分的构成与功能，都是对相互联系的客观事物的描述；不同之处在于，前者强调整体性，后者强调各要素存在的方式（体系的要素、结构），这种存在的方式往往表现为人为规定的秩序或组合，不同的秩序或组合方式，达到/实现的效果或目的不同（体系的功能）。可见，体系和系统相互联系、彼此掺杂，在实际应用中很难截然分开，为研究方便，这里不再细分体系和系统"大小"关系，将体系看作人为秩序或规定下的按照特定关系有序组合的整体，即体系是主观意愿下客观存在的系统。

二 实践教学体系

实践教学是相对于理论教学而存在的一种教学活动，旨在巩固理论知识，加深对理论知识的认识，是理论联系实际，理论知识应用于生活世界的主要途径。对于实践教学体系概念的研究总是伴随着对实践教学体系构成要素和实践教学体系的结构功能的研究（如表1-1）。

表1-1　　　　　实践教学体系概念及构成要素研究

研究者	广义（概念与构成要素）	狭义（概念与构成要素）
俞仲文[①]	实践教学活动各个要素构成的有机联系整体包括目标、内容、管理和条件等要素。	实践教学内容体系，包括课程设置和实践教学环节（实验、实习、实训、课程设计、毕业设计、创新制作、社会实践等）。
顾力平[②]	实践教学活动中的各要素构成的有机联系的整体，包括目标体系、内容体系、管理体系和评估体系等要素。	实践教学的内容体系。
孟欣征[③]	由实践教学目标体系、内容体系、管理体系和条件支撑体系所构成的整体。	实践教学内容体系，是人们经常在教学计划中使用的实践教学体系。
吴国英[④]	实践教学活动中的各要素构成的有机整体，包含实践教学活动的目标体系、内容体系、实现途径体系、管理体系和保障体系等要素。	实践教学的内容体系。
易自立[⑤]	实践教学活动各个要素构成的有机联系的整体，包括动力体系、目标体系、内容体系、管理体系和条件体系。	实践教学各个环节的优化组合。

---

① 俞仲文：《高等职业技术教育人才培养模式的探索与实践》，《高等工程教育研究》2002年第5期。
② 顾力平：《高职院校实践教学体系构建研究》，《中国高教研究》2005年第11期。
③ 孟欣征：《高职高专以就业为导向的实践教学体系建设研究》，硕士学位论文，西北师范大学，2006年。
④ 吴国英：《高校人文社科专业实践教学体系的构建》，中国社会科学出版社2011年版。
⑤ 易自力：《全日制普通高等学校教学全面质量管理实用指南》，湖南人民出版社2006年版。

续表

研究者	广义（概念与构成要素）	狭义（概念与构成要素）
李树林[①]	包括目标体系、内容体系、管理体系和条件保障体系。	包括机制、环境、方法。
潘菊素[②]	完整的实践教学体系体系必须具备驱动、受动、调控和保障功能，才能有序、高效地运转，从而实现目标。	教学内容、教学手段与方法。
刘晶[③]	按驱动、受动、调控和保障功能分成四个亚体系，即目标体系、内容体系、管理体系和保障体系。	内容、评价、方法与过程。

从表 1-1 可以看出，学者们对于实践教学体系的概念和构成要素的观点基本一致，即狭义上的实践教学体系专指实践教学内容体系，是围绕专业人才培养目标，在制订教学计划时，通过课程设置和各个实践教学环节的配置而建立起来的与理论教学体系相辅相成的内容体系。对实践教学体系广义的解释则有两种，第一种观点认为实践教学体系是由实践教学活动中各要素构成的有机联系的整体，包括目标、内容、管理、条件、评估等要素；第二种持系统工程原理功能论的观点，认为实践教学体系是一个完整的教学系统，该系统必须具备驱动、受动、调控、保障四大功能，才能有序、高效运转，保证目标实现。

本研究采用广义的实践教学体系的界定，即实践教学体系是实践教学活动中的各种要素按照既定目的有序构成的整体，包括目标体系、内容体系、管理体系、条件保障体系四个方面。该界定表明，实践教学体系是一个稳定的教学系统，是教学活动中各要素的集合，是教学要素论和系统工程原理功能论相结合的产物，它按照"驱动—受动—调控—保障"的功能结构有序表征为教学活动中的实践教学目标体系、实践教学内容体系、实践教学管理体系和实践教学保障体系，两者结合既反映了实

---

① 李树林：《技术本科教育实践教学体系研究》，硕士学位论文，华东师范大学，2009 年。
② 潘菊素：《实践教学"三课堂"联动培养高技能人才》，《中国高教研究》2008 年第 5 期。
③ 刘晶：《新建地方本科院校实践教学体系研究》，硕士学位论文，江西师范大学，2012 年。

践教学体系的内涵和本质属性，又表明了实践教学体系的结构、功能及其各结构之间的相互关系。

本研究之所以采用广义的实践教学体系的概念，是教学的复杂性所决定的。首先，教学是一种双向的活动，它的交互双方是具有个性和社会性的行为主体；其次，教学活动涉及教与学的方方面面，包括教学目的、教学主体、教学内容、教学方法、教学条件等要素，这些要素必须以一种适宜、有序的方式组合才能实现教学活动的目的。此外，要素间是一种互相依存、彼此制约的关系，所谓牵一发而动全身，它们是相对稳定且动态、开放的结构，如果只从狭义的概念，即教学内容体系去研究翻译硕士实践教学体系则无法准确把握翻译硕士教学的全貌和各体系之间的关系，不能从总体上把握实践教学和理论教学的关系，也看不到翻译硕士实践教学体系本质和内涵，按照系统工程原理的观点，从驱动（目标）、受动（内容）、调控（管理）和保障四个方面整体把握各个系统的构成及各系统之间的关系，能更准确全面地了解翻译硕士实践教学体系的情境与作用。

三 翻译硕士实践教学体系

翻译硕士是我国教育部为培养高层次、应用型翻译专业人才而设立的一种教育形式，该教育形式是社会经济快速发展和对外交流日益频繁背景下对高级翻译专业人才培养的一种尝试。与翻译本科专业人才培养和翻译学人才培养相比较，翻译硕士人才培养有自己独一无二的特点，即专业性和职业化。实践教学体系是实践教学活动得以开展和顺利进行的各要素之和，各要素按照一定的结构彼此联系、相互影响，它与理论教学体系有着紧密的联系，但又相对独立，旨在提高学生的实践能力，提升教学质量，提高人才培养的质量。据此，翻译硕士实践教学体系可以界定为构成翻译硕士实践教学活动的各要素的有机整体，包括翻译硕士实践教学的目标体系、内容体系、管理体系和保障体系四个要素，各要素以培养翻译硕士研究生的翻译实践能力为目的，共同服务于我国高层次、应用型、专业口笔译人才的培养。

由于教学体系是系统论观点在教育领域的体现，因此，翻译硕士实践教学体系必定具有"系统"与生俱来的特性和功能，目标体系起引导驱动作用，决定着翻译硕士实践教学体系的建立和归宿；内容体系是整个体系的基础和支撑，它取决于目标体系所要达到的任务或实现的要求；管理体系是管理制度、管理机构、人员、管理手段的总和，是保证教学质量提升和教学过程规范运行的基础；保障体系是实践教学活动得以展开、教学内容顺利实施的重要条件。同时，翻译硕士实践教学体系是实践教学体系与翻译学科结合而生的一种更具有翻译学科特性的实践教学体系，它同以往任何学科或专业的实践教学体系一样，具有实践教学体系共有的要素和功能，包括教育主体，教学目的、教学内容、教学方法和教学反馈等，这些要素以教育者持有的教育理念为依据，通过对知识结构框架和内容的组合而形成的课程对学习者施加影响并对结果做出适当评价。要素的分工和指向不同，各要素及其要素构成的整体所发挥的作用也不尽相同，各要素依据教育理念形成相对稳定的结构关系，作用于以验证、强化、实现陈述性知识向程序性知识转化，技能和理论在实践与理论的结合中提升、升华为主要职能的实践活动（实践教学）。翻译硕士实践教学体系的各个要素相互依存、相互制约，与理论教学体系一起共同服务于翻译硕士研究生的培养。不同的是，翻译硕士实践教学体系虽有与"系统"和其他学科实践教学体系共有的特征，如稳定的构成要素和结构框架，但翻译硕士实践教学体系也具有翻译实践和翻译学科的独特性，如可供双语转换、文化信息传递和传播以及强化对翻译的认知等独特之处。

第二章　文献述评

在我国，设置翻译硕士专业学位（MTI）的设想是在2005年3月提出的，几经专家论证，《翻译硕士专业学位设置方案》最终在2007年1月国务院学位委员会第二十三次会议上审议通过，首批MTI试点教学单位的诞生。翻译硕士专业学位研究生教育旨在培养德、智、体全面发展，适应经济一体化及提高国家竞争力的高层次、应用型、专业性的口笔译人才。从2007年正式获批以来发展到现在，翻译硕士业已成为我国高校一个新的学科增长点，是"我国翻译学科发展的一个里程碑式的成果，为我国培养高层次、应用型的专业化翻译人才提供了重要途径，为我国翻译学的学科发展指明了方向"①。

回顾翻译硕士10年的发展历程，结合CNKI自2006年至2018年12月所发表的有关"翻译硕士（MTI）"和"翻译硕士专业学位"的677篇论文，可以将MTI的发展之路概括为三个阶段（见图2-1）。

2006年至2008年为翻译硕士研究的初始阶段，此阶段翻译硕士研究是从无到有，发表的文章也多为翻译硕士的介绍性和探索性的文章；2009年至2013年翻译硕士研究处于明显的快速发展阶段，文章数量激增；2014年至2018年开始稳步发展阶段，文章数量持续增长。

---

① 仲伟合：《翻译硕士专业学位教育点的建设》，《中国翻译》2007年第4期。

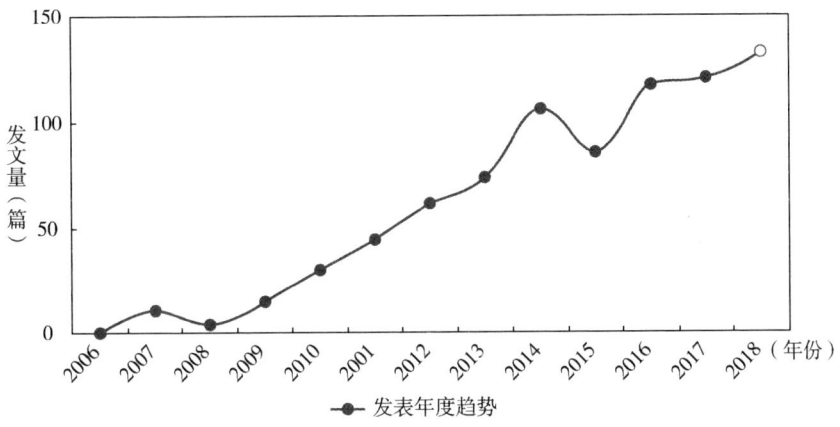

图 2-1 翻译硕士（MTI）论文发表年度趋势

从研究内容上来看，在翻译硕士研究的初始阶段，主要是对翻译硕士专业学位介绍性和宏观发展的文章。随着研究的深入，所涉及的内容逐步丰富起来，主要有课程设置研究、人才培养模式研究、教学与教材研究、论文写作模式研究、教师发展研究等，其中课程设置和人才培养模式研究占据着主导地位（见图 2-2）。

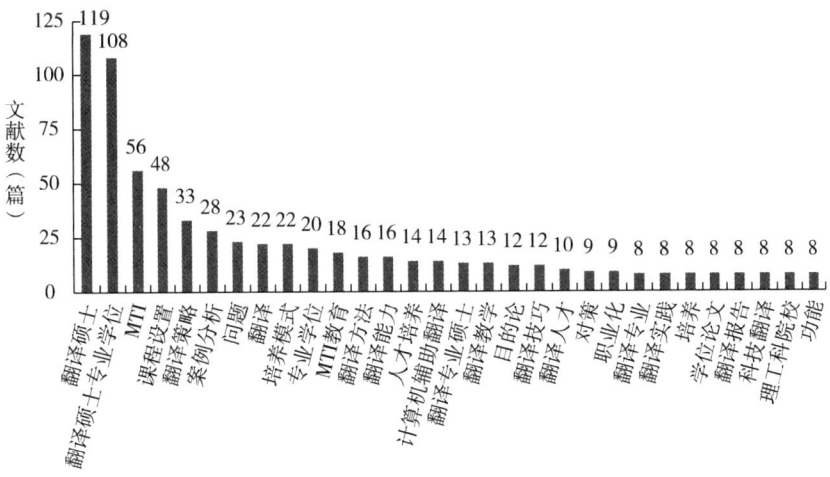

图 2-2 翻译硕士（MTI）发表论文主题趋势

第一节　翻译硕士研究

一　翻译硕士发展研究

新事物的产生总是伴随着质疑和反复，翻译硕士专业学位教育像以往任何一种新事物的诞生一样，也经历了虚弱的萌芽、快速的崛起和发展的迟滞，有关它成长发展以及成长发展过程中伴随而生的各种问题自然成为学者关注的焦点。

1. 发展方向研究

最早探索翻译学科发展新方向的是仲伟合[①]，他在梳理翻译学科发展现状的基础上，首次提出在我国设立翻译硕士，并分析了翻译硕士设立的必要性和重要性，指出翻译硕士应以培养高层次应用型翻译人才为目标。穆雷[②]先从专业硕士和学术型硕士的区别入手，指出二者在培养目标、教学方法、授予学位的标准和要求上的不同，然后就国内外翻译院校在培养目标和课程设置上的不同进行了对比，指出翻译硕士专业学位教育应该找准定位，培养目的以职业导向为准，课程设置以市场需求为导向，教学内容突出实践性，走高层次、职业化教育的发展之路，弥补学术型硕士的不足。黄友义[③]在翻译产业大会上结合翻译产业的现状、需求与发展趋势，分析了翻译硕士专业学位教育的发展趋势和要求，指出未来翻译硕士应与翻译产业相结合，转变翻译教学理念，调整教学内容，将翻译教学科研与翻译产业需求结合起来，培养科学化、职业化方向的高层次、应用型、专业型人才。

在理论层面，刘和平[④]认为在数据爆炸引发教和学模式发生变化，

---

① 仲伟合：《翻译专业硕士（MIT）的设置——翻译学学科发展的新方向》，《中国翻译》2006 年第 1 期。
② 穆雷：《翻译硕士专业学位：职业化教育的新起点》，《中国翻译》2007 年第 4 期。
③ 黄友义：《翻译硕士专业学位教育的发展趋势与要求》，《中国翻译》2010 年第 1 期。
④ 刘和平：《政产学研：语言服务人才培养新模式探究》，《中国翻译》2014 年第 5 期。

教师从讲授者到学习辅助指导者，学生从被动到主动自主学习，学校从几乎封闭到面向社会开放，用人单位则从对高等教育不闻不问到直接参与，学校与用人单位的运行机制在发生变化的现实下，只依靠大学无法培养出合格的应用型翻译人才，应该与用人单位开展合作，实现政产学研一体化合作办学的模式，将翻译教育从现在的实习基地拓展到教学实践与实习基地，并结合专业或课程特点开展校企合作，根据社会需求组织校企联合培养社会需求的高层次语言服务人才。廖素云[1]从教学型高校自身条件、翻译人才类型和社会对翻译人才需求三个方面论述了教学型高校应用型翻译人才培养目标定位的问题，认为不同类型高校只有找准定位，明确翻译人才培养目标和规格，科学合理地设置翻译专业（方向）课程，才能培养具有特色的各类翻译人才，满足社会多层次多类型需求。陈科芳[2]基于对浙江义乌国际小商品博览会对翻译人才需求和翻译质量要求的市场调查，分析了浙江培养应用型翻译人才的现状与必要性，提出结合理论学习和教学实践，改革培养目标、改革教学内容、教学手段和教学评价方式，紧密联系当地社会需求、培养真正适应地方经济和文化发展需要的应用型本科翻译人才的思路。连彩云[3]等在分析山西地方经济发展对翻译人才需求的基础上提出创新翻译教学、构建应用型专业翻译人才培养模式的设想，并结合实践经验探讨了应用型专业翻译人才培养模式下的教学目标、课程设置与开发、教师队伍结构与配置等具体内容。在此基础上，她还特别介绍了翻译实践与理论相结合的有效途径：应用翻译工作坊教学模式——案例教学。

在实践层面，王志伟[4]通过网络搜索对与我国 MTI 设计宗旨相同

---

[1] 廖素云：《论教学型高校本科翻译人才培养目标和课程设置》，《当代教育论坛》2008年第12期。

[2] 陈科芳：《关于本科翻译专业社会应用型人才培养的一些思考》，《中国翻译》2009年第3期。

[3] 连彩云：《创新翻译教学模式研究——为地方经济发展培养应用型专业翻译人才》，《中国翻译》2011年第4期。

[4] 王志伟：《美国应用型翻译人才培养及其对我国 MTI 教育的启示》，《外语界》2012年第4期。

的 22 家高校从方向设置、课程设置以及翻译研究开展等情况进行了比对，发现这 22 家培养机构在培养目标、培养定位、办学层次等层面均具有应用型、职业型教育性质，其人才培养均针对社会和市场需求，呈现出明显的实用性特征。韦兰芝①分析了目前大多数高校本科翻译教学现状和市场对社会应用型翻译人才需求现状，指出翻译教学应该运用先进的翻译理念—功能派翻译理论为指导，翻译教学应与时俱进，改革培养目标和过于偏重文学翻译的教学内容，改革当下翻译教学的手段和评价方式。周亚莉、何东敏②认为我国高级翻译人才培养仍停留在语言转换能力的微观层面，缺乏对翻译行业中职业翻译人才培养的思考，未来我国翻译硕士人才培养应该走"职业笔译员特征"的培养之路。在深入分析文献的基础上，运用行为事件访谈的方式对 28 位职业笔译员进行深度访谈，构建了包含知识、技能、价值观、成就取向、创新导向、市场倾向、职业操守 7 个维度的"职业笔译员胜任特征"的结构模型，并指出该模型构建将为我国职业化翻译人才培训、翻译专业学位硕士研究生培养、翻译单位人才选拔、招聘与考核提供理论依据。

为了解目前翻译硕士教育的开展情况，王建国、彭云③设计了 11 种调查问卷对与翻译相关的 11 类人群进行了调查，发现翻译硕士教育制度离理想状态还有一定距离。从产业组织理论视角指出翻译硕士教育的主要问题指出了相应的对策。苗菊、王少爽④在调查当前翻译行业的需求状况和职业趋向的基础上，从翻译行业对职业译者的角度入手，指出未来翻译硕士教育发展应依据翻译产业化和职业化的需求与翻译行业紧密联系，着重培养职业能力，注重实用性课程设置和多样化教学模式的

---

① 韦兰芝：《本科应用型翻译人才培养模式探索》，《长春大学学报》2013 年第 2 期。
② 周亚莉、何东敏：《基于职业笔译员胜任特征的翻译人才培养》，《中国翻译》2013 年第 6 期。
③ 王建国、彭云：《MTI 的教育问题与解决建议》，《外语界》2012 年第 4 期。
④ 苗菊、王少爽：《翻译行业的职业趋向对翻译硕士专业教育的启示》，《中国翻译》2010 年第 3 期。

使用。平洪①通过分析 2014 年至 2015 年国内 144 所翻译硕士试点院校接受国务院学位委员会办公室组织的专项评估内存在的问题,从明确办学基本要求、把握专业内涵、建设专兼职教师队伍、构建专业课程体系、加强实践教学环节、建立学位论文规范六个方面反思我国翻译硕士专业学位教育的发展,指出翻译硕士专业学位教育应注重内涵建设,谋求创新,提高办学质量。

2. 现状与问题研究

在廓清翻译硕士未来发展方向的研究中自然伴随着对现状的考察、问题与成因的分析。对于现状与问题的梳理可以概括为宏观描述和微观聚焦。

仲伟合②围绕翻译本科专业(BTI)和翻译硕士(MTI)的专业建设,对我国目前方兴未艾的翻译专业教育和学科建设中遇到的问题做了总体回顾和分析,指出翻译专业教育存在着人才培养理念不清、人才培养方案不妥、教学方式方法不新等七大主要问题,指出原有的单纯翻译服务已经不能适应行业发展,应打破原来相对封闭的人才培养模式,注重培养学生的跨文化交际能力,拓宽学生的国际视野,培养熟悉国际惯例、具有国际竞争能力的翻译人才。王丹丹、钱春花③分析了现有翻译硕士培养模式存在的问题以及学生在此模式下面临的学业和就业困难,认为翻译硕士学生自身、导师以及社会只有充分认识 MTI 教育现状以及其培养模式中存在的问题,找到问题的根源,才能通过翻译硕士学生自身的努力、导师的指导帮助,社会充分的认可,使翻译硕士学生真正做到学有所学,学有所长,学有所用,翻译硕士人才培养模式也才会不断完善,培养质量不断提升。周亚莉、蒋芳雪④通过分析 2006 年至 2012 年

---

① 平洪:《对我国翻译硕士专业学位教育发展的反思》,《中国翻译》2016 年第 5 期。
② 仲伟合:《我国翻译专业教育的问题与对策》,《中国翻译》2014 年第 4 期。
③ 王丹丹、钱春花:《基于翻译专业硕士视角的 MTI 人才培养模式研究》,《语文学刊》2015 年第 1 期。
④ 周亚莉、蒋芳雪:《翻译专业硕士教育研究现状与反思》,《广西教育学院学报》2013 年第 1 期。

国内公开发表的翻译硕士教育研究的论文，发现目前翻译硕士教育存在着课程设置陈旧、教学基础设施建设不健全、教材质量有待提升、师资力量有待加强，实践经验不甚丰富的问题，未来翻译硕士教育应明确教育理念、实施多样化教学模式与翻译产业相结合，注重本地化项目管理和实践基地的建设。杜晓军①从翻译硕士培养目标入手，分析了翻译硕士目前存在的诸如课程设置不合理、教学方法陈旧、专业师资力量短缺的问题，指出翻译硕士应紧密结合翻译产业，依据社会需要，培养合格的、以文化、商务以及科技翻译为主的职业译者。孔令翠、王慧②从翻译硕士教育的师资不足及教学条件、教学管理、实践基地和生源等不尽如人意的方面入手，全面地分析了在翻译硕士教育起步阶段和关键时期影响、制约其发展的突出问题，并探索了切实有效的解决办法。石鑫怡③通过梳理学者关于国内翻译硕士教育的研究成果，总结我国翻译硕士教育在招生、学制、课程设置及师资等方面的不足，在总结借鉴国外翻译人才培养机构的成功经验和对学生职业准备状况调查、市场需求调查的基础上，提出改善的建议和措施，如细化培养目标、提高入学要求、增加考核机制以激发学生学习动力、重视对学生职业能力的培养、整合区域师资等。钱多秀、杨英姿④逐一梳理了北京地区翻译硕士培养院校的发展现状，指出其共同存在的问题，如培养目标与实践和社会需求脱节的问题、培养模式与翻译学硕士培养无区别的问题、培养院校同质化问题、师资队伍建设问题、实习基地建设问题，应对专业评估的问题，针对以上问题，有针对性地给出了对策。

---

① 杜晓军：《翻译硕士的发展现状及其发展方向》，《职业与教育》2014年第12期。
② 孔令翠、王慧：《MTI热中的冷思考》，《外语界》2011年第3期。
③ 石鑫怡：《国内MTI教育现状：成果、建议、问题》，硕士学位论文，四川外国语大学，2017年。
④ 钱多秀、杨英姿：《北京地区MTI教育：经验、反思与建议》，《中国翻译》2013年第2期。

二 翻译硕士教学研究

对于翻译硕士教学研究的梳理关系着准确把握翻译硕士专业学位教育的内涵与本质，这是准确把握翻译硕士实践教学目标和核心任务的前提，是准确构建翻译硕士实践教学体系理论模型的基础，因此，准确把握翻译硕士教学活动的整个过程和内容至关重要，研究采用我国当代著名教育家李秉德先生的"七要素论"。李先生运用系统论分析方法，将教学活动要素分为学生、教学目的、教学内容、教学方法、教学环境、教学反馈和教师，涵盖了教学活动的全部要素，各要素相互联系、相互依存，为教学质量的提升服务。

1. 教学目的研究

通俗地讲，教学是有目的、有计划、有组织地开展的教学活动，因此，对教学目的的研究是一切教学活动的起点和归宿，对于翻译硕士专业学位教育而言，对教学目的的探讨实质上是讨论翻译硕士培养什么人的问题。任兴华[1]为了了解我国翻译硕士8年以来的培养情况，对125名翻译工作者就济南市开设翻译硕士课程的四所高校在课程设置、能力培养、CAT教学、专业实习方面的现状进行了问卷调查，针对发现的问题提出了改进翻译硕士专业学位研究生培养的策略，即在原有的基础上加强跨专业领域的知识、吸收有工作经验的优秀译员作为讲师授课、培养学生的动手实践能力和提高翻译的能力等。陈茂新[2]认为造成翻译硕士院校培养方法和课程设置不一的原因是各院校对翻译硕士研究生培养目标的不同理解，指出翻译硕士院校应该让学生了解中外翻译理论的历史和现状以及各理论流派的主要观点，在实践上能准确、通顺地翻译实用性中文文献。李

---

[1] 任兴华：《基于市场调查的翻译硕士培养》，硕士学位论文，山东师范大学，2016年。
[2] 陈茂新：《翻译专业硕士研究生的培养目标》，《北京第二外国语学院学报》2002年第5期。

敏杰、朱薇①基于对湖北省部分企事业单位、社会机构的调查，指出翻译硕士院校在制定培养目标时应了解社会对翻译人才数量、专兼职译员、口笔译类型、翻译标准、译员基本素质等方面的需求，培养满足社会和行业需求的人才。

此外，也有专家将翻译硕士教学置于翻译教学的长河中进行对比研究，刘和平②对适合翻译专业本科和专业硕士教育的教学模式进行了探讨，厘清了翻译教学的理论基础，提出了将翻译职业引入教学，实现真正意义的校企合作，从而形成全方位的翻译教育，提高翻译教育质量。

2. 教学内容研究

对于翻译硕士教学内容的研究主要集中在课程设置和教材的开发与使用两个方面，这两个方面在一定程度上可以反映出翻译学硕士教学内容的侧重点。

（1）课程设置

在众多学者把重点放在人才培养模式优化、构建研究的同时，国内也有相当多学者有针对性的把研究的重点放在课程设置上。文军、穆雷③通过对国内翻译硕士专业学位点的调查、对比国外两所高校翻译硕士课程设置，建议学校开设如翻译项目的管理、译者需要的设备、网络资源的利用、译文的修订与编辑、译者的职业组织与机构等方面的翻译硕士课程。建议高校积极与翻译公司合作，邀请企业合作导师或通过其他途径在翻译硕士教学过程中适当举办翻译公司工作流程的讲座，也可以安排学生去翻译公司相关部门实习，让学生对于将来要面对的职业需求有所了解，有意识地在自我提升过程中提高职业技能。该研究开启了对翻译硕士课程设置之后不断革新的研究篇章。之后，

---

① 李敏杰、朱薇：《社会需求视域下的翻译硕士人才培养》，《长春大学学报》2017年第2期。
② 刘和平：《再谈翻译教学体系的构建》，《中国翻译》2008年第3期。
③ 文军、穆雷：《翻译硕士MTI课程设置研究》，《外语教学》2009年第4期。

众多学者从特色专业、本地化行业发展、产业化和职业化等多方面多角度地展开了翻译硕士课程设置的探讨。王晋瑞[①]从不同区域翻译市场对翻译人才有不同要求的特点出发，认为 MTI 培养单位应根据本区域翻译市场的需求，结合自身的师资和教学条件设置有自身特色的专业方向，配置相应的专业核心课程和方向必修及选修课程。王传英[②]认为翻译硕士的课程设置应首先满足本地化行业发展对翻译人才的需要，而实现这一目标的有效途径是依据翻译能力模型对现有翻译硕士课程体系进行改革和创新，提高翻译硕士学生的职业翻译素养和综合实践能力。曾立人[③]从翻译从业的需求出发调查了翻译硕士的课程设置状况，提出各院校需突出特色，建立校企合作，根据市场需求不断改进课程设置。崔启亮[④]介绍了在高校翻译硕士教学中开设翻译与本地化课程的名称和内容，总结了"三型驱动""四层结构"和"五式教学"的课程设计体系和教学方法，对当前高校翻译硕士本地化教学进行了探索。

（2）教材开发与使用

在教材研究方面，文章篇数明显少于其他教学研究。唐海蓉[⑤]从翻译硕士发展现状入手，首先分析翻译硕士教材编写的特点与不足的原因，然后在德国功能理论指导下提出了翻译硕士专业学位 MTI 笔译教材的编写思路和模式，即绪论应要言不烦地突出强调 MTI 培养翻译人才的能力训练，侧重和培养目标，让学生明确学习中训练的重点和能力培养的方向；微观篇章应按翻译市场需求量相对较大的翻译文本类型分门别类的讲授翻译技巧和翻译流程；宏观编写篇章应注重教材

---

① 王晋瑞：《关于开设 MTI 特色专业方向及相关课程设置的思考》，《学位与研究生教育》2010 年第 7 期。
② 王传英：《本地化行业发展与 MTI 课程体系创新》，《外语教学》2010 年第 3 期。
③ 曾立人：《从翻译产业发展和译员生存状况看译员人才培养》，《山西财经大学学报》2011 年第 1 期。
④ 崔启亮：《高校 MTI 翻译与本地化课程教学实践》，《中国翻译》2012 年第 1 期。
⑤ 唐海蓉：《从功能主义理论视角看翻译硕士专业学位 MTI 笔译教材的编写》，硕士学位论文，上海外国语大学，2010 年。

编写的权威性、实用性和教材实现形式的多样性和立体化。魏向清①从译者翻译能力培养入手，指出相对于其他能力要素而言，译者术语能力比较薄弱，提出应从培养术语能力的载体出发，提升教材编写理念，随后结合《术语翻译研究导引》教材编写的实践，对培养翻译硕士专业人才术语能力的相关教材编写理念进行了探讨。何瑞清、王传英②通过横向比较近十年英语本科与翻译硕士的翻译教材，提出了或者由一个学术机构组织专家同时分别制定相互衔接的英语本科和翻译硕士初级、中级、高级三个层次的翻译教学大纲，并统编两系列三个层次的翻译教材，或者统编普通英语本科、翻译专业本科和翻译专业硕士教材两个方案。

3. 师资队伍研究

师资是翻译硕士教学中的核心因素，它关系着翻译硕士教学质量的提升和翻译硕士教育的发展。专门撰文提过翻译硕士师资队伍的文章为数不多，大部分对翻译硕士师资的探讨来自对翻译硕士发展现状梳理的文章，无论是专文研究还是作为一个存在问题的一个方面的探讨，文章发表期刊级别都较低，且以地区个案研究居多。朱波③通过分析2011年全国高等院校翻译专业师资培训主讲专家设计者、诱导者、研究者、管理者的多重身份角色，指出教师在翻译硕士教学的重要作用，建议翻译教师要及时调整角色，适应翻译硕士教育的挑战和胜任自身的角色定位。2016年朱波撰文《MTI教师的职业化——以近三年全国MTI研究生教育研究项目为例》④从全国翻译硕士研究生教育项目分析入手，指出翻译硕士教育应以职业化为导向，培养高层次、

---

① 魏向清：《翻译硕士专业人才的术语能力培养与相关教材编写思考》，《翻译论坛》2014年第1期。
② 何瑞清、王传英：《英语本科与翻译硕士学位翻译教材的衔接研究》，《中国科技翻译》2013年第4期。
③ 朱波：《试析翻译硕士导师的多重角色》，《中国翻译》2011年第5期。
④ 朱波：《MTI教师的职业化——以近三年全国MTI研究生教育研究项目为例》，《外语教学》2016年第2期。

应用型的专业口笔译人才，教师职业化是教师专业化发展水平的制度体现，应严格教师职业准入、强化职业意识、树立职业形象、完善职业规划、切实提高教师职业化水平，为培养面向市场的语言服务专业人才提供保证。刘航[1]对吉林省八所翻译硕士院校的师资情况进行了调查，发现存在着专职翻译教师缺乏、年龄结构导致的经验不足、实践型师资缺乏、职称整体偏低等问题，在深层剖析原因的基础上，从师资队伍结构、科研能力、人才流动三个方面提出了改善翻译硕士师资队伍的对策和措施。苑欣、裴正薇[2]在对国内外10所高校翻译硕士培养方案分析发现，国外翻译硕士师资主要来自联合国经验丰富的译员和在国际上有一定声誉的口笔译专家，国内翻译硕士师资是翻译公司的成员、客座教授和名誉教授。郑悦、梁丽肖[3]从翻译硕士的专业定位、河北省翻译硕士专业发展现状入手，探讨了翻译硕士专业师资与传统翻译专业师资的关系，结合应用型翻译硕士专业师资的培养目标，提出运用社会、企业、学校多方优势提升河北省翻译硕士专业师资建设和质量的具体措施。冯奇、徐可珈[4]以上海某大学外国语学院的翻译硕士校外导师管理的经验为例，指出现有管理体制存在的资格认定、职称、考核与奖惩等问题，从聘任遴选机制、培训机制、定期沟通机制和考核鼓励机制建设的角度给出翻译硕士校外导师管理的对策与建议。袁朝云[5]从翻译硕士培养过程中存在的课程设置千篇一律和行业类教师急缺的问题入手，指出师资建设和"三位一体"课程体系构建在项目进课堂的"3+1"翻译硕士人才培养模式的重要作用，提出了构建翻译硕士师资培养的"三

---

[1] 刘航：《吉林省高校翻译硕士师资队伍现状调查研究》，硕士学位论文，长春师范大学，2017年。
[2] 苑欣、裴正薇：《国内外十所高校翻译硕士培养方案分析》，《内蒙古农业大学学报》（社会科学版）2012年第5期。
[3] 郑悦、梁丽肖：《河北省翻译硕士专业师资队伍建设研究》，《河北农业大学学报》2014年第2期。
[4] 冯奇、徐可珈：《翻译硕士校外导师立体管理模式》，《当代外语研究》2013年第10期。
[5] 袁朝云：《基于行业需求的MTI培养模式和师资解决方案》，《中国成人教育》2015年第17期。

阶段式"培养方案和建立行业类课程师资资格认证体系的措施。丁素萍[①]从双导师制的含义、产生及其发展入手，探讨了翻译硕士教育建立双导师制的重要性，指出在校企之间建立双导师制可持续性发展机制模型的可行性和必要性，以期为翻译硕士专业学位教育建设提供参考。

4. 毕业生规格研究

学生，作为教学的主体之一，是教学活动展开的价值体现和意义所在。其研究主要集中在知识的获取、能力的习得与培养和素质的养成这三个层面，由于规格要求的复杂性，研究成果多体现为硕士学位论文研究。郑帅[②]基于研究生服务质量范畴，运用服务质量管理学和利益相关者理论，以翻译硕士培养的核心利益相关者——翻译硕士培养单位一、二年级学生为特定对象，以山东省八所综合类、师范类、理工类翻译硕士培养单位为例，理论思辨与实证分析相结合，对翻译硕士学生感知培养质量维度进行系统研究，结果表明：总体上翻译硕士学生对培养单位质量是满意的，表明培养服务总体上富有成效；学生对教学、导师素质、论文指导和培养单位日常管理较为满意，表明培养单位相关工作充分有效；翻译硕士学生对有形性培养环境因子、前言学术拓展及职业能力培养方面的服务较为不满，具体表现在：培养单位课程设置未能体现翻译硕士培养要求、与前言学术视野拓展和就业保障严重脱节，学生满意度很低；学生对就业形势十分担忧，培养单位提供的就业指导尚不充分有效，学生满意度较低；培养单位未能提供充分反映实践机会，实践基地匮乏，学生对此十分不满。研究对翻译硕士学生培养感知质量的影响因子及维度的探讨，对翻译硕士培养质量的提升提供了保障和启示。赵瑾[③]选取国内三所翻译硕士高校的口译学生作为调查对象，就翻译硕士学生的报考动机、学习体验及其就业情况进行考察，研究发现：多数

[①] 丁素萍：《建立翻译硕士专业学位（MTI）双导师制可持续发展的合作机制》，《教育与职业》2012年第32期。
[②] 郑帅：《翻译硕士学生感知培养质量维度研究》，硕士学位论文，山东大学，2013年。
[③] 赵瑾：《MTI英语口译学生的学习效果及就业情况》，硕士学位论文，广东外贸外语大学，2014年。

翻译硕士口译学生认为其学习效果没有达到预期，毕业后很多学生没有从事口译工作，与其报考动机不一致，翻译硕士口译学生就业与其就读期间的学习效果有着不可忽略的联系，其中影响学习效果的因素有学生入学时水平达不到阜阳市培养目标；学习过程中课程设置缺乏特色，理论偏多；专业知识单薄或单一，能力达不到用人单位要求；学校培养目标不明确；学生缺乏实践机会，培养方向上不能与翻译市场接轨。

5. 教学方法研究

回顾十年的文献，并没有学者就翻译硕士教学方法做专题或专门撰文研究，但由于教学方法是教学目标实现的途径、手段、工具和办法，它既指各种手段、办法、工具和途径本身，又涉及使用时的原则，所以在教与学的交互中不可或缺。从文献来看，对于翻译硕士教学方法的研究往往穿插在培养模式的实现途径和教学模式的构建中。需要说明的是，限于本研究的研究重点和文献情况，不对教学模式和教学方法做更进一步的区分。曹进、靳琰[①]在对甘肃省翻译市场进行问卷调查和SWOT分析的基础上，从课程设置、教学模式选择、评价模式制定三个方面构建了市场驱动下的翻译硕士培养模式，指出参与研讨式、翻译工作坊、基于语料库及基于翻译基地和志愿服务的教学模式对市场体制的翻译硕士教学的重要作用。董洪武、张坤媛[②]在分析翻译硕士教育质量低下原因的基础上，以河北省某翻译硕士院校研究生为实验对象，跟踪调查了采用基于云计算学习平台的翻译工作坊教学模式的学生的翻译能力的变化情况，指出该教学模式能够提高教学实践性和信息化利用的程度，明显有利于学生翻译能力的培养与发展。为解决与翻译硕士教学职业性和实践性不强的问题。董洪武、初胜华、张坤媛[③]将职业翻译能力

---

① 曹进、靳琰：《市场驱动下的翻译硕士培养模式——以西北师范大学为例》，《中国翻译》2016年第2期。
② 董洪武、张坤媛：《云计算学习平台下MTI翻译工作坊教学模式研究》，《外语电化教学》2016年第1期。
③ 董洪武、初胜华、张坤媛：《基于MTI职业翻译能力培养的翻转课堂项目式教学模式研究》，《外语电化教学》2017年第4期。

纳入翻译硕士教学能力培养的范畴内，构建了融信息技术、翻转课堂、项目式学习等教育元素的翻转课堂项目式教学模式，经教学实验的检验，该模式反映了市场需求导向的理念，能够提升翻译硕士研究生的职业翻译能力，有助于学生从翻译学习者向职业译者迈进。

6. 教学环境研究

教学环境是教学活动得以进行的时空条件。翻译硕士教学环境的研究主要集中在培养环境、学制问题和实习基地建设三个方面，其中对实习基地建设的探讨最为热烈，其成果也最多。高黎[1]以美国课程专家斯塔克等人提出的"培养环境"理论为指导，以职业胜任力为衡量专业学位人才培养结果和质量的指标，采用问卷与访谈的方式对培养环境对于翻译硕士职业胜任力的影响展开调查，发现培养环境对于翻译硕士职业胜任力有一定作用，起更重要作用的是专业承诺和学习投入等中介变量。高黎、崔雅萍[2]基于对翻译硕士培养环境在翻译硕士培养单位数量和规模递增的背景下重要性认识的基础上，对七所高校844名翻译硕士学生培养环境感知进行了调查，发现我国翻译硕士培养环境整体状况尚可，社会环境建设层面亟待改善，翻译硕士培养环境感知在性别、第一学历、在职与否、有无翻译实习经历、大学类型、地区、有无翻译资格证书、英语水平、翻译工作了解度等变量上有显著差异，在第一学历、大学层次、年级、学习经历满意度变量上存在显著差异，认为制定相应的法规是提高翻译职业地位、收入和雇主参与度的根本出路。杨一铎等[3]指出信息化环境对于混合教学模式构建和运用的重要作用，以课程 *Business English Writing* 实施混合教学模式为样本，探讨了信息化环境中高校研究生课程混合教学的课程设计、资源建构、教学实施策略、实施效果等问题，指出基于信息化环境的混合教学模式能够充分体现教师的

---

[1] 高黎：《培养环境对翻译硕士职业胜任力影响研究》，博士学位论文，南京大学，2015年。
[2] 高黎、崔雅萍：《翻译硕士培养环境实证研究》，《中国外语》2016年第1期。
[3] 杨一铎等：《基于信息化环境的MTI课程混合教学模式探索》，《中国教育信息化》2014年第24期。

主导作用，有利于发挥学生自主学习的主动性。李昌银[1]从翻译硕士的学制现状入手，在对师资、生源、翻译实践量三个问题的现状分析的基础上，建议将翻译硕士培养学制由2年改为弹性3—5年学制，以此保证专业课程和语言基础课程的开设，保证学生有半年以上的实习时间，最终保证翻译培养质量的稳定提升。董洪学、张晴[2]在梳理国内外翻译硕士建设与发展的现状的基础上，指出国内翻译硕士实习基地建设的重要作用和不足之处，借鉴其他专业学位相对成熟的实习基地建设模式，对国内多所知名理工科院校翻译实习基地建设展开调查，提取影响理工科影响翻译硕士实习基地建设的8个影响因子，分析其互动关系，构建了基于本地化市场、学校学科优势和地缘优势的理工科院校翻译硕士实习基地新模式。辛红娟、王昱[3]认为实习基地建设是翻译硕士学生面向社会、理论运用于实践的良好平台，是翻译硕士专业人才培养必不可少的环节，从实习基地的类型与层次构成、高校与实习单位的合作模式与方法、基地运行的规范化管理三个方面介绍了中南大学外国语学院翻译硕士实习基地的建设经验和实际问题。

从学者们对翻译硕士专业发展和翻译硕士教学两个方面的研究可以看出，翻译硕士专业学位教育自2007年设立以来，10余年来从懵懂的摸索逐渐趋于理性的思考，从最初高层次、应用型、翻译专业口笔译人才的培养定位逐渐迈向以口笔译为核心，以本地化服务为抓手、涵盖项目管理、译后编排、计辅和翻译技术等丰富内涵的现代语言服务人才的培养定位，在不断发展过程中翻译硕士专业学位也自然暴露出一些问题，如人才培养与培养目标不相符、知识面狭窄、能力素质结构不足以应对市场需求等，这些问题迫使翻译硕士培养院校不得不向国外的先进经验和市场发展谋求解决之道，通过转理念从"以学科为导向"为

---

[1] 李昌银：《翻译硕士专业学位研究生学制问题探讨》，《上海翻译》2013年第2期。
[2] 董洪学、张晴：《翻译硕士专业学位实习基地建设模式创新思考》，《外语电化教学》2015年第2期。
[3] 辛红娟、王昱：《MTI实习基地建设与管理的实践与思考》，《翻译论坛》2014年第1期。

"以市场为导向",转培养目标由"国标和学校决定"到"综合利益相关者要求而确定",转人才培养模式由"学术性的理论思辨"到"应用型的动手操作",转培养方式从"学校单一模式"到"政产学研协作模式",走翻译产业、语言服务产业发展需求之路。这些转变体现在翻译硕士教学中,表征为:调整教学目的为市场和行业发展而服务,组织教学内容为养成翻译实践能力和综合素质而努力,建设"双师型"师资队伍,按利益相关者需求确定研究生培养规格,教学方法和教学环境趋于项目进课堂的直观感受和信息技术情景下的真实体验。

无疑,这些探索和实践对翻译硕士专业学位教育的完善和发展提供了借鉴和思路,为后续相关研究提供样貌和理论基础,但从总体上来说,这些研究还有些许不足之处:第一,研究的理论基础薄弱。专业学位在国外已有近百年历史,在国内落户不过仅仅十几年,从1990年首批的工商管理硕士、法律硕士、教育硕士、工程硕士等六种,到2007年翻译硕士被确定设立以来,短短十数年,仍旧属于不断探索和实践中,需要借鉴和引进先进的、经过实践证明的成熟的理论予以指导。第二,实证研究不多。学者关于翻译硕士的研究总体上还处于介绍性的探讨和国内外培养模式的比对阶段,以综述性、描述性和理论思辨研究居多,实证调查寥寥无几。要想翻译硕士专业学位教育走向成熟稳定的发展之路,就必须让事实和数据说话,只有这样才能证明翻译硕士教育质量和人才培养质量的确得以提升,才能证明翻译硕士在我国的设立是适应了社会经济发展的、能培养优质的高层次、应用型、专业口笔译人才的明智之举。第三,研究主题发展不平衡。翻译硕士专业学位教育作为一种跨语言跨文化的独特的教学活动,涉及语言学、教育学、文化学、跨文化交际、传播学等相关学科领域,这就决定了其研究领域的广博和庞杂,但是回顾十年以来的研究文献,仅涉及培养模式、课程设置、翻译策略、案例教学、问题策略的少数教学的话题研究,在教学反馈、师资队伍、教学环境、教材建设、翻译技术等方面的研究依然有所欠缺。

第二节　实践教学体系研究

实践教学体系相对于理论教学体系而存在，是教学体系有机组成部分，是实践教学活动中的各种要素按照既定目的有序构成的整体，包括目标体系、内容体系、管理体系、条件保障体系四个方面。对于实践教学体系的研究大致沿着这样一条脉络进行，从20世纪80年代关注概念理解与高职高专层次实践教学体系的建设到对现状梳理的问题和价值的关注，再逐渐走向修修补补的优化研究，最后，随着内外需求的变化，学者们终于打破樊笼，根据实际情况构建实践教学体系，这一过程映射了实践教学体系研究从起步到发展的历程，其研究成果按照内容大致可以分为三类：问题与价值研究、优化研究和构建研究。

一　体系的问题与价值研究

对于实践教学体系问题和价值的关注表明学者们不再囿于概念的理论思辨，开始关注实践教学体系建设的问题与趋向，对实践教学体系问题与价值的研究是基于不同院校类型和学历层次的实际情况上的。何林[1]指出我国高校体育教育专业实践教学体系存在着实践教学内容及教学方式落后、实践教学设施及教学平台缺乏、实践教学教师队伍素质有待提高、实践教学评价和考核体系不完善等问题，应通过构建科学专业的实践教学内容、完善多样的实践教学平台、打造优秀实践教学教师队伍、建立客观全面的考核评价体系来解决实践教学体系不完善的问题。李雪辉[2]从造成职业院校毕业生能力低下无法胜任岗位与市场对应用型

---

[1] 何林：《高校体育教育专业实践教学体系的构建与实践》，《教育理论与实践》2018年第9期。

[2] 李雪辉：《职业院校机械类专业实践教学体系的问题与对策研究》，硕士学位论文，湖南师范大学，2013年。

技能人才大量需求的矛盾出发,指出造成矛盾的主要原因是实践教学体系存在着重理论、轻实践,培养目标与岗位需求相脱节,教学实践与生产实践脱节,教学条件和教学管理不完善等,建议以提高机械类专业学生的专业技能、岗位适应能力、职业素养为目的,构建适合我国职业教育实情的专业实践教学体系。乔运鸿、张华荣[①]从行政管理专业实践存在的实践教学大纲和内容执行不到位,实践教学方式和方法使用不合理,实践教学评价机制不完善和实践教学保障机制和制度不健全的问题出发,从明确构建实践教学体系的目标和思路,构建"四位一体"的实践课程体系,构建科学多元的实践教学评价体系和合理完善的实践教学保障体系四个方面给出构建系统科学的行政管理专业实践教学体系的路径。

二 体系的优化研究

对实践教学体系的优化研究,既有从宏观的设计,又有从不同教育类型、学历层次和专业领域的微观调整。徐畅、孙金凤[②]从企业资源计划(ERP)实践教学存在的问题和ERP人才需求现状出发,指出高校经管类专业ERP实践教学改革的必要性,从ERP沙盘模拟实验、软件上机实验以及企业实训和仿真三个方面对目前ERP实践教学体系进行了优化。杨永和、吴斐[③]从理工院校英语专业实践教学的内涵和特征出发,指出理工院校英语专业实践教学在目标、理念、内容实施、保障机制等方面与《新国标》要求的差距,从应用性、全程性、开放性等方面提出优化理工院校英语专业实践教学体系的原则,从重构实践教学目标体系,优化人才培养,优化课程设计、构建课程体系等方面提出了优

---

① 乔运鸿、张华荣:《行政管理专业实践教学体系的创新:价值、困境与路径》,《教育理论与实践》2016年第9期。
② 徐畅、孙金凤:《"三位一体"ERP实践教学体系优化与设计研究》,《实验技术与管理》2017年第2期。
③ 杨永和、吴斐:《"新国标"视域下理工院校英语专业实践教学的优化与重构》,《教育评论》2016年第1期。

化与重构的路径。刘雅琼①从市场对商务英语专业人才的高需求与商务英语人才培养质量不高的现状之间的矛盾入手，探索以职业能力培养为重点课程体系的优化措施，包括明确以职业能力为本的课程目标、以职业能力为导向的课程设计、围绕职业能力组织课程内容、加强实践环节、实施行动导向教学方式和建设重能力考核的多元课程评鉴体系等方面的内容。

除此以外，还有其他学者对不同教育类型和专业领域的实践教学体系给出优化的策略与建议，如时伟②从教学主体共识的形成、搭建实践教学平台和创建实践教学机制三个方面提出优化高师院校实践教学体系的路径，潘海涵、汤智③提出课内与课外、专业内与专业外、校内与校外相结合优化实践教学体系的举措。

三 体系的构建研究

历数文献，对于实践教学体系的研究最集中、成果最丰富的当属实践教学体系的构建研究，按照角度的不同，大致可以划分为五类：按结构要素构建，按教学领域和阶段（环节）构建，按教学重点构建，按学科大类、专业、课程构建，按教育类型和学历层次构建。顾力平④认为高职院校实践教学体系是实现培养目标的关键，在分析目前高职院校实践教学体系中存在的问题，从实践教学体系构成要素入手，从目标、内容、管理和保障体系四个方面有针对性地构建了高职院校实践教学体系。吕志⑤从实践教学对思想政治理论课的重要作用入手，指出思想理论课实践教学体系构成的六大要素：实践教学主导、实践教学

---

① 刘雅琼：《基于职业能力培养中的中职商务英语课程体系优化研究》，硕士学位论文，湖南师范大学，2013年。
② 时伟：《高师院校实践教学体系的生成与运行》，《教师教育研究》2012年第5期。
③ 潘海涵、汤智：《大学实践教学体系再设计》，《中国高教研究》2012年第2期。
④ 顾力平：《高职院校实践教学体系构建研究》，《中国高教研究》2005年第11期。
⑤ 吕志：《论思想政治理论课实践教学体系构成及其建设》，《学校党建与思想教育》2010年第16期。

主体、实践教学目的、实践教学内容、实践教学管理和实践教学保障，在此基础上提出了构建思想理论政治课实践教学体系的基本思路。

对于实践教学的价值和重点所在的不同看法，导致学者们以不同的教学要素为纲探讨实践教学体系的构建原则、策略与路径。金成星[①]认为实践能力培养是实践教学的重点所在，从实践能力培养的要求出发，分析了地方理工科院校英语专业学生实践能力不足的现状，提出了应用型英语专业实践教学体系构建的理论依据、构建原则，以能力本位课程理论为指导，从目标、内容、保障等子体系构建了英语专业实践教学体系。吴国英[②]以高校人文社科专业的特点和学生存在的动手能力差的现象为切入点，在对国内外高校实践教学体系构建构成中相关问题的梳理和学生对人文社科专业满意度因素分析的基础上，以营销理念作为理论指导，构建了由目标体系、内容体系、实现途径体系、管理体系、保障体系及反馈体系构成的人文社科专业实践教学体系。王习明、白惠东[③]从思想理论政治课的重要作用入手，梳理了自2005年新的思想政治课教育教学方案实施以来实践教学的取得的成绩和存在的问题，指出构建思政课的大实践教学体系的必要性，从确立实践教学的主要形式与要求，明确各门课程实践教学学分、课时及其成绩计算方法，建立经费保障机制和激励机制三个方面提出了构建策略。

除以上按学科、专业和课程类型对实践教学体系提出构建策略的学者之外，白泉[④]构建了虚实结合的土木工程专业实践教学体系，强华[⑤]

[①] 金成星：《地方理工科院校英语专业实践教学体系的构建研究》，《外语电化教学》2013年第2期。

[②] 吴国英：《高校人文社科专业实践教学体系的构建研究——基于营销理念》，博士学位论文，天津大学，2010年。

[③] 王习明、白惠东：《构建形式多样、全员参与的思想政治理论课实践教学体系》，《湖南师范大学学报》2018年第3期。

[④] 白泉等：《虚实结合的土木工程专业实践实践教学体系构建研究》，《高等工程教育研究》2018年第4期。

[⑤] 强华等：《地方高技之实践教学体系构建研究——以机械设计制造及其自动化专业为例》，《西南师范大学学版》（自然科学版）2017年第12期。

构建了地方高校机械设计制造与自动化专业的实践教学体系,孟凤英[1]对高校思想政治理论的实践教学体系提出了策略。曾全胜、刘文娟[2]在分析职业院校实践教学体系问题的基础上,对协同创新机制下实践教学体系的主要特征、构建原则、体系架构、内部作用机理和评价体系进行了探索,构建了以协同创新理念为视角的有利于产教融合、校企协同创新的职业院校实践教学体系。张晋[3]把高等职业教育的实践教学看作观念的改变,并且按照系统论观点把实践教学体系分为驱动、主导和支持三个子系统,从体系自身建设开始,分析子系统之间的逻辑关系,并且以课程结构、组织与制度完善做保证,分析了高职院校实践教学体系的构建。

以上文献从不同角度探讨了实践教学体系的构建策略问题,为本研究理论构建翻译硕士实践教学体系时结构要素的筛选与确定、研究方法的选择、构建依据和原则的把握提供了思路和参考,但以上研究在具体的构建过程中,将实践教学体系的构建与理论教学体系和教学系统脱离开来,仅就某个学科、专业或者教学重点来构建旨在解决当下问题的实践教学体系,既缺乏理论的指导,又缺乏整体系统的架构与设计,其运行效果必然无法达到理想状态。

从学者对实践教学体系的相关研究中我们可以得出:实践教学体系建设从时间上大致经历了萌芽期(1988—2000年)、生长期(2001—2007年)、兴盛期(2007—2013年)、成熟期(2014年至今),从最初对实践教学和实践教学体系概念和价值的辨析,到高职高专院校个别专业实践教学体系问题的分析与解决,再到不同教育类型、学历层次实践教学体系的优化和改革,至目前基于不同视角和理念的系统架构,研究整体呈上升趋势,研究者逐年增加,论文数量逐年提高,刊物级别逐渐转向

---

[1] 孟凤英:《科学构建高校思想政治理论课的实践教学体系》,《思想理论教育导刊》,2017年第12期。
[2] 曾全胜、刘文娟:《协同视域下职业院校实践教学体系架构研究》,《当代教育论坛》2018年第1期。
[3] 张晋:《高等职业教育实践教学体系构建研究》,博士学位论文,华东师范大学,2008年。

核心期刊，研究成果的质量也逐步提高。

回顾整个实践教学体系的相关研究可以发现，虽然专家学者对实践教学和实践教学体系在教学中的重要作用有了深刻的认识，对实践教学环节的设计和实践教学体系的构建理念、方法有了较明确的把握，对实践教学体系的研究从概念、构成因素的探讨转向整体、系统的构建，对实践教学体系的研究方法从经验、思辨到实证考察，对实践教学体系的研究内容也逐渐广阔和深入，但研究中也存在一些问题和不足。第一，研究内容尚需充实。研究内容多为中观的现象描述，缺乏宏观视域、多维理论视角的整体架构和微观层面的深层聚焦。第二，研究方法亟须更新。研究方法多为横向应然的定性推演，缺乏纵向历史的考量和实然与应然的对比调查。第三，研究成果的质量有待提升。从成果发表的刊物级别和发表成果的研究人员来看，研究成果多为工科院校个别专业的经验总结，缺乏高级别和高水准的理论阐述。

第三节　翻译实践教学体系研究

对于翻译实践教学体系研究的综述，笔者趋于"模糊处理"，即，其一，没有对"翻译专业"进行严格界定，而将英语专业的翻译方向和商务英语翻译教学及高职学校翻译教学都纳入"翻译专业"这一术语范畴中，其目的是通过全貌描述，反证学者们对于翻译专业、翻译专业教学的错误认识，也从此明晰翻译硕士实践教学体系构建过程中翻译专业与翻译硕士专业学位教育内涵和本质的区别。其二，忽略文献发表级别和刊物的影响因子，其目的是通过论文发表刊物级别，描述学者对于翻译相关实践教学体系建设的现状，找出翻译实践教学体系建设中存在的问题和影响因素，为本研究翻译硕士实践教学体系的构建提供启示。

为准确了解翻译相关实践教学体系研究的现状，笔者以"中国知网"为资源库，时间、期刊级别不限的情况下，以"主题"为检索项，以"翻译硕士/MTI实践教学体系"为关键词进行检索，共有0条记录；以"翻译实践教学体系"为关键词进行检索，共检索到47条记录，删除与实践教学体系、实践教学体系构成要素（实践课程、实践教学模式、实践教学内容、实践基地、实践教学平台、实践教学质量、实践教学环节、实践教学调研）毫不相关的记录9条，剩余的36条记录可以大体分为翻译类实践教学体系研究和翻译专业实践教学体系研究。

一 翻译类实践教学体系研究

翻译类实践教学体系研究主要是关于高职院校翻译方向、本科商务英语专业翻译方向和本科英语专业翻译方向的实践教学体系的研究，这些研究既有传统外语教育的学术培养的影子，又考虑到了实践教学体系对外语人才培养的重要作用。吕丽红[①]首先从构建高职商务英语翻译实践体系的重要性出发，阐述了当前部分高校高职商务英语专业实践教学环节中存在的问题，包括缺乏完善的商务英语翻译实践教学体系、缺乏明确的培养目标、商务英语课程体系过于注重学科知识、忽略了商务英语翻译的能力培养等，最后，结合我国高校的实际情况，提出了构建应用型高职商务英语翻译实践性教学体系的对策和建议，即准确定位商务英语专业，注重培养高职学生实际操作技能、明确高校商务英语实践教学目标，合理设计实践教学体系、丰富商务英语实践教学内容，加强校外实践教学基地建设。王青[②]以为商务英语翻译实践教学体系，是商务英语专业实践教学体系的重要组成部分，从教学制度建设、商务英语翻译课程设计、校内外教学实训基地建设、商务英语翻译教材改革、教学

---

① 吕丽红：《应用型高职商务英语翻译实践教学体系的构建》，《海外英语》2016年第13期。
② 王青：《广东高职院校商务英语翻译实践教学体系研究》，《现代商贸工业》2016年第13期。

方法多样化及现代技术多媒体网络平台资源运用六个方面对广东高职院校商务英语翻译实践教学体系进行全面深入研究。

英语本科阶段翻译实践教学体系相关研究主要集中在英语专业翻译方向实践教学体系研究和英语专业商务英语方向实践教学体系研究上，学者们针对不同方向发表观点，探讨构建适合不同类型人才培养的（翻译方向）实践教学体系。陈炼[1]分析了构建英语专业翻译实践教学体系的必要性和理论基础，从实践教学目标体系、实践教学改革体系、实践教学考核评价体系、实践教学支撑保障体系四个维度探索体系的构建及体系构建的成效。陈宁[2]紧密围绕应用型本科院校办学定位和特色，构建科学合理的商务英语翻译实践教学体系，提出构建体系要体现"以生为本""实践育人"的特色，提高学生分析和解决实际问题的能力，将商务英语翻译理论和实践动手能力相结合，认为商务翻译教学实践是培养复合型高级人才的重要途径，其目标是提高学生的实践性商务翻译能力和创新精神，形成系统化、科学化的实践教学体系。

此外，孙爽[3]在分析俄罗斯翻译专业高等职业教育标准和学校实际情况的基础上，本着课内与课外、教师指导与学生自主、现代技术手段与真实情景体验相结合的原则，从实践教学目标、内容、管理、评价四个维度构建了俄罗斯高等职业教育翻译专业实践教学体系，指出此实践教学体系遵循了翻译专业教育教学规律，具有针对性强、特色鲜明、考核方法规范的特征。

二 翻译专业实践教学体系研究

翻译专业实践教学体系研究主要是翻译专业本科和翻译硕士院校对

---

[1] 陈炼：《构建英语专业翻译实践教学体系的研究》，《海外英语》2012年第4期。
[2] 陈宁：《应用型本科商务英语翻译实践教学体系的构建》，《佳木斯教育学院学报》2012年第6期。
[3] 孙爽：《俄罗斯高等职业教育翻译专业实践教学体系的构建及其特点》，《教育探索》2015年第4期。

适合翻译专业人才培养的实践教学体系的探讨。翻译专业本科层次，肖敏[1]分析了在国际交流和对外经济贸易的不断发展的背景下，以校企合作模式构建高校翻译专业的创新实践教学体系必要性和重要性，论述了校企合作模式下翻译专业实践教学存在的问题，并从构建多元化的校企合作模式，建立健全实践教学保障体系，构建四层递进的教学体系和实行"多位一体"的评价体系等方面提出了构建翻译专业创新实践教学体系的具体实施路径。刘艳、邹斯彧[2]以南昌工程学院翻译专业为例，探讨了翻译专业实践教学体系的构成要素，建议从基本能力训练、专业技能训练和职业技能综合训练三个维度构建翻译专业实践教学体系，指出翻译专业实践教学体系的发展方向在于革新实践教学内容和方法，建立"双师型"翻译教学团队，开拓校外实习基地。

与翻译硕士实践教学体系相关研究的论文只有五篇，期刊级别皆为省级期刊。第一篇发表在《中国校外教育》[3]，作者本着为长吉图开发开放先导区服务的宗旨，构建了以校内大学生外语听说训练中心、国际语言文化实践教学中心、翻译实践教学中心、多语言文化翻译服务协同创新中心为主的校内翻译实践平台，旨在提高学生的翻译能力，提升应用型翻译人才的培养质量。第二篇文章刊登在《开封教育学院学报》[4]，作者在分析翻译专业实践教学层次和特点的基础上，以广东外语外贸大学翻译专业为例，提出构建翻译专业实践教学模式建构的具体措施。第三篇文章发表在《广西大学学报》[5]，作者首先分析了实践教学重要性

---

[1] 肖敏：《校企合作模式下翻译专业创新实践教学体系构建研究》，《湖北经济学院学报》2017年第4期。

[2] 刘艳、邹斯彧：《翻译专业实践教学体系的构建研究》，《湖北函授大学学报》2016年第20期。

[3] 李英涛：《以长吉图需求为导向构建校内翻译实践平台培养应用型翻译人才》，《中国校外教育》2015年第3期。

[4] 詹成：《翻译专业实践教学模式的探索与建构——以广东外贸外语大学为例》，《开封教育学院学报》2015年第4期。

[5] 冯曼：《以职业化为导向的MTI实践教学体系的构建》，《广西大学学报》（人文社会科学版）2017年第4期。

和翻译硕士实践教学体系的构成要素，其次详细论述了职业导向的翻译硕士实践教学体系的构建方法和体系的运行环境和条件。第四篇文章发表在《西南科技大学学报》[①]，文章结合西南科技大学翻译硕士实践教学的实践，利用中国科技城和学校49家董事单位在人才、科技资源的优势，构建了适合高级翻译人才培养需要的校外实习基地和"双师型"校外合作导师队伍建设的认证体系。第五篇文章发表在《吉林广播电视大学学报》[②] 上，作者指出构建翻译实践教学体系的必要性，提出了基于市场和区域经济发展需求构建翻译硕士实践教学体系的建议，即明确翻译人才培养目标、优化翻译课程设置、改进翻译实践教学内容。

第四节　文献研究的特征与启示

一　文献研究的特征

通过以上对翻译硕士相关研究、实践教学体系相关研究和翻译实践教学体系的研究发现，以往研究呈现出两个明显的特征。

第一，趋于整体和系统性。"实践教学""实践教学体系"两个概念是我国研究生培养结构从"学术型"调整为"应用型"人才培养的产物，是高等教育教学改革深化的体现，从最初作为理论教学适当补充的"实践性教学环节"到被简化后强调实践教学地位的"实践教学"，再到近年来强调理论教学和实践教学是相互联系的有机整体，强调体系整体功能的"实践教学体系"概念的出现，这一系列概念的演变充分证实和反映了专家、学者们对实践教学价值的重视。虽然在目前的文献和各种研究中，仍然有"实践性教学环节""实践教学""实践教学体

[①] 陈压美：《MTI实习基地与校外合作硕导认证标准研究》，《西南科技大学学报》（哲学社会科学版）2015年第1期。

[②] 尹朝：《区域经济发展需求下的翻译实践教学体系的构建》，《吉林广播电视大学学报》2015年第2期。

系"等概念互换使用、模糊使用的现象,但以上概念的分化和演变的确反映出学者对实践教学的研究逐渐走向整体化、系统性,实践教学不再只是理论教学的有益的补充,相反,它将被逐渐看作是与理论教学同等地位、各个要素相互影响、相互联系的有机整体。学者们对实践教学整体性的认识和对实践教学体系的认可和重视有助于我们运用系统科学原理和方法对组成实践教学的各个要素进行整体设计,从而形成结构和功能最优的教学系统,为学生实践能力的培养服务。

第二,趋于分层别类。实践教学体系是教学系统的一个子系统,强调陈述性知识向程序性知识的转化和应用,因此在教育类型和学历层次不同的教学中皆有自己的重要地位。从上述实践教学体系相关研究的文献中可以看出,对实践教学体系的研究既有普通高等教育层面,又有高等职业教育层面,对普通高等教育实践教学体系的探索与实践有研究型大学、教学研究型大学的和教学型大学;学者们的研究成果按学科、专业划分,有文科、理工科实践教学体系、机械/经管/旅游专业实践教学体系。每个专业类型的实践教学体系还可以进一步细化为某种课程的实践教学体系建设,如政治理论课的实践教学体系研究;按学历层次划为可以分为专科实践教学体系、本科实践教学体系、研究生实践教学体系,每个学历层次内还可按不同面向或规格再继续划分。上述对实践教学体系的分层、别类的探索是缘于培养院校的实际情况和该类实践教学体系建设的需要,但无论何种类型和层次,实践教学体系其本质都是一种教学系统,旨在培养学生的实践能力,促使学生将知识应用于实际工作和生活中。类型和层次不同,教学要求自然不尽相同,教学目标、教学内容、实现途径必然不同,实践教学体系的构建也必然千差万别,只有建设适合培养院校的、能为市场需求的人才培养服务的实践教学体系才能实现其功能和价值,因此,未来实践教学体系的研究必然要遵循这个原则,要有所针对的,要分层别类,要有利于院校定位和人才培养的定位。

二 文献研究的启示

学者对翻译硕士专业学位教育和实践教学体系的研究，不仅为翻译硕士和实践教学体系的建设与发展做出了的贡献，也为本研究提供了许多可贵的经验和宝贵的思想，学者们对翻译硕士专业学位教育的深刻思考和探索实践，学者们优化和构建实践教学体系的许多具体方法，如实践教学体系的概念辨析，实践教学体系结构要素的确定，不同学科、专业实践教学体系优化案例和构建的思路都为本研究翻译硕士实践教学体系理论模型的构建带来了启迪。

1. 对建立概念框架的启示

在构建翻译硕士实践教学的概念框架时，要注意以下几点：

第一，概念清晰、内涵明确、结构完整。翻译硕士实践教学体系理论构建的前提条件之一是明晰翻译硕士实践教学体系的概念和内涵。翻译硕士实践教学体系是以培养学生的翻译实践能力为旨趣的翻译教学系统，它的独特之处在于双语语境下语言及其语言所蕴含的文化信息的传递，这是任何其他实践教学体系都不具备的本质特征，是翻译硕士实践教学体系区别于其他学科实践教学体系的唯一不同。只有牢牢记住这一点，在构建过程中将其融入体系的模型中才能使得构建研究有所价值。遵循了系统工程原理的施动、受动、调控和保障功能的完整的结构可以反映实践教学体系的全貌，是构建研究的框架，以此为架构的四个子系统是凸显翻译硕士实践教学体系中"翻译"特性的所在，各子系统共同构成一个合乎逻辑、彼此联系的整体，共同服务于翻译硕士教学质量和人才培养质量的提升。

第二，理论支撑、目标明确。尽管明晰的概念、明确的内涵和完整的结构能够为翻译硕士实践教学体系的理论构建提供路线和框架，但若没有宏观视野理论指导和微观层面的精心设计，那么翻译硕士实践教学体系的理论构建只能如无本之木、无源之水一样。理论的发展脱离不开实践，而体系构建的探索也一样离不开理论的指导。只有建立在前人研究基础上的，以哲学、心理学、教育学和翻译学等相关理论为指导的体系才能经得起实践和时间的检验。此外，翻译硕士实践教学体系分析框架的构建一定要有明确的目标，即既要反映实践教学体系的特点，又要凸显翻译学科和翻译硕士教学的独特之处。因此，翻译硕士实践教学体系分析框架的构建不能仅仅依靠增加实践教学内容，也不能将翻译硕士实践教学体系仅仅作为封闭的人才培养系统中的一个内容体系，而是要结合市场和翻译行业发展的需要，以系统工程原理的"驱动—受动—调控—保障"四大功能为框架构建开放式的、内外互动的翻译硕士实践教学体系，从而培养学生的翻译实践能力。

此外，考虑到目前对实践教学的研究缺乏宏观实践教学体系层面的整体性研究，缺乏点、线、面、体的实践教学体系的总体设计思路，学者们对于实践教学的研究一直处在分散、断续、分块状态中，因此，对翻译硕士实践教学体系框架的构建应以系统性、整体性的理念指导，使翻译硕士实践教学体系切实发挥能力培养的价值，实现部分功能之和大于整体功能的效果。

2. 对现状调查的启示

在调查我国翻译硕士实践教学体系现状时，要注意以下几点。

第一，在调查工具的选择上，应注意将适用于规模较大、题量较多、内容涵盖较全的问卷与适合深度了解和专题探讨的半结构式访谈结合起来，前者重在了解翻译硕士院校实践教学体系建设现状的全貌，后者旨在对难于量化，选项无法全面涵盖答案的开放式问题的深入了解，从是对访谈过程中受访者流露出的对某一问题的态度和情感的把握（不同的态度和情况可以从侧面反映出受访者对某个问题的看法）。

第二，在问卷和访谈提纲设计时，首要考虑的是设计问卷和访谈的依据是什么，即调查问卷和访谈提纲的内容一定要针对翻译硕士实践教学体系框架构建过程中所存在的问题的各种可能的求解；调查问卷和访谈提纲的结构和体例则要遵循事物发展的顺序，依据问题思考和求解的逻辑逐一安排；问卷的题型以适合高级分析的、用来征询态度看法的量表题为主，筛选题用来避免逻辑混乱，背景信息题用以多因素分析，样本特征信息题用来了解翻译硕士实践教学体系建设现状，初步设计好问卷后，要做区分度、决断值、信度检验等分析，删除无效或重复选项，形成最终问卷。

第三，调查实施的过程中，随时关注所收集问卷的填写情况，对填写不规范的问卷及时跟踪，问清楚出现不规范的原因，如果是问卷设计的问题，及时对问卷进行修改，如果是受访者的原因，则问明情况，根据情况补救。在问卷实施过程中，对其他可能发生的情况提前做好应对措施，在问卷星或纸质版问卷上注明联系方式，以便及时沟通、反馈。在访谈开始前，首先要查阅资料，充分了解受访者的基本信息、研究方向和主要论著成果的内容，以便拉近距离，融洽气氛，找准研究的共同点切入话题；其次要明确表明访谈的研究用途并征询对方是否介意录音，如不愿被录音，则尽可能详细地做好笔记；最后，询问受访者是否需要提前了解访谈的内容，如需要则将访谈提纲发至对方邮箱并短信告知对方。访谈过程中如遇到对某个问题的理解不一致，一定要与对方讲明研究要探讨的问题是什么，事后及时更改访谈问题的表述方式，达到阅读无困难和歧义。把握访谈的时间长度和每个访谈的间距，每个访谈中间空余大约一小时，以防拖延或因其他问题产生的意外发生。

第四，数据的整理与分析上，要在"问卷星"平台 SPSSAU 自动数据分析统计功能的基础上，根据研究的需要和数据处理的方法选择适合的其他统计分析软件，既发挥问卷星自动生成图表、分类统计、交叉分析和自动生成文字分析的快速、便捷的功能，又发挥专业的 SPSS 分析统计软件的稳定性和复杂数据处理的功能，二者结合起来实现数据整理分析的规范、有效。

3. 对构建体系模型的启示

在构建翻译硕士实践教学体系模型时，要注意以下两点。

第一，走整体优化设计路线。从学者们实践教学体系优化研究的文献来看，大部分学者本着脚疼医脚，头疼医头的原则，从微观层面对体系的各问题尝试提出优化对策和建议，殊不知一脉不通，周身不畅，这种方法本身就违背了系统论全面、整体的原则，这种理念下的优化必然只能起到一时的作用，无法从根本上肃清现存的问题。就我国翻译硕士实践教学体系的建设而言，要根据区域经济发展需求和院校定位，充分认识实践教学在翻译硕士研究生培养中的重要作用，确定实践教学和翻译实践能力培养的核心地位，依据整体性原则，以子系统的建设为着眼点，最终实现翻译硕士实践教学体系整体建设水平的提升。

第二，注重优化策略的针对性和实用性。理论层面翻译硕士实践教学体系分析框架的构建为我国翻译硕士实践教学体系理论模型的构建提供了依据，西北地区16所院校的实际考察为全面了解不同特色类型、不同区域、不同辖区的翻译硕士实践教学体系的问题、原因和影响因素对翻译硕士实践教学体系理论模型的构建提供了实践基础，基于教育学、翻译学等相关学科的视域，"指委会"有关翻译硕士专业学位教育建设和发展的文件精神以及崔启亮教授在翻译硕士专业学位教育办学10年之际所做的关于"全国翻译硕士教育和就业的调查报告"所反映的问题和针对问题提出的建议为我国翻译硕士实践教学体系理论模型的构建提供了思路。

第三章　理论基础与概念框架

本章在对"翻译硕士实践教学体系"概念界定的基础上，在文献梳理的基础上，聚焦研究问题，在翻译学、语言学、认知心理学和教育学的理论观照下，结合国务院学位委员会、教育部以及"全国翻译硕士专业学位（MTI）教育指导委员会"下发的《翻译硕士专业学位研究生教育设置方案》《翻译硕士专业学位研究生教育指导性培养方案》《申请新增翻译硕士（MTI）培养单位的基本条件》《全国翻译硕士专业学位研究生教育与就业调查报告》《翻译硕士专业学位授权点专项评估方案》文件中对翻译硕士教学和人才培养的规定和描述以及翻译硕士培养院校评估指标体系的内容，设计翻译硕士实践教学体系的指标体系，对专家进行调查和访谈确定各指标体系的权重，形成翻译硕士实践教学体系的概念框架，并对翻译硕士实践教学体系概念框架进行了阐释。

第一节　理论基础

本研究在系统论的宏观指引下，以心理学、教育学和语言学理论为指导，为翻译硕士实践教学体系的建设与优化提供理论依据和行动指南。

一 PACTE 翻译能力及习得模型

随着翻译从语言学科中脱离出来,成为一门独立的学科,对翻译能力的研究日趋深入和成熟,在众多国内外翻译能力研究的派系中,西班牙的 PACTE(Process in the Acquisition of Translation Competence and Evaluation)小组是最有权威、最具代表的一支,他们的主要贡献在于提出了较其他派系更为完整和更为成熟的翻译能力的构成模型、习得模型和评估模型。

1998 年,PACTE 小组借用心理学、语言学和教育学关于"能力"的界定,将"翻译能力"界定为:译者在翻译过程中必要的、潜在的知识、技能体系。借用语言学的"交际能力模型",推导出了翻译能力的构成要素,提出了翻译能力的构成模型(见图 3-1)。如图所示,翻译能力包括六种子能力:双语能力、语外能力、工具/研究能力、转换能力、策略能力、生理—心理能力,各子能力相互关联、各有侧重,其中转换能力处于核心地位,策略能力起着协调各子能力的作用。

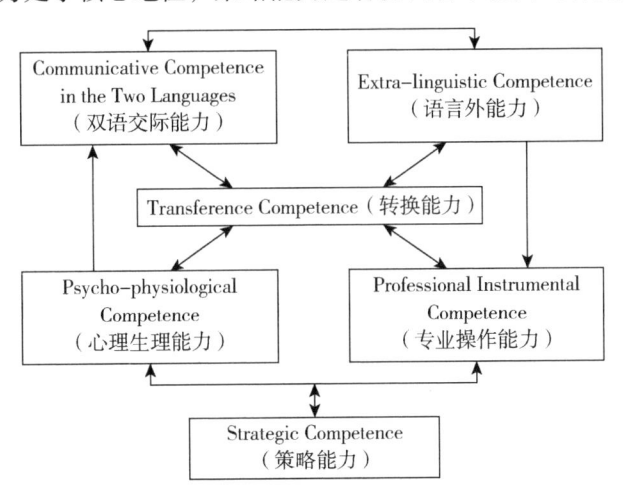

图 3-1 PACTE 1998 年提出的翻译能力模型

2003年，PACTE小组借广义知识的概念，将"翻译能力"定义为"译者从事翻译所必需的潜在的知识系统。"① 该定义用"知识系统"的表述替换了原概念"知识和技能体系"，将技能体系视为程序性知识（如何做的知识，通过实践获得的难以言传的自动化过程），并根据该定义对翻译能力的构成模型进行了修订（见图3-2）。

```
┌──────────────┐        ┌──────────────┐
│  双语语言能力 │◄──────►│   语外能力   │
└──────┬───────┘        └───────┬──────┘
       │     ┌──────────┐       │
       └────►│ 策略能力 │◄──────┘
       ┌────►└────┬─────┘◄──────┐
       │          │             │
┌──────┴───────┐  │      ┌──────┴──────┐
│   工具能力   │◄─┴─────►│ 翻译专业知识│
└──────┬───────┘         └─────────────┘
       │
┌──────┴───────┐
│ 心理-生理要素│
└──────────────┘
```

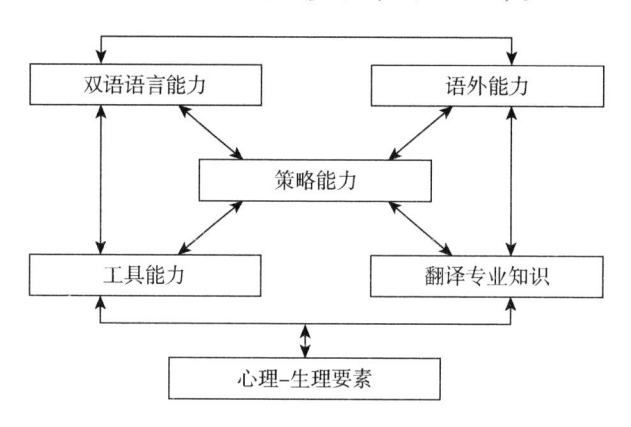

图 3-2　PACTE 2000 年修订后的翻译能力模型②

修订后的翻译能力模式包括六种次能力。

双语语言能力：使用两种语言进行翻译活动时所必需的程序性知识，包括两种语言的语用、文本、语法和词汇知识等；

语外能力：常识和专业领域的内隐和外显的陈述性知识，包括双文化知识、百科知识和主题知识；

翻译专业知识：关于翻译及翻译职业的内隐与外显的陈述性知识；

工具能力：翻译过程中和文献资料、信息技术应用有关的程序性知识；

策略能力：保证翻译效率、解决翻译问题的程序性知识；

心理—生理要素：译者在翻译过程中有效控制认知机制中的各种要

---

① PACTE 小组对程序性知识的定义借鉴了 Anderson 1983 年关于陈述性知识（declarative knowledge）和程序性知识（procedural knowledge）的分类。

② PACTE, PACTE, *Acquiring translation competence: Hypotheses and methodological problems of a research project*, In A. Beeby etal (eds.) Investigating Translation, Selected Papers from the 4th International Congress on Translation, Barcelona, 1998, Amsterdam: John Benjamins, 2000: 99-106.

素的能力,具体分为生理、心理素质和心理能力,包括记忆力、感知、注意力、情绪、创造力、逻辑能力等。

以上六种能力在翻译实践中相互作用,动态发展,前五种能力通过译者的心理—生理要素起作用。从原模型到修改后的模型的转变标志着 PACTE 小组对翻译能力的研究从侧重关注读者为中心的交际目的和语言转换规律转向关注语言运用能力、翻译专业知识、职业能力和运用资源和媒介能力的养成。

相较于翻译能力的构成模型,PACTE 小组更加关注翻译能力的习得和评估,其数次对翻译能力构成要素和结构模型的验证与修订都是为翻译能力的习得和评估做准备。1998 年,PACTE 小组在最初研究翻译能力构成要素时,曾将翻译能力习得假定为"重组和培养翻译子能力的过程"[①],随着对翻译能力构成模型研究的不断深入,对翻译能力习得的研究日趋成熟,PACTE 小组于 2003 年提出了一个较为完整的翻译能力习得模式(见图 3-3),认为翻译能力习得是一个从"入门知识"(novice knowledge)到"专业知识"(expert knowledge)的过程。

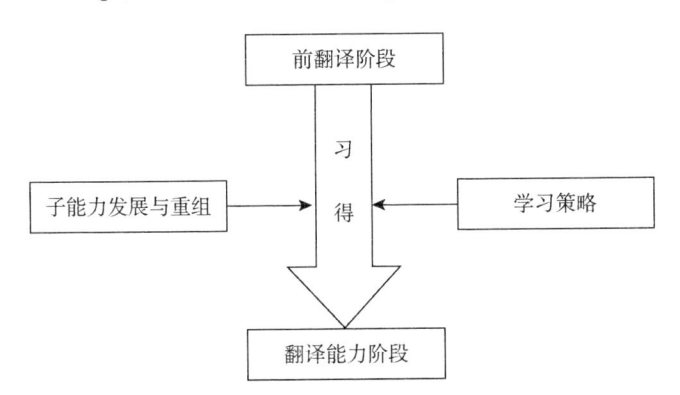

图 3-3 PACTE 翻译能力习得模式[②]

和 Krings、Pym 等提出的最简方案相比,PACTE 用实证的方式直观

[①] 仝亚辉:《PACTE 翻译能力模式研究》,《解放军外国语学院学报》2010 年第 5 期。
[②] PACTE, Building a translation competence model//Flalves, Triangulating Translation: Perspectives in Process Orient-ed Research, Amsterdam: John Benjamins, 2003: 43-66.

地呈现了翻译能力的构成要素,"对翻译能力构成的看法是目前为止最全面的,所提出的翻译能力模式也是迄今为止最复杂、完整的"。① PACTE 认为翻译能力具有多元性,即由多项次能力构成的一个复合体,翻译能力是翻译所需的内在知识系统和技能,包括陈述性知识和程序性知识两部分,尤以后者为主,并强调在实践中发展翻译技能。PACTE 小组对于翻译能力的界定、翻译能力构成及其习得模型的研究,有助本研究对翻译实践能力概念的界定和要素结构分析,是成功推导翻译实践能力构成框架的基础,是认识翻译硕士教学任务的多元性、教学内容的复杂性、教学主体的特殊性的基础,是认识翻译能力阶段特征和分阶段习得翻译能力的基础,是指导翻译硕士实践教学体系构建和优化的最重要、最直接的理论。

二 认知技能习得理论

美国心理学家安德森（John R. Anderson）的认知技能习得理论（Acquisition of Cognitive Skill）是对其 1976 年提出的适应性思维控制模式（Adaptive Control of Thoughts）的改良和修订,相较于其他技能习得理论,认知技能习得理论更加关注学习者完成任务的智力系统及高级思维过程中产生式系统的作用机制,自 20 世纪 80 年代提出以来,已得到越来越多认知科学领域人士的认可。

认知技能习得理论贡献在于：第一,打破了传统的狭隘知识观,将知识划分为陈述性知识和程序性知识,便于人们系统认识知识与技能的区别与联系。认知技能习得理论认为任何熟练的行为都要求将陈述性知识（declarative knowledge）转化为程序性知识（procedural knowledge）。陈述性知识指以命题、命题网络或图示为表征的关于"是什么"的知识,这类知识常以静态的方式存在,能够通过被告知方式表达出来。程

---

① 仝亚辉:《PACTE 翻译能力模式研究》,《解放军外国语学院学报》2010 年第 9 期。

序性知识指以产生式或产生式系统为表征的关于"怎么做"的知识，它有着鲜明的动态性特征，它的获得往往是突发的，需要经历从量到质的飞跃过程。第二，明确提出认知技能习得的三个阶段。对应 Fitts[①] 的认知、联想、自动化三个阶段，安德森将认知技能习得过程分为陈述性阶段（declarative stage）、知识编译阶段（knowledge compilation）、程序性阶段（procedural stage），分别代表译者从有意识加工、缓慢和易错到无意识加工、快速和不易错的提升过程。在陈述性阶段，学习者以解释的方式提取一些能引发既定行为的事实；在知识编译阶段，学习者通过大量应用规则的变式练习，促使规则由陈述性形式向程序性形式转化，知识编译的目的是将具体的特定领域的陈述性知识程序化，以产生式系统的方式推广至较大范围；在程序性阶段，学习者要将在诸多产生式系统中快速、准确挑选最佳的产生式系统的能力自动化，保证问题解决的速度和效率。第三，对高级思维过程中产生式系统的作用机制和不同阶段认知技能习得的作用机制进行了描述。安德森认为表征程序性知识的每个产生式系统都包含着条件和行动规则，条件用来说明事物变化前提的特征，行动用来说明事物的变化，即一个完整的"如果—那么"（If-then）产生式。产生式之间通过"控制流程"（flow of control），形成产生式系统，自动激发下一个控制流程的产生。产生式系统的调谐主要依靠宽化（generalization）、窄化（discrimination）和强化（strengthening）机制来实现。顾名思义，这里的宽化指扩大产生式系统运用的范围，窄化指约束产生式系统的运用范围，强化指产生式系统强弱差异分化，即强的更强，弱的趋于灭绝。通过宽窄范围和强弱程度的调试后，学习者在运用产生式系统解决问题时，能够熟练进而自动化正确的产生式，剔除不正确的产生式，并将新的产生式整合到相同的问题情境中，最终完成认知技能从陈述性阶段到程序性阶段过渡，达到"习得"的目的和

[①] Fitts, P. M., *Perceptual-motor skill learning*, In A. W. Melton (ed.), Categories of Human Learning, New York: Academic Press, 1964: 243 – 285.

效果。

　　翻译能力习得的过程就是从陈述性阶段到程序性阶段的过程，双语语言能力、策略能力、工具能力、生理心理等能力的习得都需要经历这样的过程，这一过程是知识系统认知、联想、自主化的过程，是译者在学习策略的作用下从"入门知识"上升到"专业知识"的过程，在这个过程中离不开学习策略和翻译实践的作用。翻译硕士实践教学体系建设的目的就是提高翻译硕士研究生翻译实践能力，提升翻译硕士教学的质量，因此，本研究用认知技能习得理论作为研究的理论指导，无疑能够更清楚地认识到翻译实践能力习得的规律和特点，指导翻译硕士实践教学体系目标体系、内容体系的设计，从而更好地指导翻译硕士实践教学体系的建设与优化。

三　认知灵活性理论

　　认知灵活性理论（Cognitive Flexibility Theory）是兴起于20世纪90年代的继承建构主义理论中学习的观点，其代表人物是美国的斯皮罗（Spiro R.）。他对于认识灵活性的理论理解是"所谓认知灵活性，意指以多种方式同时重建自己的知识，以便对发生根本变化的情境做出适宜的反应。这既是知识表征方式（超越单一概念维度的多维度表征）的功能，又是作用于心理表征的各种加工过程（不仅是对完形的修复，而且是对一整套图式的加工过程）的功能"①。从这段表述中，可以看出其核心思想始终围绕着知识的学习，即通过何种方式才能实现知识的情景化，能够灵活使用知识解决实际的问题。

　　认知灵活性理论的核心思想如下。第一，把知识划分为结构良好领

---

①　Spiro, R. & Jengh, J., *Cognitive Flexibility and Hypertext: Theory and Technology for the Non-liner and Multidimensional Traversal of Complex Subject Matter*, In D. Nix & R. J. Spiro (Eds.), Congnition, Education, and Multimedia: Exploring ideas in high technology, Hillsdale, NJ: Lawrence Erlbaum Associates, 1990: 165.

域（well-structured domain）的知识和结构不良领域（ill-structured domain）的知识。结构良好领域知识是可以表征为一系列概念、原理和规则的、可直接套用和认知的知识，结构不良领域知识指对概念、原理、规则应用的知识，是无规律可循的非单一标准的知识。第二，按照知识划分的类型将学习划分为初级知识学习和高级知识学习。对结构良好领域知识的学习属初级知识的学习，对结构不良领域知识的学习是高级知识的学习，高级知识的学习是更为重要的学习阶段，由于结构不良领域知识具有概念的复杂和实例的差异性，在学习过程中要深层理解结构不良的知识；在问题情境中，多角度多视域运用不同的理解方式和学习策略内化原理、概念、规则，方便问题的解决，切忌割裂知识的联系和连续性，以单一的初级知识的学习标准和阶段性策略进行高级知识的学习。第三，认为概念与案例之间存在着多维与非线性的"十字交叉"景观（"criss-crossing" of conceptual and case landscape）。这种景观导致原本以"概念"方式存在的真实的"客观事实"会由于情境的不同，而产生差别或错误，每一个真实的"案例"都指向不同的侧面，可以从不同侧面去理解案例的意义，其他侧面可能会对案例的理解起正向的同化或者反向的补充作用。概念和案例的复杂性往往导致在真实具体的教学中学生无法将学习结构良好领域知识及其学习经验运用到结构不良领域知识的学习中，其原因在于教师简单地将初级阶段结构良好领域知识的教学策略以单一标准的方式推及高级阶段结构不良领域的学习中。

认识灵活性理论反传统机械主义对知识的提前预设和极端建构主义只强调非结构性知识的建构，它明确了初级学习和高级学习的界限，强调知识的连续性和联系性，强调结构良好领域知识和结构不良领域知识的区别与联系，强调在具体情境中多角度深层理解概念，达到灵活运用知识解决问题的目的。由于翻译实践能力实质上就是一组相互关联的连续发展的程序性知识系统，因此，这一理论对于翻译硕士实践能力的习得有直接的指导意义，它提示我们翻译实践能力的习得是高级知识的学习，需要在真实情境中将概念与案例多角度地不断融会贯通，才能最终达到专业译者所具备的"专业知识"的要求。

四 OBE 工程教育理念

OBE（Outcome-based Education）是工程教育专业认证所遵循的教育思想，强调"成果导向、以学生为中心、持续改进"，对"引导和促进专业建设与教学改革、保障和提高工程教育人才培养质量"① 有着重要作用。它主张以"回溯式"原则设计课程，分阶段对阶段成果进行评价，达到培养目标的最终实现。传统的以学科导向和需求设置课程的原则倾向于"解决确定的、线性的、静止封闭问题的科学模式"②，这种模式培养的学生无法满足社会市场的需求，与现实脱节，致使培养院校被动地适应市场的需求，人才培养质量难以提高，OBE 理念反其道而行，从学生专业发展的需求和社会市场的需求为出发点确定毕业生毕业时所达到的规格要求，按照毕业要求确定培养目标和课程体系，OBE 理念的"反向设计、正向实施"的理念最大限度地保证了教育目标与学习成果的一致性。具体到翻译硕士人才培养的课程设置上，OBE 模式要求翻译硕士人才的毕业要求必须逐一分解到每一门具体课程中，形成毕业要求与课程体系相互映射的课程矩阵，便于一目了然地显示每门课程教学应该达到的目标和课程与课程之间的关系。

OBE 理念根据外部需求（利益相关者）预设毕业要求（学习成果）确定培养目标，根据大纲能力（毕业要求要素）要求制定课程教学计划，侧重毕业要求与教学目标、课程体系的对应关系，是思路和引领，OBE 理念指导下的 OBE 一体化教学设计为优化翻译硕士实践教学体系提供了思路，为培养目标定位和课程设置提供了框架和实施依据。

翻译属人文学科的范畴，整个翻译过程充满了译者"发挥"和

---

① 陈新民：《应用型本科的课程改革：培养目标、课程体系与教学方法》，《中国大学教学》2011 年第 7 期。
② 李志义：《解析工程教育专业认证的成果导向理念》，《中国高等教育》2014 年第 17 期。

"创作"的艺术气息,但与此同时,译者也不得不遵从语言转换的规律和社会规范的制约,从这个角度上说翻译也是一门科学,翻译硕士专业学位教育是我国研究生教育主动适应日益发展的经济建设和结构调整的产物,标志着我国研究生教育的重心从侧重学术性人才培养转向侧重应用型人才培养,其高层次、实践性和应用型的人才特点与工程教育应用型、实践性的本质属性如出一辙。此外,随着全球化、高校与信息技术的深度融合和翻译技术的发展、运用,翻译不再是指尖的舞蹈和个人的单打独斗,它是包含了构思、设计、实现、运行在内的团队、众包作战的一项系统工程,是语言服务产业链一个重要的组成部分。

五 动态系统理论

动态系统理论(Dynamic Systems Theory)是应用语言学领域新兴的一个理论流派,它源于经典力学,融合了天体力学和微分方程的定性理论,动态系统理论与语言学的结合源于英国学者拉森—弗里曼(Larsen-Freeman),她于1997年撰文详细论述了动态系统理论与二语习得的关系。近年来,由于动态系统理论将语言的习得和发展置身于认知和社会两大环境中考察,诠释了许多其他理论无法解释的学习现象和规律,揭示了语言习得和发展的复杂特性,因而被广泛运用于二语习得的学习和教学中(De Bot & Lowie, Verspoor, 2004; De Bot & Makoni, 2005; 沈昌洪、吕敏, 2008; 李兰霞, 2011; 郑咏滟, 2013, 2015; 王克非, 2014)。

动态系统理论对二语习得的贡献作用在于:第一,论述了影响语言发展变量之间的完全互联性(complete interconnectedness)。动态系统理论认为:"能力或技能都是动态的系统,由一系列相互关联的变量组成并在一定时间内相互作用。"[①] 语言的发展依赖于思维和语言系统中各

[①] De Bot, K., W. Lowie & M. Verspoor, *A Dynamic Systems Theory Approach to Second Language Acquisition*, Bilingualism: Language and Cognition, 2007, 10 (1): 17.

个子系统的完全互联性以及诸如感知、认知、概念化和人类互动的内部和外部资源。我们可以对变量的权重做出判断，但任何变量孤立存在必然无法反映事物的原貌。第二，论述了二语习得中对初始条件的敏感（seneitive dependence on initial conditions）。语言和语言变化是与环境互动和内部重组的结果，这种观点意味着现阶段的变化程度主要依赖于上一阶段变化程度，系统中某一处微小的变化可能会对其他部分产生较大的影响，这些变化不是线性的（nonlinearity in development），这种现象被称作二语习得中的"蝴蝶效应"。第三，论述了二语习得中的语言磨蚀现象。磨蚀现象也被称为语言消耗现象，指语言使用者某个阶段减少或停止对该语言的使用，该使用者使用这种语言的能力会随着时间的推移而减退直至丧失，且这种减退或丧失会经历"前快—中稳—后快"的过程。动态指一个系统由于内力（internal forces）和外能（energy）而经历的变化。动态系统最基本的形式就是系统通过力发生变化，这个系统的变化时而连续，时而断续，甚至还会出现混沌的状态。

动态系统理论认为语言发展是一系列相互关联变量互相作用的结果，这对于翻译实践能力研究具有重要启示，翻译实践能力研究的核心就是界定构成其变量并通过各变量之间的相互关联和影响考察翻译能力的发展及变化过程。动态系统理论认为系统中某个变量的微小变化可能引起其他部分较大的变化，且潜在的微小变化足以导致现阶段语言的发展变化，从这个意义上讲，能力的变化及发展不仅取决于个体变量的发展程度，而是各变量相互影响及促进的结果，而且，各种变量不是简单的顺序发展，而是呈现阶段性的交叉和制约，出现能力发展与停滞的动态变化。

此外，动态系统理论关注系统的初始状态，也注重系统多重成分间以及系统内外环境间的交互影响。能力的发展不是由低水平至高水平的简单线性过渡，而是在动态平衡（dynamic equilibrium）中的自我重组（self-reorganization）和调整过程。这不但意味着个体能力发展的独特性，也暗示了环境因素对于能力发展路径和过程影响的无限可能性，对译者培养模式的研究有着重要的意义。正如 De Bot 所说:"动态系统理论为二语习得研究中社会和认知因素的融合提供了理论框架和工具,并阐释了二者的互动联结如何促进了语言习得能力的发展。"[①] 动态系统理论的框架作用同样适用于翻译实践能力的发展研究,因为动态系统理论契合了翻译能力发展的复杂性和动态变化,为考察其发展全貌提供了新的理论视角。

PACTE 小组的翻译能力构成和习得模型为翻译学科的性质和本体出发,用实证的方法勾勒出了翻译能力的构成和习得框架和阶段、逻辑过程,为本研究翻译硕士研究生翻译能力的构成,翻译实践能力构成的推进以及翻译实践能力习得、发展阶段奠定了基础,同时为后续研究基于翻译实践能力对翻译硕士实践教学的目标、过程和途径的分步优化策略的提出提供了具体的参照标准。

心理学基础便于我们了解事物发展的顺序和演变过程,准确把握学习者的认知规律和学习特点,心理学观照下的翻译硕士实践教学体系构建,符合认识和事物发展的规律,心理学视角下的翻译实践能力习得的过程和机制,可以帮助我们为不同能力的子能力获得预设准确的活动秩序和场景,从而逐一映射于翻译硕士实践教学体系构建的过程之中,使体系更加科学、合理。

OBE 工程教育理念基于利益相关者的要求进行愿景规划,按照能力培养标准对毕业生预期要达到的成果进行"逆向"精准构思、设计,通过对课程和能力矩阵匹配的"正向"方式实施、运行人才培养,将内需和外需完美地结合起来,有效满足了校内和市场的需求,对本研究基于翻译实践能力构建翻译硕士实践教学体系和后续翻译硕士实践教学体系模型构建中以对学生的毕业要求为起点进行课程设置和以分层的分段的方式对毕业生所达到的能力进行评估提供了路径和思路。

---

① De Bot, K., W. Lowie & M. Verspoor, *A Dynamic Systems Theory Approach to Second Language Acquisition*, Bilingualism: Language and Cognition, 2007, 10 (1): 18.

翻译的本质是双语转换过程主观能动性和客观规律的辩证统一，因此它必须遵循语言的规律和逻辑，一方面，翻译作为一种语言转换的活动，它不得不在语言的规律下活动；另一方面，作为一种文化的再创造，它又必须以译者的认知规律为前提，对原文进行或删减、或增补、或阐释与解读的再创造。因此语言学基础有助于我们从根本上了解翻译的特点和规律，使实践教学体系与翻译硕士教学融合，形成特有的能够培养学生翻译实践能力的翻译硕士实践教学体系。

教育学基础便于我们将抽象的哲学宏观视域的事物具体到教学活动的诸要素，分而化之，逐一了解不同教育、教学情景下，教学主体基于交往、认识、教与学实践基础上的互动关系；逐一探索认识翻译硕士实践教学体系的若干相互关联的要素及要素间的关系；便于从整体与部分两个方面把握翻译硕士实践教学体系与理论教学体系的关系和作用，最终通过把握翻译硕士实践教学体系与理论教学体系及实践教学体系构成要素之间的相互关系实现翻译硕士教学的整体功能。

第二节　概念框架

翻译硕士实践教学体系的最终目的是培养学生的翻译实践能力，准确提取翻译硕士实践教学体系的构成要素和主要影响因素是保证翻译硕士实践教学体系成效的前提，因此翻译硕士实践教学体系构建依据的选取必须科学合理，首先必须能够全面表征翻译硕士实践教学体系的内涵与本质，其次必须反映翻译实践能力的培养的需求。研究在对翻译硕士上级主管部门文件精神的领会，前期翻译硕士实践教学体系相关研究文献梳理，翻译硕士单位评估指标体系及"调查报告"词频统计结果的基础上，通过专家调查的方式遴选翻译硕士实践教学体系概念框架的维度和各级要素指标项，上述四个方面各有侧重，彼此支撑，能够准确而全面地描绘出翻译硕士实践教学体系的内涵、特征与价值。

一　框架设计与指标设置

本节对翻译硕士实践教学体系维度的选择和指标的选择建立在对翻译硕士实践教学体系的概念、文献梳理以及翻译学、教育学、认知心理学和语言学理论基础上，其实质是保证所构建的翻译硕士实践教学体系概念框架的合理与科学，确保以此为参照考察翻译硕士实践教学体系现状的效果。

1. 翻译硕士实践教学体系的框架设计

自2006年翻译硕士专业学位教育的设立被提上日程以来，国务院学位委员会和教育部首先指导建立了专门负责和管理翻译硕士专业学位教育建设和发展的"全国翻译硕士专业学位（MTI）教育指导委员会"（以下简称"教指委"），后几次发文论述翻译硕士专业学位教育设置的必要性、重要性及培养方法等问题，这些文件成为翻译硕士专业学位教育建设和发展的重要依据，其中关于翻译硕士研究生培养目标、课程设置、实践环节安排与设置及毕业论文、翻译实践、师资队伍建设等内容为构建翻译硕士实践教学体系理论模型提供了参考和依据。

依据一：指导方案。2007年3月国务院学位委员会下发了《翻译硕士专业学位设置方案》（以下简称"设置方案"）[1] 及该方案的说明，对翻译硕士设置的背景、目的、意义、学位名称、培养目标、培养方式等做了详细说明。同年，成立了"教指委"，负责全国翻译专业学位研究生教育的改革与发展工作。2007年12月，国务院学位办受"教指委"委托，转发了"教指委"制定的《翻译硕士专业学位研究生教育指导性培养方案》（学位办〔2007〕78号）[2]（以下简称"培养方案"），"培养方案"

---

[1] 全国翻译专业学位研究生教育指导委员会：《翻译硕士专业学位设置方案及其说明》，2007年3月。

[2] 全国翻译专业学位研究生教育指导委员会：《翻译硕士专业学位研究生教育指导性培养方案》，2007年12月。

对翻译硕士设置的目的、培养目标、招生对象及入学考试方法、学习年限、培养方式、课程设置、学位论文、学位授予做了说明。2011 年 8 月"教指委"对"培养方案"进行了修订。与 2007 版相比，修订版①主要有四大变化，第一，将"专业实习"的内容加了进来，明确说明学生必须完成专业实习和论文答辩才可以毕业；第二，课程从"不低于 30 个学分"改成了"不低于 38 个学分"，选修课的时数和门类增加，门类按照综合类、笔译类、口译类限定若干课程，各院校按照培养目标和特色选开；第三，实践环节将学生的笔译实践字数加至 15 万字以上，口译实践时数加大至不少于 400 磁带时；第四，学位论文从三选一变为四选一，增加了"翻译实习报告"，要求学生就参加的口笔译实习，写出不少于 15000 词的实习报告。此外，2008 年 9 月国务院学位办下发了《关于申请新增专业学位研究生培养单位的通知》（学位办〔2008〕44 号），从学科基础条件、师资条件、教学条件、教学管理与组织四个方面对申请新增翻译硕士（MTI）培养单位的基本条件〔附件一（5）〕做了详细的说明，它是设置方案和培养方案的细化，是各院校申请翻译硕士专业学位时的参照标准。

依据二：文献研究。从以往的研究结果和理论视野中寻找构建翻译硕士实践教学体系的维度和要素指标是翻译硕士实践教学体系理论模型构建的前提和基础。根据文献部分实践教学体系相关研究、翻译硕士实践教学体系相关研究及翻译能力、实践环节、实践能力相关研究，笔者得出翻译硕士实践教学体系构建的维度和主要构成要素（见表 3-1）。

表 3-1 翻译硕士实践教学体系构成要素指标文献梳理结果统计

构建维度	一级指标	二级指标	主要观测点
目标体系	翻译技能、基本能力、专业技能、职业技能	专业理论知识、创新能力、实践能力	人才培养目标、培养规格

---

① 全国翻译专业学位研究生教育指导委员会：《翻译硕士专业学位研究生教育指导性培养方案》，2011 年 8 月修订。

续表

构建维度	一级指标	二级指标	主要观测点
内容体系	课程设置、实践教学环节、毕业论文设计	课堂教学、实训、社会实践案例、实验、实训、实习以及毕业设计和创新实践活动	翻译实践中心、翻译服务协同中心、课内课外结合的活动情况、实践教学环节的优化组合、课程结构
管理体系	领导结构、规章制度	文件、机构	组织与制度
条件保障体系	机制、环境、条件	实习基地、教学设施	技术手段、仿真基地、实践平台
评价体系	评审委员会、评价指标	学分、课时、成绩	考核机制、方式
反馈体系	翻译实践报告、企业用人意见	翻译字数、质量、成绩	文件、合同
实现途径体系	教学模式、教学方法、技术手段	网络平台	方法革新、信息技术
质量保障体系	质量监控机构、实践教学大纲	经费保障机制、激励机制	文件、人员、机构
师资队伍	"双师型"、校外合作导师队伍	双导师制	教师校外实习基地挂职情况、兼职实践教学指导教师情况

依据三:"调查报告"。2017年,时值全国翻译专业学位研究生教育十周年,为了全面获得全国MTI高校教学、就业现状数据、了解MTI学校教育和学生就业现状、总结MTI取得的成绩和存在的问题,对外经济贸易大学的崔启亮教授受"教指委"委托,组建调查小组对全国205所MTI培养单位从事MTI教学的教师(包括MTI教育中心主任、院系领导)、在校学生、毕业生、MTI用人单位(接受MTI学生就业和实习的单位)进行了问卷,问卷结果已于2017年7月出版发行,名为《全国翻译硕士专业学位研究生教育与就业调查报告》(以下简称"调查报告")。

笔者对"调查报告"的翻译硕士教学现状问卷、在校学生与实习现状问卷、毕业生就业现状问卷和翻译硕士研究生用人单位问卷中有关实践教学、实践教学环节、实践课程、翻译能力等与翻译实践教学体系构建相关的术语进行了词频统计，分析、筛选后，提取出翻译硕士实践教学体系构建的相关指标（见表3-2），为翻译硕士实践教学体系各级指标要素构成通过参考。

表3-2　"调查报告"问卷部分翻译硕士实践教学体系构成要素统计

术语	相关指标项	词频统计（次）
翻译实践能力	实际翻译能力、专业翻译能力、专业技能	6
职业技能/职业能力	职业素养、综合素质、职业道德	4
实践教学环节	实习、实践、社会实践	11
实践课程	计算机辅助课程、项目管理、课程改革	6
校企合作	课程设计与教学、实践基地、项目合作	3
毕业论文设计	实习鉴定、技能鉴定、实习、翻译、实验报告、研究论文	3
翻译实践	实践机会、项目实践、实践观摩	9
师资队伍	校外导师、师资配置	4

从表3-2中可以看出，受访的205所翻译硕士培养院校对于实践教学环节最为重视，其次是翻译实践，排第三位的是实践课程和翻译实践能力，这表明培养院校大都认为通过实践课程、实践教学环节和翻译实践的加强与落实，提高学生的翻译实践能力势在必行，是翻译硕士教学的重点所在和核心任务，而校企合作、师资队伍是实现翻译硕士实践教学的基本保障和条件要素，这些要素与翻译硕士实践教学体系的构建息息相关，皆为翻译硕士实践教学体系的构成要素之一。

依据四："翻译硕士单位评估指标体系"。为了检查翻译硕士研究生培养体系的完备性，了解翻译硕士培养单位的资质、水平，国务院学位委员会、教育部下发了《关于开展2014年学位授权点专项评估工作的通知》（学位〔2014〕17号），对翻译硕士专业学位授权点进行了专项评估，在《翻译硕士专业学位授权点专项评估方案》中明确规定了翻译硕士专业学位授权院校评估的各项指标、观测点以及各评估指标的等级标准。

由表 3-3 可见，评估体系设一级指标 6 个、二级指标 20 个，一级指标办学理念占 10%（包含 2 个二级指标），师资队伍占 25%（包含 5 个二级指标），教学资源占 20%（包含 4 个二级指标），教学内容占 15%（包含 3 个二级指标），教学管理占 10%（包含 2 个二级指标），教学质量占 20%（包含 4 个二级指标），各单项指标满分 5 分，共计 100 分。在 6 项一级指标中比重最大的是师资队伍（25%），其次是教学资源和教学质量（均为 20%），这表明师资队伍建设的好坏直接关系着翻译硕士试点单位的合格与否，而为教学活动提供保障的教学资源的配比和完善则在整个翻译硕士人才培养过程中起着至关重要的作用，教学质量是教育的生命线，对教学质量的重点关注表明评估指标体系抓住了教学的核心问题，向质量要发展的战略眼光，这将指引翻译硕士试点单位走内涵发展之路。

表 3-3　　翻译硕士专业学位授权院校专项评估指标体系指标项

一级指标	二级指标
办学理念	2 个二级指标：对专业学位教育的认识、办学特色
师资队伍	5 个二级指标：整体结构与规划、专任教师基本情况、专任教师翻译实践能力、兼职教师基本情况、教师科研能力
教学资源	4 个二级指标：教学基础设施、教学资料、网络资源、实习基地
教学内容	3 个二级指标：培养方案与教学计划、课程设置、翻译实践
教学管理	2 个二级指标：管理机构设置、质量监控
教学质量	4 个二级指标：学生专业基本功、学位论文/翻译实践报告、学生职业素养、学生相关专业知识

评估指标体系所设的两级指标项和 47 个观测点明确了翻译硕士专业学位教育人才培养的重点和基准所在，评估指标体系等级标准指出了各指标项的合格标准，其中对于教学内容、教学管理、教学资源、教学质量的表述与分类和文献综述部分所提取的翻译硕士实践教学体系结构要素基本一致，可以作为翻译硕士实践教学体系结构要素和影响因素的佐证之一。

由于起草评估指标体系的专家大部分是"教指委"的成员，长期参与外语专业本科教学评估工作，对外语学科发展、评估工作以及各个地区翻译硕士试点高校的情况试点比较熟悉，且评估指标体系在正式启用前经过试用和反复修改，可以说目前形成的评估指标体系是基于对市场人才需求的分析，对高校翻译教学的历史发展与现状的通盘考虑、对我国翻译专业研究生教育结构转变的适应及对职业翻译的培养与传统的翻译理论与实践研究人员培养的区别的基础上的，因此，这一评估指标体系具有明确的针对性、涵盖了翻译硕士教学和人才培养的方方面面，"能成为 MTI 培养单位办学和学科建设的指导性文件"[1]。

由于本次大会是翻译领域最高级别的会议，参加会议的专家和教师基本是翻译学领域的集大成者和政策的制定者、执行者，是翻译学科建设、翻译硕士教育教学的最高水平和最高成就的代表，因此能够保证调查对象的专业性和权威性与调查结果的代表性和权威性。专家调查与访谈工作循序推进，既有顶层者的宏观规划与设计，也有一线执教者的微观建议与思考，专家调查为翻译硕士实践能力构成因素和翻译硕士实践教学体系指标项的准确把握提供了基本框架，专家访谈为了解翻译硕士未来发展方向与翻译硕士实践教学体系建设、优化原则与方向提供了参考。

此外，除了专家调查确定翻译硕士实践教学体系指标体系和专家访谈了解翻译硕士发展方向与翻译硕士实践教学体系建设优化原则和方向以外，本次会议与 2017 年 4 月在上海同济大学召开的"全国翻译专业学位研究生教育指导委员会 2017 年工作会议暨全国翻译专业学位研究生教育 2017 年会"中关于"翻译课程建设与创新、MTI 教育专业特色建设与发展、翻译硕士专业学位教育的师资师资建设与学生培养、翻译实践与实习基地建设、本地化与翻译技术及翻译管理人才培养"等主旨

---

[1] 何其莘、苑爱玲：《做好 MTI 教育评估工作，促进 MTI 教育健康发展》，《中国翻译》2012 年第 6 期。

报告，也为笔者清楚认识翻译硕士教育发展现状与发展方向，科学构建翻译硕士实践教学体系理论模型、优化翻译硕士院校实践教学体系提供了思路和方向。

为了准确表征翻译硕士实践教学体系的内容和问卷调查实施的方便，研究在收集大量的有关翻译硕士研究生培养和翻译硕士实践教学体系相关研究中有关体系指标的文献和"调查报告"问卷中有关翻译硕士实践教学的术语词频统计的基础上，参考国务院学位委员会颁布的《翻译硕士培养单位评估指标方案》（2014），研究首先确定了翻译硕士实践教学体系的框架（见图3-4）。

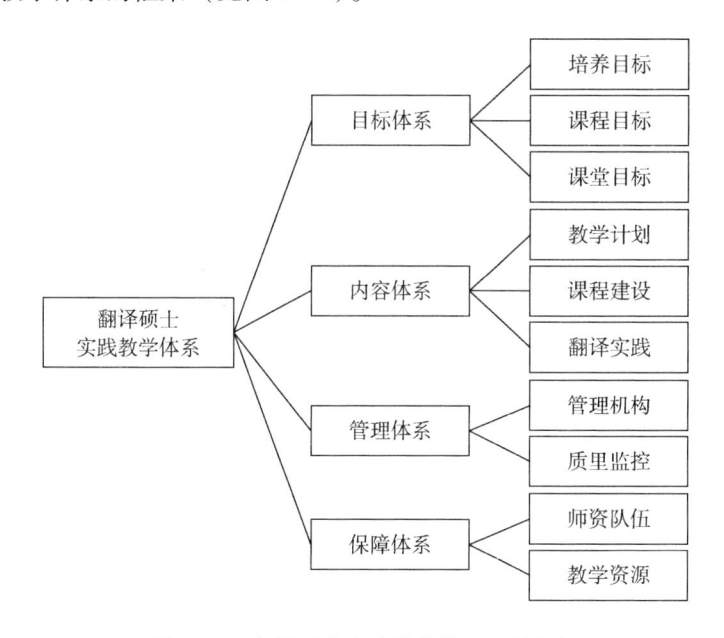

```
                    ┌─ 目标体系 ─┬─ 培养目标
                    │            ├─ 课程目标
                    │            └─ 课堂目标
                    │
                    ├─ 内容体系 ─┬─ 教学计划
翻译硕士            │            ├─ 课程建设
实践教学体系 ───────┤            └─ 翻译实践
                    │
                    ├─ 管理体系 ─┬─ 管理机构
                    │            └─ 质里监控
                    │
                    └─ 保障体系 ─┬─ 师资队伍
                                 └─ 教学资源
```

图3-4 翻译硕士实践教学体系设计框架

如图3-4所示，翻译硕士实践教学体系的构建遵循一般系统理论功能原理"施动—受动—调控—支持"的模式依次展开，在翻译硕士实践教学体系的系统中对应为"目标体系—内容体系—管理体系—保障体系"的工作模式，此为翻译硕士实践教学体系构建的框架，也是对构建维度指标及维度指标结构的准确把握，依此框架展开对翻译硕士实践教学体系要素指标的筛选与确定更准确,更易于操作。

2. 翻译硕士实践教学体系的指标设置

结合文献研究、翻译硕士单位评估指标体系和"调查结果"中对翻译硕士实践教学体系构成要素的统计,在细化翻译硕士实践教学体系构建维度的基础上,初步构建了利于实际测试和观测的翻译硕士实践教学体系要素指标体系(见表3-4)。

表3-4　　　　　　　　翻译硕士实践教学体系指标体系

对应维度	一级指标	二级指标	主要观测点
驱动层:起点与归宿目标体系(A)	A1 专业培养目标	A11 应用型专业人才	实践能力强、创新能力突出
		A12 高层次专业人才	理论水平高、职业素养高
	A2 课程教学目标	A21 知识基础扎实	语言知识、文化知识、翻译知识、百科知识
		A22 综合素质高	职业规范、专业资质、协作精神、团队意识
	A3 课堂教学目标	A31 双语语言能力	双语语法、语义、语用知识
		A32 文化对比能力	文化转化的知识结构
		A33 翻译认知能力	观念态度、认知协调、问题策略
受动层:过程与途径内容体系(B)	B1 实践教学计划	B11 实践能力培养方案	培养方案撰写,课程结构设定、学时设置
		B12 实践课程大纲	每门实践课程的教学目标、内容、要求、考核方式、参考书目的规定情况
	B2 实践课程建设	B21 实践课程设置	教学要求、课程类型、学时数量等情况
		B22 第二课堂活动	活动类型、组织形式、参与方式
		B23 教学方法与手段	语料库对比分析,体验、探索、工作坊式方法的使用
	B3 翻译实践环节	B31 笔译实践	字数、质量要求
		B32 专业实习	实习内容、形式、时长、考核方式
		B33 社会实践	实践场所、途径与测评
		B34 毕业论文设计	论文形式、语言、指导、考核等

续表

对应维度	一级指标	二级指标	主要观测点
调控层：反馈与修正管理体系（C）	C1 管理机构设置	C11 教学管理机构	专门的管理机构和专门的办公地点
		C12 专职管理人员	部门负责人和专职教学秘书
	C2 质量监控管理	C21 规章制度	管理规章制度的制定与执行情况
		C22 教学环节监控	作业批改，考试命题，试卷评阅执行
		C23 教学评估	课程测试、翻译资格证书考试、国际相关资格证书考试评估体系建设情况，学生评教、教师评教和教师评学情况
		C24 教学档案	学生学籍材料、考勤记录、成绩登记、实习活动、教学质量评估记录、核心课程试卷
保障层：条件与环境保障体系（D）	D1 师资队伍建设	D11 整体结构与规划	师资配备、梯队建设
		D12 专任教师情况	数量、学位、实践经验、开设课程能力
		D13 教师翻译实践能力	翻译字数、译文采用、出版情况
		D14 兼职教师情况	教师资历、数量，翻译工作量情况
		D15 教师科研转化情况	成果转化情况、技术专利转让情况
	D2 教学资源配置	D21 教学基本设施	场地、模拟会议室设备配置与使用情况
		D22 教学资料	音频资料、仪器配置、翻译软件
		D23 实践平台	翻译技术平台，语料库配置
		D24 实践基地	基地建设规模、数量、使用时间等情况

如表 3-4 所示，翻译硕士实践教学体系要素指标体系包含 4 个维度、10 个一级指标、31 个二级指标以及相应的观测点。需要说明的是，通过文献、"调查报告"及评估方案所收集到的指标存在很多重复或相近的条目且由于指标的评价主体和立场的不同，所反映的翻译硕士实践教学体系的指标也不尽相同，必须对指标进行筛选去重和简化分类，已达到指标体系的全面性和可操作性。因此，研究对"翻译硕士实践教学体系指标翻

译教师问卷结果统计表"进行整体分析，把指标中重复和相似的条目去掉，剔除指标中对翻译硕士实践教学体系构成影响较小的指标，把指标中相关但又不重复的指标归类，简化概括得出初步构成要素指标体系。

二 指标的筛选与修正

翻译硕士实践教学体系指标体系中维度指标和各级指标项重要程度的判断主要采用专家调查法进行，经过了维度要素和各级要素指标的提取，指标体系问卷的制定和专家调查指标项权重三个步骤。

1. 翻译硕士实践教学体系构成要素的筛选

调查时间为2017年6月，正值"第十三届全国翻译硕士院校负责人、联席人会议"在兰州召开，笔者借会议主办方专家联络员身份之便，在导师的引荐下，对参加与会的13位专家进行了专家调查，以期最终确定翻译硕士实践教学体系的指标体系。由于本次大会既是年终的总结大会，又是翻译硕士教育十周年的总结大会，因此，除"教指委"委员、"协作组"成员外，大会参与者大部分是翻译硕士院校负责人，他们身兼数职，既是一线教师、翻译硕士指导教师，又是翻译硕士教育的管理者，为便于与后面的访谈对象区别，此处统称为"问卷专家"。

如表3-5问卷专家信息表中，13位问卷对象姓名分别以代码Z1、Z2、Z3、Z4、Z5、Z6、Z7、Z8、Z9、Z10、Z11、Z12、Z13表示，"Z"是"专家"中"专"字的汉语拼音首字母，数字"1—13"代表调查人数。

表3-5　德尔菲法问卷中的专家信息表（按调查先后顺序排列）

专家姓名	性别	学位	职称	有无参与培养方案等文件编写	有无翻译实践经历	是否承担翻译硕士课程教学	是否担任翻译硕士导师	是否翻译学位点负责人	担任行政职务情况
Z1	女	博士	教授	有	有	是	是	是	MTI中心主任
Z2	女	硕士	副教授	有	有	是	是	是	翻译系主任

续表

专家姓名	性别	学位	职称	有无参与培养方案等文件编写	有无翻译实践经历	是否承担翻译硕士课程教学	是否担任翻译硕士导师	是否翻译学位点负责人	担任行政职务情况
Z3	男	博士	教授	有	有	是	是	是	高级翻译学院副院长
Z4	女	博士	教授	有	有	是	是	是	高级翻译学院院长
Z5	女	硕士	副教授	有	有	是	是	是	翻译系副主任
Z6	男	博士	讲师	无	有	是	是	否	协同中心副主任
Z7	男	硕士	副教授	有	有	是	是	是	翻译系副主任
Z8	男	硕士	教授	有	有	是	是	是	外国语学院副院长
Z9	男	博士	副教授	有	有	是	是	是	外国语学院副院长
Z10	女	博士	副教授	有	有	是	是	否	MTI 中心副主任
Z11	男	硕士	教授	有	有	是	是	是	MTI 中心主任
Z12	女	硕士	副教授	有	有	是	是	否	外国语学院副院长
Z13	男	博士	教授	有	有	是	是	否	高级翻译学院教师

翻译硕士实践教学体系既有实践教学体系的普遍特征，又有翻译学科和翻译硕士教学的独特性，因此翻译硕士实践教学体系的构建一定严格遵循翻译学、语言学的规律和教育教学系统的规律，本着严谨、科学、规范、全面的态度，征询翻译学、语言学、教育学领域的专家，同时这些专家要非常熟悉翻译硕士专业学位设立的背景、发展现状以及未来发展的方向，只有选择这样的专家进行问卷，才能确保问卷对象的权威性与代表性，才能给出最权威、最科学、最合理的意见和建议。

《翻译硕士实践教学体系指标体系调查问卷》依据翻译硕士实践教学体系框架结构和要素指标体系，结合文献研究、翻译硕士单位评估指标体系和"调查结果"中对翻译硕士实践教学体系构成要素的统计设计而成，设计依据和过程本身科学、规范，由于该问卷涉及的内容专业性极强，且无公认的参照标准，因此，该问卷的质量只能依靠学科专家的判断，基于此，笔者在问卷设计完成后，求助从事翻译硕士教学和研究的一线教师、翻译硕士试点院校人才培养方案制定与负责实践教学体系建设的管理者以及心理学博士、教育学领域专家对问卷的体例、构成、内容和信度与效度进行了把关,反复讨论商议后,最终形成正式的《翻译硕士实践教学体系指标体系调查问卷》。

根据专家调查法实施的要求,本研究中对翻译硕士实践教学体系指标体系的筛选进行两轮,第一轮问卷包含问卷目的的说明、翻译教师基本信息变量和翻译硕士实践教学体系各级要素指标重要程度三部分,具体涵盖4个维度、10个一级指标、30个二级指标。其中翻译教师对翻译硕士实践教学体系各级要素指标重要程度的调查采用李克特(Likert)5级量表,从"很不重要""较不重要""一般重要""比较重要""非常重要"依次排列,分值从"1"到"5"由低到高依次对应,得分的高低反映出翻译教师对体系要素指标的权重程度。第二轮问卷主要对修改后的"翻译硕士实践教学体系指标体系"的二级指标项进行认可度判断,考虑到二级指标项内容较多,因此这里只采用二分法对各维度指标中的二级指标项做出"同意"或"不同意"选择即可,选择"同意",计"1"分,选择"不同意",计"0"分。利用SPSS 19.0统计软件分别对翻译硕士实践教学体系构建维度、一级要素指标和二级要素指标项的重要程度进行统计,结果见表3-6、表3-7和表3-8。

表3-6　　翻译硕士实践教学体系构建维度重要程度统计结果

指标项	翻译教师填答题百分比(%)					描述项		
	很不重要	较不重要	一般重要	比较重要	非常重要	平均数	标准差	众数
	1	2	3	4	5			
A 目标体系	0	0	0	38.46	61.54	4.615	0.506	5.000
B 内容体系	0	0	0	7.69	92.31	4.923	0.277	5.000
C 管理体系	0	0	0	23.08	76.92	4.769	0.439	5.000
D 保障体系	0	0	0	46.15	53.85	4.538	0.519	5.000

如表3-6所示,4个维度的满分比(一般重要、比较重要、非常重要之和所占总人数的比例)均远远大于50%,这说明专家认为以上4

个维度在构建翻译硕士实践教学体系的指标中有很重要的贡献，其重要程度依次为：内容体系、管理体系、目标体系和保障体系。

表3-7 翻译硕士实践教学体系一级要素指标项重要程度统计结果

指标项	翻译教师填答题百分比（%）					描述项		
	很不重要	较不重要	一般重要	比较重要	非常重要	平均数	标准差	众数
	1	2	3	4	5			
A1 专业培养目标	0	0	7.69	46.15	46.15	4.385	0.650	4.000
A2 课程教学目标	0	0	0	15.38	84.62	4.846	0.376	5.000
A3 课堂教学目标	0	0	0	23.08	76.92	4.769	0.439	5.000
B1 实践教学计划	0	0	0	38.46	61.54	4.615	0.506	5.000
B2 实践课程建设	0	0	0	15.38	84.62	4.846	0.376	5.000
B3 翻译实践环节	0	0	0	7.69	92.31	4.923	0.277	5.000
C1 管理机构设置	0	0	7.69	69.23	23.08	4.154	0.555	4.000
C2 质量监控管理	0	0	0	7.69	92.31	4.923	0.277	5.000
D1 师资队伍建设	0	0	0	7.69	92.31	4.923	0.277	5.000
D2 教学资源配置	0	0	1.54	38.46	61.54	4.615	0.506	5.000

根据如表3-7所示，10个一级指标的平均数均高于4.000，"非常重要"与"比较重要"之和均在92.30%以上，各项标准差均保持在1.000以下。从平均数可以看出，专家认为10个一级指标在翻译硕士实践教学体系指标体系中最为重要的前5项是：B3 翻译实践环节、C2 质量监控管理、D1 师资队伍建设、A2 课程教学目标以及B2 实践课程建设，其余一级指标项也都远远高于满分比（一般重要+比较重要+非常重要之和）。

如表3-8所示，专家认为"非常重要"和"比较重要"之和大于90%的二级指标项有：A11、A12、A21、A22、A31、A32、A33、B11、B12、B21、B22、B23、B31、B32、B33、C11、C12、C21、C22、D11、D12、D13、D14、D21、D22、D23；"非常重要"和"比较重要"之和在75%—90%的二级指标项有：B34 毕业论文设计、C23 教学评估和

D24 实践基地;"非常重要"和"比较重要"之和在 60%—75% 的二级指标项有:C24 教学档案;"非常重要"和"比较重要"之和在 50% 以下且平均数低于 4 分的二级指标项有:D15 翻译教师科研转化。

表3-8 翻译硕士实践教学体系二级要素指标项重要程度统计结果

指标项	翻译教师填答题百分比(%)					描述项		
	很不重要	较不重要	一般重要	比较重要	非常重要	平均数	标准差	众数
	1	2	3	4	5			
A11 应用型人才	0	0	0	7.69	92.31	4.923	0.277	5.000
A12 高层次人才	0	0	7.69	53.85	38.46	4.308	0.630	4.000
A21 知识基础扎实	0	0	0	15.38	84.62	4.846	0.376	5.000
A22 综合素质高	0	0	0	15.38	84.62	4.846	0.376	5.000
A31 双语语言能力	0	0	0	53.85	38.46	4.462	0.519	4.000
A32 文化对比能力	0	0	0	61.54	38.46	4.385	0.506	4.000
A33 翻译认知能力	0	0	7.69	38.46	53.85	4.462	0.660	4.000
B11 实践能力培养方案	0	0	0	15.38	84.62	4.846	0.376	5.000
B12 实践课程大纲	0	0	0	23.08	76.92	4.769	0.439	5.000
B21 实践课程设置	0	0	0	23.08	76.92	4.769	0.439	5.000
B22 第二课堂活动	0	0	7.69	69.23	23.08	4.154	0.555	4.000
B23 教学方法与手段	0	0	0	30.77	69.23	4.692	0.480	5.000
B31 笔译实践	0	0	0	15.38	84.62	4.846	0.376	5.000
B32 专业实习	0	0	0	15.38	84.62	4.846	0.376	5.000
B33 社会实践	0	0	7.69	38.46	53.85	4.462	0.660	4.000
B34 毕业论文设计	0	0	23.08	38.48	38.46	4.154	0.801	4.000
C11 教学管理机构	0	0	7.69	30.77	61.54	4.538	0.660	5.000
C12 专职管理人员	0	0	7.69	23.08	69.23	4.615	0.650	5.000
C21 规章制度	0	0	7.69	30.77	61.54	4.538	0.660	5.000
C22 教学环节监控	0	0	7.69	46.15	46.15	4.385	0.650	4.000
C23 教学评估	0	0	15.38	38.46	46.15	4.308	0.751	4.000
C24 教学档案	0	0	30.77	30.77	38.46	4.077	0.862	4.000
D11 整体结构与规划	0	0	0	30.77	69.23	4.692	0.480	5.000

续表

指标项	翻译教师填答题百分比（%）					描述项		
	很不重要	较不重要	一般重要	比较重要	非常重要	平均数	标准差	众数
	1	2	3	4	5			
D12 专任教师情况	0	0	0	30.77	69.23	4.692	0.480	5.000
D13 教师翻译实践能力	0	0	0	7.69	92.31	4.923	0.277	5.000
D14 兼职教师情况	0	0	7.69	61.54	30.77	4.231	0.599	4.000
D15 翻译教师科研转化	0	7.69	46.15	23.08	23.08	3.615	0.961	3.000
D21 教学基本设施	0	0	7.69	46.15	46.15	4.385	0.650	4.000
D22 教学资料	0	0	7.69	38.46	53.85	4.462	0.660	4.000
D23 实践平台	0	0	0	23.08	76.92	4.769	0.439	5.000
D24 实践基地	0	0	15.38	0	84.62	4.692	0.751	5.000

由问卷内容可知，翻译硕士实践教学体系指标体系专家调查问卷的设计既可以得到专家对翻译硕士实践教学体系构建维度和各级指标项重要程度评价的结果，也可以收集专家对体系构建在维度项和各级要素项的增删或修改意见和建议，专家对指标体系的修改意见和建议主要可以概括为两类。

第一类：调整维度项。有3位专家建议将调查问卷中管理体系维度下的"教学评估"和"教学环节监控"单列出来，纳入要增加的"评价体系"维度项中，即4个维度项增加至5个维度项，占总数的21%。

第二类：增加指标项。在翻译硕士实践教学体系指标体系的第一轮专家调查中，有1位专家建议在目标体系维度下考虑将"培养目标"和"学科教学目标"两个都纳入目标体系的范畴内，相应地在一级指标和二级指标中增加培养目标和学科教学目标所包含的指标项，占总数的7%；有2位专家建议目标体系维度下应该将"翻译能力"培养作为翻译硕士实践教学体的目标，而不应该仅仅拘泥于目前"翻译实践能力"所包含的6项子能力；另有1位专家建议在保障体系维度下增加二级指标项"经费投入"，占总数的7%。

2. 翻译硕士实践教学体系构成要素的修正

翻译硕士实践教学体系各级指标的修正是通过两轮专家问卷实现的（如本节调查和访谈对象的确定部分所描述的），由于本次大会是翻译界的大会，出席会议的专家是业界的权威与翻译学科发展的引领者，所以完全可以保证问卷的效果与质量。

德尔菲法第一轮问卷。对于专家评分低于50%的二级指标项"D15翻译教师科研转化"直接删除，专家们一致决定剔除这一项的原因可能是虽然该项可以作为翻译硕士专任教师和兼职教师科研能力的重要因素，是衡量教师资质和水平的重要条件，但因为该项与翻译硕士实践教学体系的构建无直接关系，作为体系构建的指标并不能体现该体系的本质特征。此外，考虑到教材是教学内容的依托和课程的表现形式，故在"内容体系"维度中一级指标项"B2 实践课程建设"下增加"B22 教材选用"，将原"B22 第二课堂活动"替换为更为具体的"B34 学科竞赛"和"B35 创新创业"纳入一级指标"B3 课外实践"下，原"B34毕业论文设计"依次推为"B36 毕业论文设计"；将"管理体系"维度下的二级指标"专职管理人员"改为更具体的"教学办公室"；在"保障体系"维度下增加二级指标"D23 网络资源"，以上指标项的增加和调整，旨在使翻译硕士实践教学体系更具技术含量，适应翻译市场与信息技术日趋融合的趋势，也更符合国家对大学生创新创业能力的要求。

对于问卷中收集到的专家意见，笔者基于以下考虑做出决定。对专家提出的第一类建议，将管理体系维度下"教学评估和教学环节监控"单列出来，纳入增加的维度项"评价体系"中，这个建议看到了评价的重要性，想要单独出来作为翻译硕士实践教学体系构建的重要维度之一，但持相同意见的专家人数只有21%，远远低于最低标准的75%，且考虑到评价体系涉及的内容烦琐，要是展开研究则精力有限，可以作为本研究的一项后续研究来考虑，本研究不做深入研究，故维持原状，不做调整。

对于专家提出的第二类建议，目标体系维度中增加一级指标"培养目标"和"学科教学目标"以及在目标体系维度下将"翻译能力"培养作为翻译硕士实践教学体系的主要目标,对此建议笔者当初设计各级指标的时候也有考虑过,目标体系的确应该从抽象到具体包括"各级各类学校的具体培养要求"[①]——培养目标,经过分解了的某一具体学习领域的以行为目标表征的较宽泛的目标——学科教学目标以及经过明确界定的,操作化程度更强的课堂教学目标,毋庸置疑这三层目标是任何一种教育形式都必须明确规定和回答的问题,它们关系着"培养什么人"的问题,是教育的旨趣和价值所在,但是考虑到本研究涉及的只是翻译硕士教学中的一面——实践教学活动,它意在陈述性知识向程序性知识的转化,对于翻译学科而言,即"译者从事翻译所必需的潜在知识系统"中需要经过实践获得的翻译实践能力。因此,本研究在设计翻译硕士实践教学体系的目标体系时只将翻译学科的教学目标和与之对应的具化的课堂教学目标中程序性知识的获得作为考虑的因素,因此只将翻译实践能力纳入了翻译硕士实践教学体系的目标体系维度中,以示与翻译硕士教学、翻译硕士理论教学的目标体系的区别。

对其中一位专家提议的增加"经费投入"到保障体系的二级指标中这一建议,笔者未曾采纳的原因是各个翻译硕士培养院系的性质不同,对翻译硕士实践教学体系的重视程度不同,自然经费投入也有所差异,但由于无法准确得知每个学校投入经费的数量,且无法依据投入经费的数量判断翻译硕士实践教学体系的优劣,只能通过能够反映和表征经费投入的"教学设施""教学资料""实践平台""实践基地"和"师资队伍建设"等要素来呈现。

经过第一轮专家调查,翻译硕士实践教学体系的4个构建维度"非常重要"与"比较重要"的比例合计均为100%,10个一级指标均在92.30%以上,且其标准差也均在1.000以下。量化数据显示,对于本

[①] 施良方:《课程理论——课程的基础、原理与问题》,教育科学出版社1996年版,第91页。

研究中翻译硕士实践教学体系指标体系中的维度指标和10项一级指标专家已达成一致，可以用作构建翻译硕士实践教学体系的有效指标，下一轮专家意见征询将不再对此进行评价。

德尔菲法第二轮问卷。专家调查第一轮数据显示，本研究编制的翻译硕士实践教学体系维度指标和10项一级指标已达成一致，第二轮只需根据第一轮专家提出的修改建议对"翻译硕士实践教学体系指标体系"进行修改和调整（见表3-9），在此基础上对修改后的"翻译硕士实践教学体系指标体系"的二级指标项进行认可度判断即可，考虑到二级指标项内容较多，研究采用二分法对二级指标项做"同意"或"不同意"判断，选择"同意"，计"1"分，选择"不同意"，计"0"分。

表3-9　　翻译硕士实践教学体系指标体系（修改后）

对应维度	一级指标	二级指标
A 目标体系	A1 专业培养目标	A11 应用型专业人才
		A12 高层次专业人才
	A2 课程教学目标	A21 知识基础扎实
		A22 综合素质高
	A3 课堂教学目标	A31 双语语言能力
		A32 文化对比能力
		A33 翻译认知能力
B 内容体系	B1 实践教学计划	B11 实践能力培养方案
		B12 实践课程大纲
	B2 实践课程建设	B21 实践课程设置
		B22 教材选用
		B23 教学方法与手段
	B3 翻译实践环节	B31 笔译实践
		B32 专业实习
		B33 社会实践
		B34 学科竞赛
		B35 创新创业
		B36 毕业论文设计

续表

对应维度	一级指标	二级指标
C 管理体系	C1 管理机构设置	C11 教学管理机构
		C12 教学办公室
	C2 质量监控管理	C21 规章制度
		C22 教学环节监控
		C23 教学评估
		C24 教学档案
D 保障体系	D1 师资队伍建设	D11 整体结构与规划
		D12 专任教师情况
		D13 教师翻译实践能力
		D14 兼职教师情况
	D2 教学资源配置	D21 教学基本设施
		D22 教学资料
		D23 网络资源
		D24 实践平台
		D25 实践基地

本轮问卷与第一轮问卷发放方式相同，向参加第一轮问卷的 13 位专家发放问卷，回收问卷 13 份，有效问卷 13 份，采用 SPSS 19.0 统计软件对专家填写的共识率进行统计，对各二级指标项重要程度打分的均值和离散分布情况进行计算，最后结果如表 3-10 所示。根据表中显示，翻译硕士实践教学体系指标体系的 33 个二级指标均不低于 80%，已达到一致性所设定的标准。

表 3-10　翻译硕士实践教学体系指标体系第二轮专家调查统计结果

指标项	同意		描述项	
	人数	百分比	平均数	标准差
A11、A21、A22、A31、A33、B11、B12、B21、B23、B31、B32、C11、C21、C22、D11、D12、D13、D23、D24、D25	13	100	1.000	0.000
A32、B33、B36、C12、C24、D21、D22	12	92.31	1.077	0.277
A12、B22、B34、C23、D14、B35	11	84.62	1.154	0.376

三 指标的确定与阐释

结合"翻译硕士实践教学体系指标体系"两轮专家调查问卷的结果和共识率判断标准所描述的专家认可率必须达到80%以上方可认定达成共识的规则，数据显示，翻译硕士实践教学体系指标体系专家调查问卷中4个维度的共识率为：4/4＝100%，一级指标的共识率为：10/10＝100%，二级指标的共识率均不低于80%。因此，笔者认为所设计的翻译硕士实践教学体系指标体系已得到专家的认可，稳定性良好，可以结束专家调查问卷。根据对专家半结构式访谈结果的整理，在反复思考国内外翻译硕士教学任务、翻译学科发展、翻译行业发展现状与前景的基础上，研究最终确定了翻译硕士实践教学体系的指标体系（见表3-11）。

表3-11　　　　　　　　翻译硕士实践教学体系指标体系

对应维度	一级指标（10项）	二级指标（33项）
目标体系	专业培养目标、课程教学目标、课堂教学目标	7个
内容体系	实践教学计划、实践课程建设、翻译实践环节	11个
管理体系	管理机构设置、质量监控管理	6个
保障体系	师资队伍建设、教学资源配置	9个

如表3-11所示，翻译硕士实践教学体系包含4个维度，10个一级指标项，33个二级指标项以及60多个观测点，每个维度下有对应的一级指标项和二级指标项若干，每个指标项都力图全面准确反映翻译硕士实践教学体系的全貌，期望起到准确描述翻译硕士实践教学体系现状的作用。目标体系维度下包括一级指标：一般实践能力、专项实践能力、综合实践能力；内容体系维度下包括实现途径和实现方式；管理体系维度下包括质量监控和教学评价；保障体系维度下包括师资队伍建设、教学资源配置和协同机制建设。10个一级指标项下又包含二级指标项33项（见图3-5），各指标项构成规范有序地翻译硕士实践教学活动，与翻译硕士理论教学体系一起为翻译硕士研究生的翻译能力的培养服务。

第三章 理论基础与概念框架

```
                    翻译硕士
                    实践教学体系
    ┌───────────┬───────────┬───────────┬───────────┐
   目标体系     内容体系     管理体系     保障体系
```

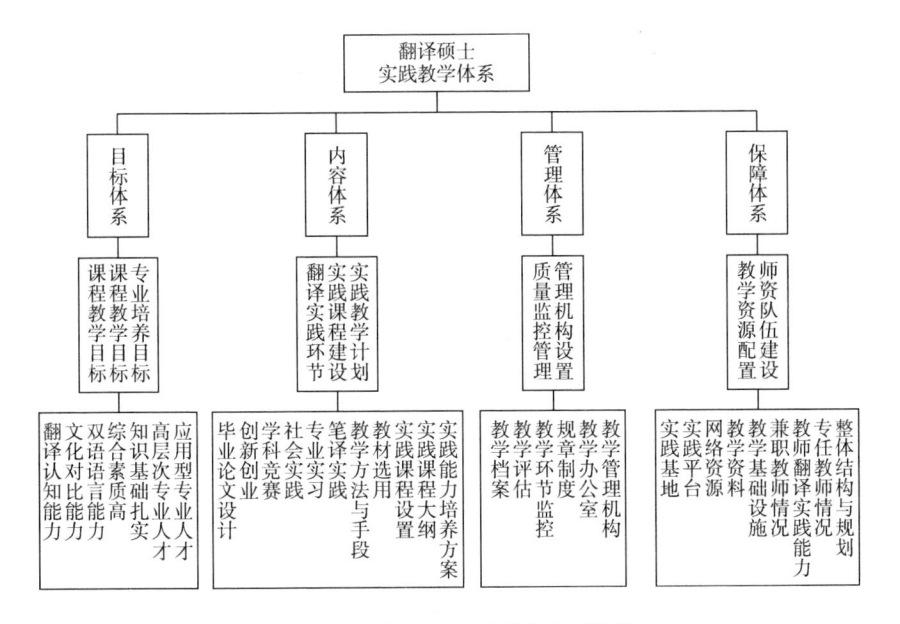

- 目标体系：专业培养目标 / 课程教学目标
  - 翻译认知能力 / 文化对比能力 / 双语语言能力 / 综合知识素质 / 高层次专业基础扎实 / 应用型专业人才

- 内容体系：翻译实践环节 / 实践课程建设 / 实践教学计划
  - 毕业论文设计 / 创新科研 / 学科竞赛 / 社会实业实习 / 专业实践 / 教学评价 / 教学方法与手段 / 教材选用 / 实践课程设置 / 实践能力培养方案

- 管理体系：质量监控管理 / 管理机构设置
  - 教学管理机构 / 教学办公室 / 规章制度 / 教学环节监控 / 教学评估 / 教学档案

- 保障体系：教师队伍建设 / 教学资源配置
  - 实践基地 / 实践平台 / 网络资源 / 教学资料 / 教学基础设施 / 兼职教师实践情况 / 专任教师实践能力 / 教师结构情况 / 整体规划

图 3-5　翻译硕士实践教学体系框架

翻译硕士实践教学体系构建维度与指标的确定从层级上说经过了两轮专家调查，从内容上说经过了体系要素指标框架的初步确定与体系要素指标框架、要素指标权重的最终确定，因此，无论是纵向的验证，还是横向要素、结构的确定都规范、合理。

建立在文献研究和理论指导之下的翻译硕士实践教学体系是准确把握教育教学活动规律、翻译学科性质与翻译活动规律、了解译者认知规律和学习特点、认清实践教学体系内涵，分项把握实践教学体系结构要素的科学合理的理论推演，它有以下内涵意义。

第一，从翻译硕士实践教学体系的概念和本质上来看，翻译硕士实践教学体系是构成翻译硕士实践教学活动的各要素的有机整体，是相对于翻译硕士理论教学体系而存在的主观意愿下客观存在的系统，即人为秩序或规定下按照某种特定关系有序组合的整体，旨在培养翻译硕士研究生的翻译实践能力，实现高层次、应用型、专业翻译人才的培养。因此，翻译硕士实践教学体系必须首先遵循系统论关于整体性、关联性、开放性、动态平衡性等基本观点；其次，在把握翻译硕士实践教学体系要素完整、结构稳定的前提下，必须保证翻译硕士实践教学体系的功能，即系统工程原理"施动→受动→监控→支持"的功能，各个教学要素围绕核心教学要素，按照"教学目标→教学内容→教学管理→教学保障"的顺序有序运行，从而保证翻译硕士实践教学体系的价值得以体现。

第二，翻译硕士实践教学体系是一个实践教学体系与翻译学科不断融合的产物，这决定了它既有其他学科实践教学体系的普遍特点，如要素和结构的稳定性、关联性等，又有语言学和翻译学所独有的特性，如双语语言的转换，双语文化的对比及翻译认知的强化。翻译在本质上是语言转换过程中客观规律和主观能动性的辩证统一，翻译的社会作用和文化身份的实现都依赖于语言层面的相互转化，因此，翻译硕士实践教学体系在应然层面应该是一个双语环境下以语言转换求文化再现的动态系统，它既要达到尊重语言规律与发挥主观能动的统一，又要实现语言形式与内容意义的辩证统一，还要兼顾语言与译者的个性与所处社会背景和条件的完美统一。这一"艰难的选择"是其他任何层级、任何其他学科领域的实践教学体系都无须面对的境遇，相较于其他学科领域实践教学体系"单纯的一语环境发生"这个事实，翻译硕士实践教学体系遵循语言的规律和语言发展的规律，即动态系统理论所强调的"语言发展是一系列相互关联变量互相作用的结果"。以翻译能力培养为目标的翻译硕士实践教学的构建是在把握了语言能力（或言语行为）发展的阶段性及其特征基础上的，翻译能力的发展不是由低水平至高水平的简单线性过渡，而是在动态平衡中的自我重组和调整过程，翻译能力的变化及发展不仅取决于个体变量的发展程度，而是各变量相互影响及促进的结果，各种变量不是简单的顺序发展，而是呈现阶段性的交叉和制约，处于发展与停滞的动态变化。

第三，翻译硕士实践教学体系分析框架的构建在对翻译硕士教学特点和翻译硕士教学任务的准确把握上。翻译硕士教学具有目标多元性、内容复杂和不确定性、方法多样性等特点，翻译硕士实践教学体系的构建必须建立在对翻译硕士教学特点的把握上。翻译硕士教学目标的多元性是翻译学科的综合性和实践性所决定的，多个学科的交叉融合与语言转换的本质，决定了翻译硕士教学的目标不仅关注语言转换的规律，还需要关注文化的建构及其社会文化身份，此外，翻译实践过程中厘清译者对自身和对翻译的认知也是翻译硕士教学必须履行的职责所在。翻译硕士教学目标的多元性决定了实现翻译硕士教学目标的内容具有复杂性和不确定性，认知灵活性理论认为，知识可以分为表征有关某一主题的事实、概念、规则和原理的结构良好领域的知识和表征有关概念、规则、原理应用的结构不良领域的知识。翻译硕士的教学任务是对结构不良领域知识的学习，该类具有概念复杂性和实例差异性的特征，学习过程中必然要经历从熟知结构良好领域知识到对结构不良领域知识的学习与掌握。结构不良领域的知识本身是复杂的、难以准确把握的，如策略能力和转换能力概念本身就很复杂，其规则和原理也必然复杂难懂，进而策略能力和转换能力的习得也必然经历从陈述性阶段、知识编译阶段和程序性阶段的复杂的练习过程。因此，在翻译硕士实践教学体系的构建过程中，对翻译硕士实践教学内容、教学管理和教学保障要素的筛选和组合上尽可能服务翻译实践能力的培养，尽可能选择有利于目标实现的课堂教学、课外实践的内容手段及其保障条件。

第四，翻译硕士实践教学体系体现了专业学位教育人才培养的特点与规律。专业学位教育的实质是"应用型人才"培养，翻译硕士专业学位研究生教育的"应用型"突出体现在其知识结构、理论水平和素养的"职业化"上，衡量职业化的标准是具备职业资质，获得翻译专业资格（水平）认证。这就要求翻译硕士学生经过翻译实践能力的系统化和程序化阶段，能自如挑选最佳产生式系统解决翻译问题，现阶段需要做的已经不再局限于通过案例寻求解决翻译问题的语言、文化、策略、工具能力本身，而是需要进入真实的翻译情境中体验、感悟翻译赖以生存的社会场域，锤炼自己使自身的行为和素养符合职业的规范与标准，将岗位职业技能纳入翻译实践能力的内涵范畴，实现翻译实践能力与市场具体岗位的无缝对接，使翻译实践能力蕴含岗位胜任特征的元素，使翻译硕士毕业生成为具备职业资质，拥有翻译专业资格的认证的职业译者。具体来说，就是翻译硕士学生通过这一阶段对翻译实际问题解决过程、方法、效果的真实体验，使自己成为行为规范、素养良好和技能过硬的职业译者。因此，翻译硕士实践教学体系的构建过程中必须充分考虑容许翻译硕士研究生将能力与岗位对接的教学内容、教学方法、来自企业的具备翻译项目管理的师资以及政用产学研协同培养的合作机制。而这一点也体现了系统的内部↔学校和外部↔社会之间的开放性和关联性。

第四章 研究设计

第一节 研究思路与研究方法

本节主要在文献综述、理论基础与概念框架的基础上进一步凝练思路,根据研究问题选择合适的研究方法。

一 研究思路

翻译硕士实践教学体系是本研究的核心所在,为了构建出翻译硕士实践教学体系的理想模型,本研究亟须解决以下三个问题:应然的翻译硕士实践教学体系是什么样的?目前我国翻译硕士实践教学体系的建设水平如何?以培养翻译硕士研究生翻译实践能力为目标的翻译硕士实践教学体系是怎样的?基于以上思考,本研究拟从以下三个方面展开研究。

第一,调查翻译硕士实践教学体系的现状水平。以前期构建的翻译硕士实践教学体系概念框架为依据设计翻译硕士实践教学体系现状调查的问卷,收集与概念框架指标体系有关的文本资料,如人才培养方案、实践教学大纲、实践环节管理与过程资料,通过定量与定性分析相结合的方法对翻译硕士试点院校的实践教学体系建设现状进行考察,了解翻译硕士实践教学体系的整体现状,发现样本院校翻译硕士实践教学体系存在的具体问题，剖析造成问题的深层原因。

第二，分析翻译硕士实践教学体系的影响因素。依据现状调查的结果，梳理翻译硕士实践教学体系概念框架与翻译硕士实践教学体系现状之间存在的差异，寻找造成差异的主要原因，对影响翻译硕士实践教学体系的诸项因素及其作用原理、运行机制进行分析，为翻译硕士实践教学体系的构建奠定基础。

第三，构建翻译硕士实践教学体系的理论模型。在对影响翻译硕士实践教学体系的影响因素及其作用原理和运行机制的分析的基础上，结合"调查报告"和专家访谈的结果，对翻译硕士实践教学体系的框架指标进行调整与修改，对构建的翻译硕士实践教学体系的价值、基本内涵、特征进行描述和阐释。

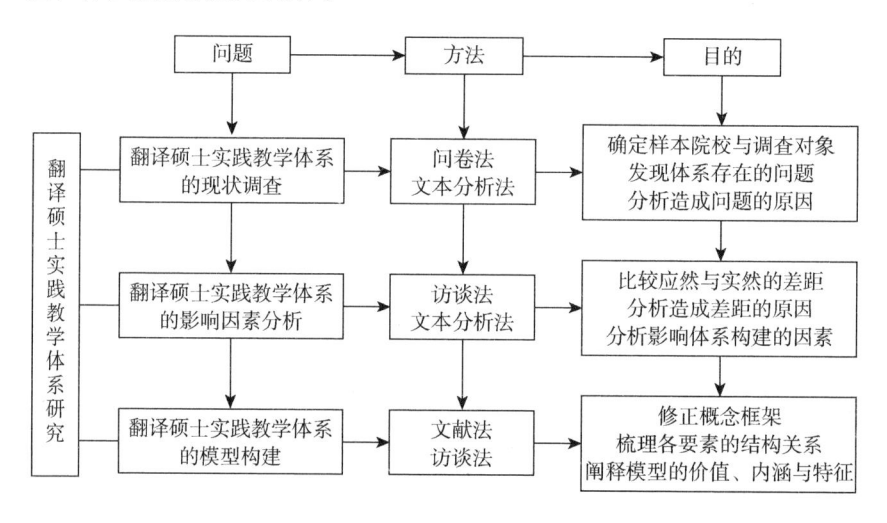

翻译硕士实践教学体系研究	问题	方法	目的
	翻译硕士实践教学体系的现状调查	问卷法 文本分析法	确定样本院校与调查对象 发现体系存在的问题 分析造成问题的原因
	翻译硕士实践教学体系的影响因素分析	访谈法 文本分析法	比较应然与实然的差距 分析造成差距的原因 分析影响体系构建的因素
	翻译硕士实践教学体系的模型构建	文献法 访谈法	修正概念框架 梳理各要素的结构关系 阐释模型的价值、内涵与特征

图 4-1　翻译硕士实践教学体系研究思路

二　研究方法

应用语言学研究者 E. Hatch & H. Farhady 将"研究"定义为："用系统方法探求问题的答案"（systematic approach to finding answer to questions)①,意思是用系统的方法探寻问题的答案,这个定义不仅道出了研究的本质,也为我们指明了一项研究必须具备的三个基本要素:研究问题、系统方法、问题的答案,这三个要素互为基础,依次发生,形成一个闭环的系统,保证了研究的科学、合理。本研究根据研究的目的和研究提出的问题,选用以下四种方法。

1. 文献法

文献法主要用于以下三个方面。第一,收集国内和港澳台地区翻译硕士研究生培养现状、翻译硕士教学现状、实践教学研究现状、翻译硕士实践教学体系研究现状、西北地区翻译硕士培养和教学现状,用于对以往有关翻译硕士实践教学体系研究现状的梳理和支撑研究各种视角,旨在找到以往研究的漏缺之处,寻找本研究的立论根据和理论依据。第二,查阅文献对研究对象中的核心概念给予操作定义处理,使本研究设计客观科学,使研究的实施和步骤准确、可测量。第三,通过文献提取优化翻译硕士实践教学体系的原理、标准、文件、成功案例,为翻译硕士培养院校翻译硕士实践教学体系的优化寻找案例、路径、策略。就搜索和查找方式而言,指通过图书馆、互联网查找国内外有关翻译硕士教育、实践教学、实践教学体系、翻译硕士相关文件及相关理论思想的各种资料,从中了解和提炼翻译硕士实践教学体系相关研究现状和主要问题,为准确把握研究的背景、意义及后续研究工作的开展奠定基础。

2. 访谈法

本研究访谈的目的:一是了解顶层设计者从决策层对我国翻译硕士实践教学体系现状的看法;二是了解各类型院校翻译硕士负责人和管理者对各自试点实践教学体系、实践教学环节、实践课程的制度依据、困惑、管理评价方法及改进的具体方法。访谈与第三章翻译硕士实践教学体系指标体系专家调查问卷同步,旨在了解翻译硕士培养方案、政策制

---

① Hatch, E. & Farhady, H., *Second Language Acquisition: A Book of Readings*, Newbury House, Rowley, MA, 1982, pp. 401-435.

定、培养单位评估的专家对翻译硕士实践教学体系建设现状、影响因素和建设策略的思路和意见。

访谈的时间与翻译硕士实践教学体系指标体系德尔菲法问卷是同一时间，访谈专家系"第十三届全国翻译硕士院校负责人、联席人会议"的参会专家，访谈专家中（见表4－1），6位专家姓名分别以代码ZA、ZB、ZC、ZD、ZE、ZF表示，"Z"是"专家"中"专"字的汉语拼音首字母，英文大写字母"A—F"代表访谈的顺序，即ZA表示访谈的第一位专家，以此类推，ZF代表访谈的第六位专家。

表4－1　　　　访谈专家信息（按咨询先后顺序排列）

教师姓名	性别	学位	职称	是否博士生导师	是否承担翻译硕士课程教学	是否"教指委"成员	是否"协作组"成员	担任行政职务情况
ZA	男	博士	教授	是	是	是	有	校长
ZB	男	博士	教授	是	是	是	有	高级翻译学院院长
ZC	男	博士	教授	是	是	是	有	协同中心主任
ZD	男	博士	教授	是	是	是	有	无行政职务
ZE	女	博士	教授	是	是	是	有	高级翻译学院副院长
ZF	男	博士	教授	是	是	是	有	外国语学院院长

这里的访谈专家特指专门负责全国翻译专业学位研究生教育的改革与发展工作的"教指委"委员、"协作组"成员，不含参会的全国各翻译硕士院校翻译硕士教育的负责人和管理者。由于本次大会是翻译领域最高级别的会议，参加会议的专家和教师基本是翻译学领域的知名学者和政策的制定者、执行者，是翻译学科建设、翻译硕士教育教学的最高水平和最高成就的代表，因此能够保证调查对象的专业性和权威性与调查结果的代表性和权威性。专家调查和专家访谈工作循序推进，既有顶层者的宏观规划与设计，也有一线执教者的微观建议与思考，专家调查为翻译硕士实践能力构成因素和翻译硕士实践教学体系指标项的准确把握提供了基本框架，专家访谈为了解翻译硕士未来发展方向与翻译硕士

实践教学体系建设、优化原则与方向提供了参考。

访谈时间原本计划控制在45分钟左右，但在过程中由于笔者的经验不足和心理因素，皆超出了预设时间范围（时间为1—1.5个小时），较多的内容为信息提取带来一定的困难，但同时丰富的内容也给研究带来了其他方面的信息，如对于翻译硕士实践教学体系构建的理论视角、教育部和"教指委"对翻译硕士的建设的意见、翻译专业国家标准、翻译硕士实践教学体系建设的重点及优化策略等。访谈时间选在晚餐结束后1小时，地点在白云宾馆专家的房间或各楼层会客处，访谈助手与文字记录为学院的吴老师。访谈的音频资料整理借助"讯飞语记"的音频转写功能实现。

3. 问卷调查法

对翻译硕士实践教学体系教师现状的透视，研究采用问卷调查法，旨在发现翻译硕士实践教学体系建设现状与翻译硕士实践教学体系理论模型之间的差异，剖析造成二者差异的原因和影响因素，探索解决差异的对策和建议，为翻译硕士研究生的培养提供思路，为翻译硕士教学质量的提升提供参考，调查对象锁定在目前已开设翻译硕士的试点院校中。限于时间、精力，考虑到笔者所处地域和以往研究的短板，笔者将焦点锁定在西北地区的16所翻译硕士试点院校上，以期近距离透视西北地区翻译硕士实践教学体系的建设现状。调查问卷旨在深入了解西北地区翻译硕士院校实践教学体系的存在的问题、造成问题的原因、影响因素及改进的路径和方法，为后期因素分析、体系优化提供支持。

4. 文本分析法

为了更全面把握西北地区翻译硕士实践教学体系中实践环节、课程设置、论文撰写和翻译硕士研究生培养的情况，本研究通过培养院校的官网、实地调查收集了翻译硕士研究生培养方案、翻译硕士修读手册、翻译硕士培养院校教育与就业经验谈（"教指委"网站经验交流）、毕业生的实践报告、项目文本翻译、论文设计过程材料书、实习手册等文本资料，分类对各项文本进行分析，便于准确把握翻译硕士研究生培养情况和实践教学的现状，便于厘清问题的成因，准确把握影响翻译硕士培养的内外因素，为最后优化策略的提出提供支持。

第二节 研究对象与研究工具

本节主要探讨研究对象的确定、研究工具的选择与设计，以科学、规范为原则，保证研究结果的可靠、有效。

一 研究对象

为了解决翻译硕士实践教学体系存在的问题，寻找造成问题的原因和影响因素，分析主要因素产生作用的机制原理，最终实现我国翻译硕士实践教学体系建设水平提高的最终目的，本研究需要对我国翻译硕士实践教学体系的整体情况进行了解，对翻译硕士实践教学体系中各要素存在的问题和成因进行深入分析。

1. 样本院校的确定

本研究旨在通过对翻译硕士实践教学体系建设现状的调查，发现翻译硕士实践教学体系建设现状与翻译硕士实践教学体系理论模型之间的差异，剖析造成二者差异的原因和影响因素，探索解决差异的对策和建议，为翻译硕士研究生的培养提供思路，为翻译硕士教学质量的提升提供参考。因此，调查的对象锁定在目前已开设翻译硕士专业学位教育的试点院校上。自 2007 年教育部批准开办翻译硕士专业学位教育以来，目前（截至 2019 年 5 月）全国已有 216 所翻译硕士试点院校（见表 4-2），限于时间、精力，考虑到笔者所处地域和以往研究的短板，笔者将研究的焦点锁定在西北地区的 16 所翻译硕士试点院校上，以期近距离透视西北地区翻译硕士实践教学体系的建设现状。

表 4-2　　教育部批准的翻译硕士试点院校名单及批准时间（排名不分先后顺序）

第一批试点院校（2007年，共15所）

北京大学　北京外国语大学　复旦大学　同济大学　南开大学　南京大学　湖南师范大学　解放军外国语学院　西南大学　厦门大学　中南大学　中山大学　上海交通大学　上海外国语大学　广东外语外贸大学

第二批试点院校（2009年，共25所）（黑体所示为西北地区翻译硕士试点院校）

北京第二外国语学院　北京航空航天大学　北京师范大学　北京语言大学　福建师范大学　大连外国语学院　对外经贸大学　天津外国语学院　南京师范大学　河南大学　黑龙江大学　湖南大学　华中师范大学　华东师范大学　吉林大学　**西安外国语大学**　中国海洋大学　首都师范大学　山东大学　四川大学　四川外语学院　延边大学　武汉大学　东北师范大学　苏州大学

第三批试点院校（2010年，共118所）（黑体所示为西北地区翻译硕士试点院校）

北华大学　北京理工大学　北京林业大学　北京科技大学　北京交通大学　北京邮电大学　福州大学　大连理工大学　大连海事大学　太原理工大学　天津大学　天津理工大学　天津师范大学　天津财经大学　南京理工大学　南京航空航天大学　南京农业大学　南昌大学　内蒙古大学　内蒙古师范大学　聊城大学　合肥工业大学国际关系学院　哈尔滨理工大学　哈尔滨工程大学　哈尔滨工业大学　哈尔滨师范大学　河北大学　河北理工大学　河北师范大学　河南科技大学　河南师范大学　河海大学　海南大学　湖北大学　湖南科技大学　华北电力大学　华南理工大学　华南师范大学　华中科技大学　吉林师范大学　暨南大学　江西师范大学　青岛大学　青岛科技大学　曲阜师范大学　**西北大学　西北工业大学　西北师范大学**　西南石油大学　西南科技大学　西南交通大学　西南政法大学　西南财经大学　西华大学　**西安交通大学　西安电子科技大学　陕西师范大学　新疆大学　新疆师范大学**　信阳师范学院　湘潭大学　徐州师范大学　浙江大学　浙江工商大学　浙江师范大学　宁波大学　**宁夏大学**　中南民族大学　中南财经政法大学　中国地质大学　中国石油大学　中国科学技术大学　中国科学院研究生院　中国矿业大学　重庆大学　重庆师范大学　沈阳师范大学　成都理工大学　山西大学　山西师范大学　山东科技大学　山东财政学院　上海师范大学　上海对外贸易学院　上海理工大　上海海事大学　上海师范大学　四川师范大学　三峡大学　安徽大学　安徽师范大学　烟台大学　燕山大学　广西民族大学　广西大学　广西师范大学　武汉理工大学外交学院　云南民族大学　云南大学　云南师范大学　东北大学　东北林业大学　东南大学　东华大学　兰州大学　扬州大学　济南大学　电子科技大学　贵州大学　贵州师范大学　辽宁大学　辽宁师范大学　郑州大学　长沙理工大学　鲁东大学

第四批试点院校（2011年，共1所）

吉林华桥外国语学院

第五批试点院校（2014年，共47所）（黑体所示为西北地区翻译硕士试点院校）

北京工商大学　牡丹江师范学院　大连海洋大学　南京林业大学　南京信息工程大学　国际关系学院　昆明理工大学　桂林电子科技大学　**空军工程大学**　河北工业大学　河北科技大学　河北传媒学院　河南中医学院　河南农业大学　华北水利水电学院　华南农业大学　华中农业大学　华东理工大学　华东交通大学　广西科技大学　华东政法大学　**西北政法大学**　西南民族大学　**西安石油大学　西安理工大学　陕西科技大学**　浙江理工大学　中南林业科技大学　中国民航大学　中国政法大学　中国人民大学　中国传媒大学　重庆医科大学　重庆邮电大学　沈阳理工大学　沈阳建筑大学　首都经济贸易大学　山东建筑大学　上海中医药大学　广东工业大学　武汉工程大学　武汉科技大学　云南农业大学　东北电力大学　东北财经大学　贵州财经学院　长春师范学院

续表

第六批试点院校（2016年，共10所）
内蒙古工业大学　辽宁石油化工大学　华侨大学　南昌航空大学　江西理工大学 江西财经大学　齐鲁工业大学　郑州轻工业学院　湖北中医药大学　吉首大学

如表4-2所示，自2007年以来，各高等院校或积极响应我国翻译硕士研究生培养规格向"应用型"转变的号召，或作为学校的学科专业发展的有益补充，将翻译硕士专业学位教育申办纷纷纳入院校发展的日程，如今，翻译硕士试点院校已广泛分布在我国的各个行政区（见图4-2）。

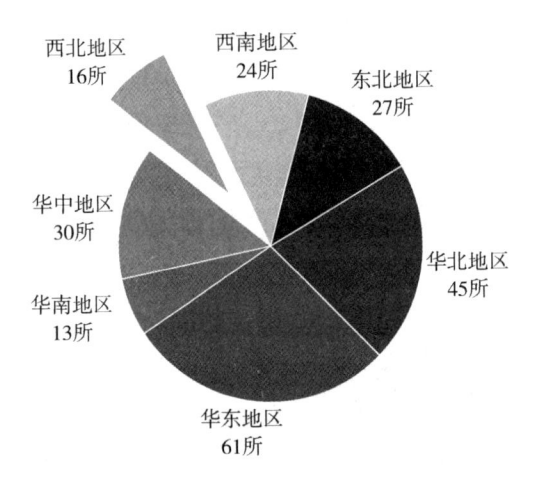

图2　全国翻译硕士试点院校七大行政区分布情况

对于"西北地区"的概念界定，不同类属区划下所指实际范围不同。自然区划意义下的"西北地区"指大兴安岭以西，昆仑山—阿尔金山、祁连山以北的地区，包括内蒙古中西部，新疆大部，宁夏北部，甘肃中西部以及和这些地方接壤的少量山西、陕西、河北、辽宁、吉林等地的边缘地带，是青藏地区、西北地区、北方地区、南方地区中的一个。1949年至1953年国家为了行政管理方便，设立了华东、华南、华中、华北、西北、西南、东北七大行政区，每个行政区管辖不同省区，其中西北行政区管辖陕西、甘肃、青海三省及宁夏、新疆两自治区，简称"西北五省区"。本研究中的"西北地区"指行政区划上意义上的中国西北（Northwest China）地区，即陕西、甘肃、青海三省及宁夏、新疆两自治区。尽管"西北五省区"的行政划分存在着指代笼统的局限性，例如地处秦岭—淮河一线以南的陕南地区实际已经属于南方地区，在集中供暖、国家园林城市评选条件等方面按照南方标准，但这并不影响行政的管理和研究的开展。

216 所翻译硕士试点院校，华东地区以地域和学科优势据第一，占总数的 28%，其次依次为华北地区：21%，华中地区：14%，东北地区：13%，西南地区：11%，西北地区：7%，华南地区：6%。西北地区翻译硕士试点院校共 16 所，数量上仅多于华南地区的 13 所，本研究以"西北地区"的 16 所试点院校作为研究的样本部分是因为地理之便，但更重要的原因是西北地区独特的地域特征、经济文化发展的潜力以及 16 所院校独具特色。16 所院校分布在 5 个省区，陕西省 11 所试点院校与其他 4 个省区的 5 所试点院校有着鲜明的差异，而 4 个省区的 5 所试点院校中的 3 所位于新疆维吾尔自治区和宁夏回族自治区，这两个少数民族聚居区的院校又有着自身的特点；其余 2 所试点位于甘肃省，一所是教育部直属的 985、211 院校，另一所是省部共建的地方高校，以师资培养著称。以这样 16 所试点院校为样本足以管窥我国翻译硕士试点院校的全貌，以期与崔启亮教授 2017 年"调查报告"的结果作比，将是一件非常有价值的事。

从表 4-2 和图 4-2 中可以看出，翻译硕士试点院校的数量经历了从少到多再精缩的过程，216 所院校分别位于我国 7 大行政区的不同省份，华东地区的翻译硕士试点院校数量最多，其次为华北地区，西北地区翻译硕士试点院校仅有 16 所（见表 4-3），分别于 2010 年、2014 年开办并招生，到目前为止也都有了数届毕业生。

为便于后期对造成西北地区翻译硕士实践教学体系现状差异的原因和影响因素进行分析，本研究按教育部 1952 年全国教育工作会议上确定的以学科划分院校类型且以学科特色为学校命名的标准①将 16 所试点院校分为综合类（10 所）、师范类（3 所）、语言类（1 所）和理工类（2 所）。

表 4-3　　　　西北地区翻译硕士试点院校名单（按教育部批准年限和批次排列）

西安外国语大学　西北大学　西北工业大学　西北师范大学　西安交通大学　西安电子科技大学　陕西师范大学　新疆师范大学（暂停招生中）　新疆大学　兰州大学　宁夏大学　西安理工大学　西安石油大学　陕西科技大学　空军工程大学　西北政法大学

同时为了后期能准确把握影响西北地区翻译硕士实践教学体系的不同因素及其作用机制，研究将西北地区翻译硕士试点院校的所在省份、学科特色、翻译硕士考点资质（是否 CATTI 考点）、翻译硕士获批时间、批次、翻译本科专业获批时间、翻译硕士院校性质及教育部参与建设情况都做了详细地备注（见表 4-4），以便于从以下方面开展比较：（1）少数民族聚居区与非少数民族聚居区院校的翻译硕士实践教学体系的差异；（2）师范类院校、理工类院校、综合类院校、语言类院校的翻译硕士实践教学体系的差异；（3）有 BTI 与没有 BTI 院校的翻译硕士实践教学体系的差异；（4）教育部直属与省属院校的翻译硕士实践教学体系的差异；（5）985、211 与非 985、211 院校的翻译硕士实践教学体系的差异；（6）985院校与211院校及非 985、211 院校的翻译硕士实践教学体系的差异；（7）不同省份院校的翻译硕士实践教学体系的差异；（8）不同省份不同特色不同性质获批时间长短院校的翻译硕士实践教学体系的差异。

表 4-4　　　　西北地区翻译硕士试点院校基本情况

序号	院校名称	所在省份	学科特色	是否CATTI考点	获批时间		院校性质	重点建设
					MTI	BTI		
1	西北师范大学	甘肃省	师范	是	2010 三	2010	省属（共建）	

---

① 1952 年教育部召开全国教育工作会议，制定《高等师范学校的规定（草案）》开始在全国范围内对师范院系以专门学院为主体进行大规模调整，全国大学按学科分为文理、工科、医药、师范、语言、艺术、民族等 12 个门类。

续表

序号	院校名称	所在省份	学科特色	是否CATTI考点	获批时间		院校性质	重点建设
					MTI	BTI		
2	兰州大学	甘肃省	综合		2010 三		教育部直属	985、211 工程、一流大学
3	宁夏大学	宁夏回族自治区	综合		2010 三		区属（共建）	211 工程
4	新疆大学	新疆维吾尔自治区	综合	是	2010 三		省属（共建）	211 工程 一流大学
5	新疆师范大学	新疆维吾尔自治区	师范		2010 三		区属	MTI 暂停招生
6	西安外国语大学	陕西省	外语		2009 二	2007	省属	
7	陕西师范大学	陕西省	师范	是	2010 三	2011	教育部直属	211 工程、985 平台
8	西安理工大学	陕西省	理工		2014 五		省属（共建）	
9	西安石油大学	陕西省	理工		2014 五	2016	省属（共建）	
10	西安交通大学	陕西省	综合		2010 三		教育部直属	985、211 工程 一流大学
11	西北大学	陕西省	综合		2010 三		省属（共建）	211 工程 一流大学
12	西北政法大学	陕西省	综合		2014 五		省属	
13	西安电子科技大学	陕西省	综合		2010 三	2015	教育部直属	211 工程
14	西北工业大学	陕西省	综合	是	2010 三		教育部直属	985、211 工程 一流大学
15	陕西科技大学	陕西省	综合		2014 五		省属（共建）	
16	空军工程大学	陕西省	综合		2014 五		省属	

备注：西北地区 MTI 试点院校（截至 2019 年 3 月）共计 16 所，按学科特色可分为师范类 3 所、综合类 10 所、外语类 1 所、理工类 2 所。

2. 问卷对象的确定

本节主要确定西北地区翻译硕士试点院校的问卷对象，全面反映西北地区 16 所翻译硕士试点院校实践教学体系的全貌，以期寻找翻译硕士实践教学体系的应然与实然之间的差异,为后期翻译硕士实践教学体系的优化提供依据和路径。

对于西北地区16所(新疆师范大学翻译硕士停招,无在校生)翻译硕士试点院校实践教学体系现状调查对象的选择,笔者在浏览每所学校官网中有关院系(MTI教育中心)和招生简章等资料,初步确定每所学校翻译硕士(英语笔译方向)教师(包含专任教师、导师)和研究生(毕业班)的大致人数,由于每个学校教师数量和学生数量不尽相同,因此,笔者只好在每个学校教师和学生人数的区间段内确定问卷对象(见表4-5),即问卷对象为:教师5—15人/每校(西安外国语大学有笔译教师24人),学生16—30人/每校(西安外国语大学有4个不同方向的平行班),最后确定问卷的样本数量为:教师人数预计为75—125人,学生人数预计为:240—450人。由于西北地区跨甘、青、宁、新、陕西五省,各个省(区)样本院校的亲疏远近,样本对象的性格、态度及时间安排有很多不可控因素,问卷实施中的不确定性可能对导致问卷样本的不均衡,但这是每所学校样本对象和数量的真实情况,不会对数据产生过大影响,这种不均衡现象和不确定性反而从侧面反映出了不同区域、不同学科优势、不同性质等变量背景下西北地区翻译硕士试点院校在师资队伍建设、培养定位、教学投入等方面存在的差异,实为影响翻译硕士实践教学体系建设现状的重要因素。

二 研究工具

研究工具是开展研究的前提和基础,它关系着研究过程是否规范合理,决定着研究能否达到预期的目的以及研究结果是否科学有效,研究工具的选择与设计是事关研究成败的非常重要的一个环节。

1. 工具的选择与设计

调查工具的选择依据研究的具体问题而定,本研究中基于研究目的,分别选用了访谈和问卷,二者相互配合,互为补充,便于准确把握

第四章 研究设计

翻译硕士实践教学体系的维度与指标项，便于全面了解翻译硕士试点院校实践教学体系的建设现状。

访谈主要针对翻译硕士实践教学体系构成要素的了解和体系的宏观架构，以及西北地区不同学科特色、不同地域、不同性质等变量背景下翻译硕士试点院校实践教学体系的问题、成因与影响因素的了解。

对于西北地区翻译硕士试点院校实践教学体系建设现状的了解采用问卷调查法和访谈法相互配合。问卷是在翻译硕士实践教学体系理论模型的基础上，参照崔启亮教授的《全国 MTI 教育教学现状调查问卷》《全国 MTI 在校生学习与实习现状调查问卷》《全国 MTI 研究生用人单位调查问卷》和莫爱屏教授的《翻译本科专业实践教学体系现状调查问卷》的基础上编制而成。

《翻译硕士实践教学体系现状调查问卷（教师问卷）》围绕调查的四个具体问题，严格遵循了翻译硕士实践教学体系的构成要素指标，从目标体系（实践教学的观念与态度、实践教学体系的本体认识）、内容体系（课程计划、课程设置、实践教学环节）、管理体系（管理机构、管理文件）、保障体系（师资建设、教学设施、实习基地）四个维度入手，旨在全面透视我国翻译硕士试点院校的实践教学体系的现状和存在的问题。问卷分为三部分，第一部分为调查对象的基本情况，旨在了解试点院校的地域差异、特色差异、翻译专业师资力量差异等情况；第二部分是对调查对于翻译硕士实践教学体系的建设现状，共有 26 道题，主要了解西北地区翻译硕士试点院校对实践教学体系的看法与态度，实践教学体系建设现状，涉及翻译实践能力、校内校外实践的内容及效果、师资和教学设施的储备和运行情况、评价的方式方法等内容，便于与应然的翻译硕士实践教学体系要素进行严格比对，剖析异同点，为优化改进建立基础；第三部分是对影响翻译硕士实践教学体系建设的因素的了解，共有 14 道题，涉及可能影响西北地区翻译硕士试点院校实践教学体系建设的各种可能因素，如对翻译硕士研究生的培养定位、规格要求、利益相关者对翻译硕士研究生的毕业要求、院校特色与优势、对理论教学与实践教学关系的认识、对实践教学体系建设的态度、对实践教学体系建设内容的看法、对实践教学体系目标体系、内容体系、管理体系、保障体系的要素构成的看法及对翻译硕士实践教学效果影响因素的认识等内容。

《翻译硕士实践教学情况调查问卷（学生卷）》由四部分构成，共61道题。第一部分为基本信息题项，旨在了解西北地区16所院校师生的基本情况，为影响因素分析提供资料；第二部分是师生对翻译硕士实践教学体系的看法与态度，旨在了解翻译硕士实践教学体系的问题、成因和影响因素；第三部分是翻译硕士实践教学体系发展水平与现状的考察，旨在对翻译硕士实践教学体系构成要素、实施与执行情况进行了解；第四部分为开放问卷部分，旨在了解翻译硕士实践教学体系现存问题和建设意见，作为第三部分的补充。

2. 工具的检验与完善

对于西北地区翻译硕士试点院校实践教学体系现状调查的教师问卷和学生问卷笔者首先使用《翻译硕士实践教学体系现状调查问卷（教师问卷）》和《翻译硕士实践教学情况调查问卷（学生问卷）》预试问卷在小范围内进行预调查，运用SPSS 19.0对有效预试问卷进行决断值检验、题项与总分相关分析、信度检验，对不达标的题项进行了删除或修改，最终生成《翻译硕士实践教学体系现状调查问卷（教师问卷）》和《翻译硕士实践教学情况调查问卷（学生问卷）》。

第三节　数据的收集与整理

本小节在对研究过程梳理的基础上，对数据的收集、整理分析进行详细地说明，以此来保证研究时效和数据的科学采集和合理使用。

本研究经历了2015年开题的可行性分析，开题后聚焦点和研究设计的修改，中间又经历了专家对拟构建的翻译硕士实践教学体系的效度的质疑，到2017年3月研究题目聚焦为"西北地区翻译硕士实践教学体系研究",如此再三思考、调整、聚焦的过程是研究逐渐落地、更为可行的过程,同时是研究变得更为有意义的过程。一路行来,是螺旋式的上升,是经历了否定之否定的一次次博弈。2017年6月和2018年4月先后两次就翻译硕士实践教学体系构成指标要素和翻译硕士实践教学体系存在的问题、成因、影响因素和优化策略对一线翻译教师和专家的访谈为研究的前期积累和后期开展打下了良好的基础。2018年10月至11月对西北地区15所翻译硕士试点单位就西北地区翻译硕士实践教学体系现状的问卷和实物收集,为充分了解西北地区翻译硕士实践教学体系存在的问题,分析原因、影响因素、作用机制及最终体系的优化提供了宝贵的资源。为避免研究跨度长造成数据和记忆模糊,笔者每做一项工作,就会及时以笔记、语音的形式记录下来,对研究过程中出现的问题进行规避,或及时修正,保证研究的效度。收集到所有研究所需的资料后,笔者对问卷资料、访谈资料、文本资料逐一进行归类、编码、分析,最终撰写成文。

一 数据的收集

由于西北地区翻译硕士实践教学体系现状教师问卷和学生问卷题项较多,用时较长(教师问卷52题,学生问卷61题,每份问卷预计需要10—15分钟),为保证问卷效果和质量,笔者就问卷的体例、题型、外观、编排等问题请教了擅长问卷编制的教师,就问卷内部一致性的信度、项目区分度请教了擅长SPSS软件分析的心理学博士,使用目前网络问卷较成熟的"问卷星"生成网络链接,以发送链接至微信或QQ平台。考虑到问卷对象分散于新疆、宁夏、西安和兰州四个地区15所院校,涉及师生共计400余人,问卷采用网络形式发放,纸质问卷补漏的方式,问卷于2018年10月7日通过问卷星平台发放,11月16日赴西安市6所翻译硕士院校补漏,剔除不答、错答等无效问卷后,共计回收有效教师问卷114份,学生问卷333份(见表4-5)。

表4-5　西北地区翻译硕士（MTI）样本院校问卷回收情况统计

序号	院校名称	填写问卷人数				英语笔译方向师生实际人数（截至2018年12月底）	
		教师		学生		教师	学生
		数量（人）	百分比（%）	数量（人）	百分比（%）		
1	新疆大学	14	12.28	55	16.52	19	47
2	宁夏大学	5	4.39	17	5.11	8	20
3	兰州大学	16	14.04	38	11.41	10	47
4	西北师范大学	9	7.89	38	11.41	8	36
5	陕西师范大学	8	7.02	20	6.01	12	29
6	西安外国语大学	10	8.77	19	5.71	24	30
7	西安理工大学	5	4.39	10	3.00	25	25
8	西安石油大学	3	2.63	26	7.81	10	25
9	西安交通大学	7	6.14	10	3.00	13	16
10	西北工业大学	5	4.39	10	3.00	23	20
11	西安电子科技大学	5	4.39	11	3.35	8	19
12	西北大学	3	2.63	21	6.31	6	20
13	西北政法大学	3	2.63	27	8.11	10	28
14	陕西科技大学	5	4.39	20	6.01	12	22
15	空军工程大学	16	14.04	11	3.35	10	5
	合计	114		333		198	389

西北地区翻译硕士院校（截至2019年3月）共计15所，新疆师范大学暂停招生不做统计。
样本对象为：翻译硕士院校英语笔译方向教师和19届毕业生（研二或研三）。
样本数量：因每校师生（翻译硕士笔译方向）人数不等，故样本数量取15所学校教师总数和学生总数的平均数。

备注：据16所学校官网和翻译硕士招生简章描述（少数学校明确给出笔译教师和学生招生人数，多数学校给出的是翻译硕士导师人数，个别学校没有提及教师人数和招生学生人数）：翻译硕士教师（英语笔译方向）每校5—24人不等，翻译硕士研究生（英语笔译方向）每个学校1—3个班，每班16—30人不等。表中所填翻译硕士笔译方向师生实际数字是电话或信息询问翻译硕士负责人或教师所得。

二　数据的整理

对全国翻译硕士实践教学体系现状的把握和西北地区翻译硕士实践

教学体系情况的了解使用了调查问卷的方法，问卷的编制有理有据，问卷的内容相互依存、自成体系，能够客观全面地反映调查的目的，各选项之间区分信度采用 Pearson 相关系数测量，问卷内部一致性信度采用克伦巴赫 a 系数测量。对频数百分比、平均数、标准差进行描述性统计，对 T 检验、单因素方差、相关可靠性进行推断性统计。关键结果均以样图呈现，便于直观了解数据所表达的意义。量化资料的分析力求从过程、方法上精确、科学，数据的分析说明尽可能如实反映研究对象的实际情况和情景特点。

本研究为准确把握全国翻译硕士试点院校实践教学的总体情况、未来走向及改进方法，对"教指委"成员、全国翻译硕士专业学位点负责人、教育部高等学校翻译专业教学协作组成员及翻译专业一线教师进行了深度访谈，后期为准确了解西北地区翻译硕士实践教学体系现状情况对甘肃、宁夏、新疆、陕西省的 15 所翻译硕士试点院校的翻译专任教师进行访谈，对实践教学相关文本进行收集，其中，访谈资料标记为"I"，文本资料标记为"T"。

数据分析采用 SPSS 19.0 软件和"问卷星"自带数据分析功能，包括简单的图表（表格、饼状图、圆环图、柱状图、折线图）、分类统计和交叉分析以及更高一级的 SPSSAU 分析工具。对回收的有效问卷利用 SPSS 19.0 软件，进行了信度检验，《翻译硕士实践教学情况调查问卷（学生问卷）》的信度系数值 0.668，大于 0.6，表明研究数据信度质量良好；《翻译硕士实践教学体系现状调查问卷（教师问卷）》的信度系数值为 0.897，大于 0.8，表明研究数据信度质量较高。"问卷星"自带的 SPSSAU 工具一键生成规范化表格和自动生成的文字分析，可进行信度分析、效度分析、方差分析、T 检验、相关分析和回归分析，便于快速及时形成调查报告和结果分析。

第五章　现状调查与影响因素分析

翻译硕士实践教学体系在理论上应该是一个以翻译实践能力培养为主要任务、集实践教学目标、内容、管理、条件保障体系于一体的动态系统，它与理论教学体系相互依存、互相支撑，为翻译专业高层次、应用型人才培养提供支持。翻译硕士专业学位教育试点院校从无到有，无论从数量到质量都获得了极大的发展，然而，我国翻译硕士实践教学体系现状如何？现有的翻译硕士实践教学体系能否满足翻译硕士研究生实践能力的培养？它与应然的翻译硕士实践教学体系有何差异，造成差异的原因是什么？影响翻译硕士实践教学体系的因素有哪些？其作用机制如何？如何优化现有的翻译硕士实践教学体系才能使其实现它的作用？这些问题的答案是无法通过文献梳理和查阅资料找到的，需要深入翻译硕士试点院校，对其现有的实践教学体系进行近距离考量。

第一节　现状调查

一　构成要素及其重要性认识分析

对翻译硕士实践教学体系构成维度及其权重的准确把握不仅决定着翻译硕士实践教学体系理论模型构建的质量和效果，也为准确认识翻译硕士实践教学体系的本体以及基于本体特性对其建设现状进行完善和优化提供了思路和指导，这里通过对西北 16 所翻译硕士培养院校的翻译教师的问卷，旨在再次了解翻译硕士培养院校翻译硕士实践教学体系的的建设者对各项维度构成及其重要性的认识情况，以期发现体系建设者对翻译硕士实践教学体系本体和价值的看法，为后期翻译硕士实践教学体系具体建设策略的提出提供依据。

1. 构成维度及其重要性认识

于翻译硕士培养院校翻译硕士实践教学体系的建设者而言，从哪些维度着手构建适合自己校本发展和应用型翻译人才培养的翻译硕士实践教学体系？各个维度中重要程度是否一致？维度之间的结构关系如何？对这些问题的回答是准确把握体系建设者对体系的认知情况，针对这些问题，研究采用了分析各个维度勾选频次的方式，统计体系建设者和实施者对体系的构成维度及其权重关系的认识情况。

由表 5-1 可知，翻译教师在对翻译硕士实践教学体系建设的主要内容进行权重排序时，82 人一致认为"实践教学目标"是翻译硕士实践教学体系建设的首选要素，其次依次是"实践教学内容"、"实践教学条件保障"、"实践教学质量监控"和"实践教学评价"，"实践教学管理"和"其他"项填写的"实践教学方法"只分别出现了 1 次，分别占总人次的 71.9%、15.8%、7.9%、3.5%、2.6%、0.9%、0.9%，这表明，翻译教师认为翻译硕士实践教学体系构成要素的重要程度由高到低分别为：实践教学目标、实践教学内容、实践教学管理、实践教学评价、实践教学质量监控、实践教学条件保障及实践教学方法。本结果与第三章翻译硕士实践教学体系的框架基本一致，只不过这里为了给翻译教师提供更多的选择项和避免笔者主观意愿影响翻译教师的选择，故将教学评价、教学质量监控单独列出来，作为维度的备选，调查结果表明，本研究对翻译硕士实践教学体系构成维度及对各维度重要性的判断是准确合理的，以此着手建设翻译硕士实践教学体系是可行的。

表 5-1　对翻译硕士实践教学体系构成维度重要性认识的数频统计

项目类别		频率	百分比（%）
您认为翻译硕士实践教学体系建设应从哪些方面着手	实践教学目标	82	71.9
	实践教学内容	18	15.8
	实践教学管理	1	0.9
	实践教学质量监控	4	3.5
	实践教学评价	3	2.6
	实践教学条件保障	9	7.9
	其他	1	0.9

2. 各维度构成要素及其重要性认识

清楚了翻译硕士实践教学体系构建的构成维度及维度权重关系后，需要进一步了解每个维度中应包含的要素及其权重，为翻译硕士实践教学体系框架结构的建立打好基础。

（1）对翻译硕士实践教学目标体系构成要素及其重要性的认识

翻译硕士实践教学目标体系要素项的设计是基于本研究对翻译硕士实践教学任务、教学目标以及教学目的的辨析基础上，从培养目标、学科教学目标/课程目标和课堂教学目标层级关系上进行重要性认识判断。

在翻译硕士实践教学体系现状调查问卷题项设计时，本人有意将"用人单位"和"学生专业发展"两个教学目标制定的影响因素嵌入题项，旨在了解翻译硕士教师对教学目标本体的认识情况，最终结果如表 5-2 所示，翻译教师认为翻译硕士实践教学目标体系按重要程度依次为："培养目标""用人单位意愿""学生专业发展""学科教学目标/课程目标"、课堂教学目标以及"其他"选项中的"市场需求"和"翻译能力培养"，分别占总人次的 67.5%、15.8%、8.8%、7.9%、3.5%、1.8%。数据表明，受调查的翻译教师认为翻译硕士实践教学的三级目标中最重要的是培养目标，其他依次为学科教学目标和课堂教学目标，对翻译硕士实践教学目标构成要素的调查结果也反映了一个明显的认识错误，即相当一部分翻译教师对教学目标本体的认识模糊，误将目标制定的影响因素当作目标本身，这足以表明相当一部分翻译教师在翻译硕士教学中不大了解翻译硕士专业学位教育的意义和价值所在，更不用说较好地将三级目标分解于翻译硕士教学的具体任务中，用翻译实践能力的各项子能力的发展目标替换翻译硕士实践教学的目标了。

表5-2 对翻译硕士实践教学目标体系构成要素及其重要性认识的数频统计

项目类别		频率	百分比（%）
目标体系的构成	培养目标	77	67.5
	用人单位意愿	18	15.8
	学生专业发展	10	8.8
	学科教学目标/课程目标	9	7.9
	课堂教学目标	4	3.5
	其他	2	1.8

（2）对翻译硕士实践教学内容体系构成要素及其重要性的认识

翻译硕士实践教学内容体系是翻译硕士实践教学目标实现的依仗和途径，如何从诸多要素中筛选出主要的、能体现翻译硕士实践教学体系独特特征的适合翻译硕士实践教学任务实现的要素至关重要，笔者从教学目标的层级性、翻译实践能力习得的阶段性着眼，结合教学要素论的观点，力求呈现教学内容的全貌，方便翻译教师在教学内容的全部要素中做出翻译硕士实践教学内容要素权重的判断。

如表5-3所示，翻译教师对翻译硕士实践教学内容要素的重要性认识依次为："翻译实践""实践教学计划""实践课程""专业实习""社会实践""毕业论文设计""第二课堂""教材教法"和"其他"选项中的"项目教学"分别占调查人数的90.4%、87.7%、87.7%、83.3%、71.1%、69.3%、28.9%、28.1%、0.9%。翻译教师对翻译硕士实践教学内容要素勾选的频次表明，在所有为了实现翻译硕士教学目标而提供的实践教学内容中最为重要的是翻译实践，其次为实践教学计划和课程的设置，再次为课堂外的专业实习和社会实践，这表明翻译实践能力的培养是一个课内、课外翻译实践活动合力的结果，需要双方共同发挥作用，相互配合和帮衬。

表5-3 对翻译硕士实践教学内容体系构成要素及其重要性认识的数频统计

项目类别		频率	百分比（%）
内容体系构成	实践教学计划	100	87.7
	实践课程	100	87.7
	翻译实践	103	90.4
	专业实习	95	83.3
	社会实践	81	71.1
	毕业论文设计	79	69.3
	第二课堂	33	28.9
	教材教法	32	28.1
	其他	1	0.9

（3）对翻译硕士实践教学管理体系构成要素及其重要性的认识

对翻译硕士管理体系构成要素的把握是基于"教指委"拟订出台的"翻译硕士试点院校评估指标体系"的把握和分解，主要包括管理机构设置、质量环节监控和教学评价机制的建立和实施三个要素。

如表5-4所示，接受调查的翻译教师对翻译硕士管理体系构成要素的重要性认识从高到低依次为："教学环节监控""专职管理人员""教学文件""教学档案""管理机构""教学评价"和"其他"中选项的"办公场地设立"，分别占人数的89.5%、83.3%、81.6%、78.9%、73.7%、73.3%、0.9%。数据显示，翻译教师对翻译硕士实践教学管理要素权重的认识主要集中在管理过程和管理规章制度的健全和落实上，认为"教学评价"要素虽是构成翻译硕士教学管理的条件之一，但它的效果取决于翻译硕士教学内容支撑作用的发挥，并不会因为评价体系的优劣而发生根本变化，因此，在今后的翻译硕士实践教学体系建设和优化中应侧重在翻译硕士实践教学的管理过程和管理规章制度的健全与落实上。

表 5-4　对翻译硕士实践教学管理体系构成要素及其重要性认识的数频统计

项目类别		频率	百分比（%）
管理体系构成	管理机构	84	73.7
	专职管理人员	95	83.3
	教学文件	93	81.6
	教学环节监控	102	89.5
	教学档案	90	78.9
	教学评价	83	73.3
	其他	1	0.9

（4）对翻译硕士实践教学保障体系构成要素及其重要性的认识

翻译硕士实践教学保障体系是翻译硕士实践教学目标实现和内容落实的重要环节，它关系着翻译硕士实践教学目标的实现与翻译硕士实践教学体系存在的价值，需要认真审视，正确对待，从保障体系的性质来说大抵可以分为"软件保障"和"硬件保障"两个方面。

如表 5-5 所示，翻译教师对翻译硕士实践教学保障体系要素构成及其重要性认识为："师资队伍""实践基地""教学设施""实践平台""教学资料""教学环境"和"其他"选项中的"翻译技术"，分别占总人次的 99.1%、94.7%、90.4%、85.1%、81.6%、78.1%、0.9%。可见，翻译教师普遍认为翻译硕士实践教学保障体系中最为重要的是师资队伍的建设，它决定翻译硕士教学任务的完成和教学目标的实现，更决定着翻译硕士教学质量的和人才培养质量的优劣。翻译硕士教师认为翻译硕士实践教学保障条件必须有仿真的实践教学基地、优质的教学设施和良好的教学平台的建立和运行，这个过程中翻译教师认为教学资料的具备和教学环境的建立也是保障翻译硕士实践教学体系顺利运行、发挥作用的重要保证。

表 5-5　对翻译硕士实践教学保障体系构成要素及其重要性认识的数频统计

项目类别		频率	百分比（%）
保障体系的构成	师资队伍	113	99.1
	教学设施	103	90.4

续表

项目类别		频率	百分比（%）
保障体系的构成	教学资料	93	81.6
	教学环境	89	78.1
	实践基地	108	94.7
	实践平台	97	85.1
	其他	1	0.9

以上对翻译硕士实践教学体系构成维度、各维度构成要素及其重要性认识的数据统计分析中，可以看出本章西北地区翻译硕士培养院校接受调查的翻译教师与本研究第二章翻译硕士实践教学体系理论模型构建时对翻译硕士实践教学体系的构成维度、各维度的构成要素和重要性认识的结果一致，这证明本研究所提出的翻译硕士实践教学体系结构框架是准确有效的，基于结构框架构建的翻译硕士实践教学体系理论模型是科学合理的，可以作为翻译硕士实践教学体系建设和优化的依据。

此外，从表5-6中可以看出，在参与翻译硕士实践教学体系建设现状调查的114个教师样本中，高级职称人数占样本数的77.1%，岗位身份中双肩挑占23.7%，行政人员占75.4%，93.9%的样本教师都具有研究生学历，教授翻译课程年限绝大部分为5年以上，研究方向以翻译学为主，其次分别是文学、语言学和英语教学，参与培养方案和课程大纲撰写的教师占样本数的75.4%，以上数据显示，本次调查的翻译教师有着丰富的与翻译相关的教学经验，且大部分翻译教师对翻译硕士教学和人才培养有较清楚的理解和认识，能对翻译硕士实践教学体系构成及重要性做出正确判断。

表5-6　　　　　　　　教师样本人口学信息统计

项目类别		频率	百分比（%）
职称	教授	20	17.5
	副教授	68	59.6
	讲师	23	20.2
	助教	1	0.9

续表

项目类别		频率	百分比（%）
职称	其他	2	1.8
岗位身份	双肩挑	27	23.7
	行政人员	86	75.4
	其他	1	0.9
学位学历	博士研究生	46	40.4
	硕士研究生	61	53.5
	本科生	4	3.5
	其他	3	2.6
教授翻译课程年限	10年以上	34	29.8
	5—10年	36	31.6
教授翻译课程年限	1—5年	33	28.9
	不到1年	11	9.6
研究方向	语言学	15	13.2
	翻译	65	57
	文学	19	16.7
	英语教学	12	10.5
	其他	3	2.6
参与培养方案、课程大纲的撰写情况	参与	86	75.4
	未参与	28	24.6

3. 总体状况和满意度分析

翻译硕士实践教学体系总体状况和满意度分析是从整体上了解西北地区翻译硕士培养院校翻译硕士实践教学体系建设水平的必要之举，包含"调查报告"中全国翻译硕士院校师生和西北地区翻译硕士院校师生对翻译硕士教学优势和不合理之处反馈情况的对比分析，也包含西北地区翻译硕士培养院校教师和学生对翻译硕士实践教学体系教师满意度和翻译硕士教学总体满意度的分析，旨在从整体上考虑我国翻译硕士实践教学体系建设和优化的路径与对策。

（1）翻译硕士教学优势和不合理之处反馈情况分析

从调查问卷的人口学变量信息（见表5-6）中可知，接受此次翻译硕士实践教学体系建设现状问卷调查的 114 个教师样本中，岗位身份为双肩挑的样本占总样本的 23.7%，岗位身份为行政人员的占样本总数的 75.4%，参与培养方案、课程大纲撰写和设计的人数占样本总数的 75.4%，这表明参与翻译硕士实践教学体系样本的教师基本上是所在院系翻译硕士实践教学体系的设计者和建设者，难免会对自己创建的事物有较主观的认识，为了较全面的了解我国翻译硕士实践教学体系的认识情况，本人将崔启亮教授的"调查报告"中对我国七大行政区翻译硕士教学现状的评价和本研究中西北地区翻译硕士院校的翻译硕士学生对翻译硕士教学现状的评价的数据结合起来分析，旨在更全面地了解我国翻译硕士实践教学体系建设的总体状况。

如图 5-1 所示，接受调查的翻译硕士学生认为所在院系翻译硕士教学的优势主要为"老师经验丰富，水平高""教学有明显方向性，满足

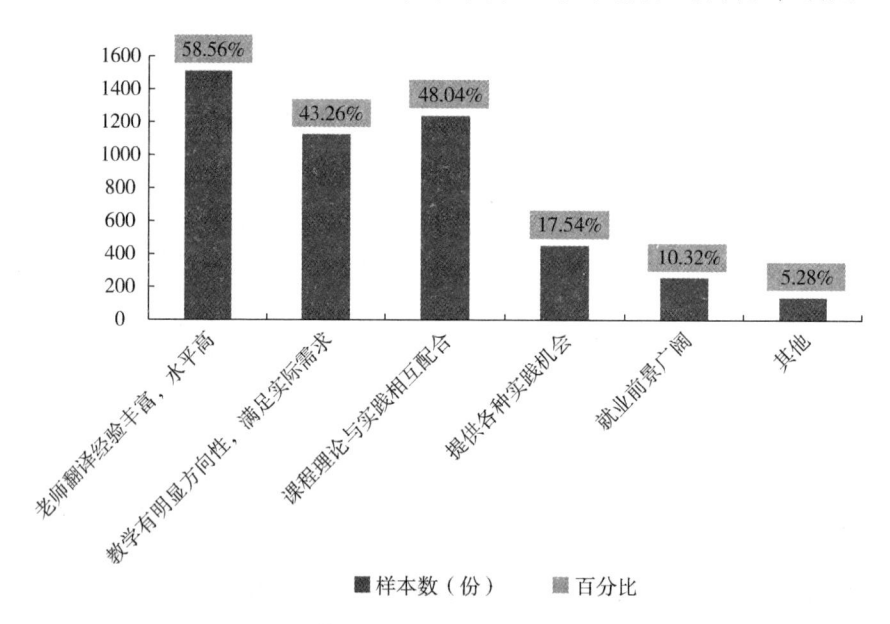

图 5-1 "调查报告"① 中翻译硕士学生对翻译教学优势情况的反馈

---

① 崔启亮：《全国翻译硕士专业学位研究生教育与就业调查报告》，对外贸易经济大学出版社 2017 年版，第 45 页。

实际需求"和"课程理论与实践相互配合",分别占总数的 50% 左右,翻译硕士教学需要拓展和改善的地方分别是"实践机会"和"就业前景"。如图 5-2 所示,接受调查的翻译硕士学生认为所在院系翻译硕士教学的不合理之处主要在于"偏重理论学习,缺乏实践""课程多而杂,没有重点"和"缺乏其他专业知识,就业前景黯淡"三项,分别占样本总数的 30% 左右,认为所在院系"老师根本没有翻译项目经验,对实践指导不足"的学生人数只占样本总数的 7.84%,这表明,翻译硕士教学的不合理之处主要在于教学计划和课程设置的盲目和不合理,而不在于师资配置和师资经验等软件上。

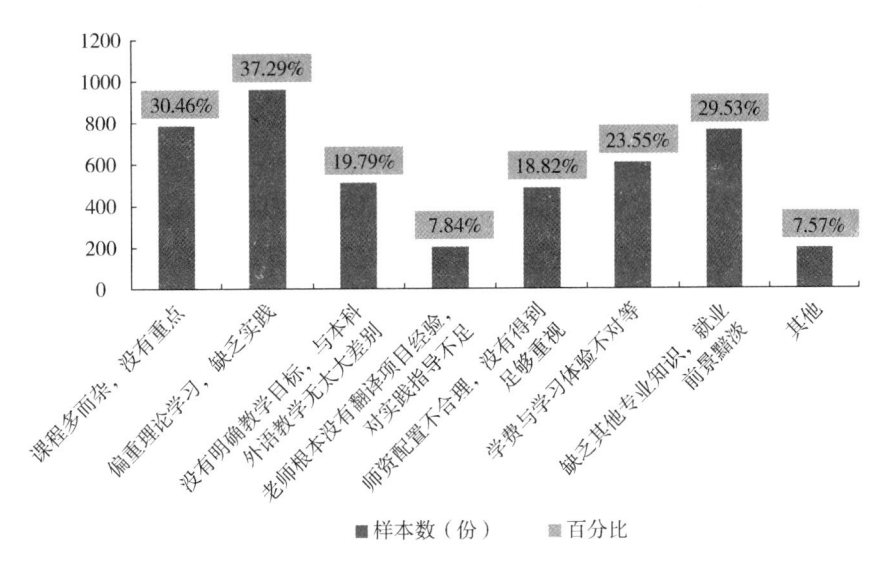

图表数据：
- 课程多而杂，没有重点：30.46%
- 偏重理论学习，缺乏实践：37.29%
- 没有明确教学目标，外语教学与本科无太大差别：19.79%
- 老师根本没有翻译项目经验，对实践指导不足：7.84%
- 师资配置不合理，没有得到足够重视：18.82%
- 学费与学习体验不对等：23.55%
- 缺乏其他专业知识，就业前景黯淡：29.53%
- 其他：7.57%

（样本数（份）■ 百分比）

图 5-2 "调查报告"① 中翻译硕士学生对翻译教学不合理情况的反馈

由图 5-3 可知,在对学生样本所在院系翻译硕士教学的评价中,认为所在院系翻译硕士教学最大的优势是"课程理论与实践相互配合",位于其后两位的分别是"教师具有丰富的翻译经验"和"教学具有明确的方向性,满足实际需求"。

---

① 崔启亮:《全国翻译硕士专业学位研究生教育与就业调查报告》,对外贸易经济大学出版社 2017 年版,第 46 页。

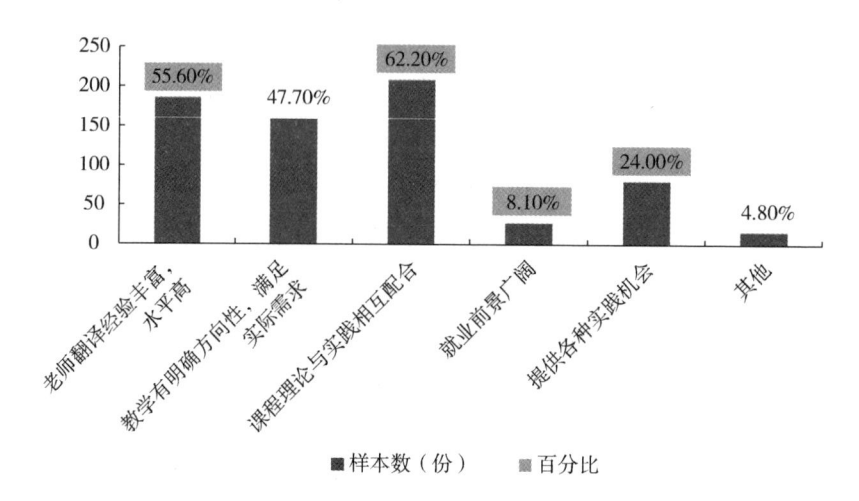

图 5-3　西北地区翻译硕士学生对翻译硕士教学优势的反馈情况

由图 5-4 可知认为所在院系翻译硕士教学的不足之处主要在于对理论学习时长和就业前景黯淡的担忧上,其他不足之处分别是"课程多而杂,没有重点",占样本数的 36.6%;"师资配置不合理,没有得到足够重视",占样本数的 33.9% 和"老师欠缺翻译项目经验,对实践指导不足",占样本数的 28.8%。

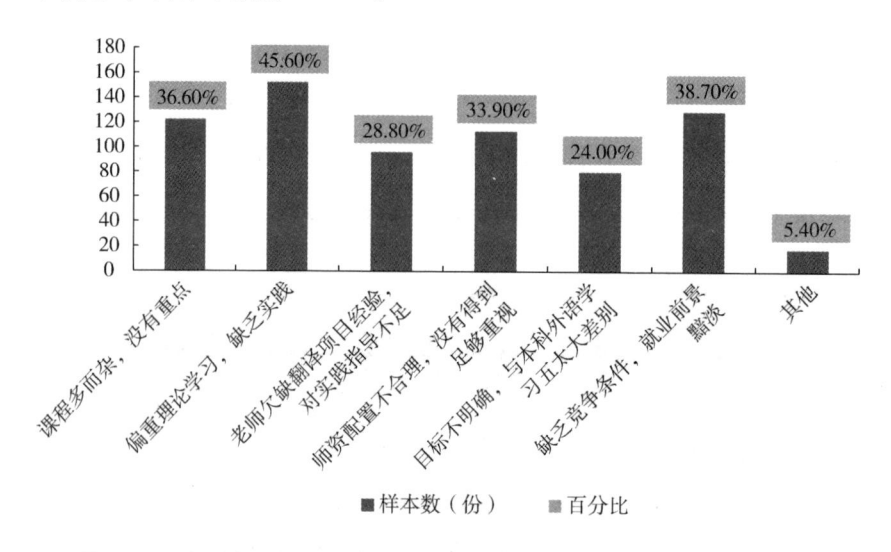

图 5-4　西北地区翻译硕士学生对翻译硕士教学不合理之处的反馈情况

"调查报告"中对七大行政区翻译硕士教学的优势和不合理之处的对比结果表明,西北地区对教师经验的满意度只有47.45%,远低于其他地区水平,而翻译硕士学生认为"老师根本没有翻译项目经验,对实践指导不足"的不合理之处达到12.10%,比例远高于全国其他地区。这个数据与本研究对西北地区翻译硕士教学优势和不合理之处的调查结果不谋而合。

(2) 对翻译硕士实践教学体系建设满意度分析

对西北地区翻译硕士培养院校建立的翻译硕士实践教学体系各个要素环节满意度的统计有助于把握翻译硕士培养院校的翻译教师对于目前所在院系翻译硕士实践教学体系和体系各个要素的认识,了解翻译教师对体系各个要素建设的真实看法,以便从整体上解释翻译硕士实践教学体系建设中存在的普遍问题,找出问题的共性特征,为挖掘其问题之后深层的原因和影响因素提供帮助。问卷从翻译硕士实践教学体系的构成维度出发设计题项,以便通过各个维度的建设状况全面掌握翻译硕士实践教学体系建设的总体状况。

如表5-7所示,对于问卷设计的四个方面的满意度调查,勾选"很满意"和"比较满意"的百分比占到60%,表明翻译教师对所在院系建立的翻译硕士实践教学体系满意度较高。具体到各个方面:翻译教师对实践教学效果"很满意"的有18人,"较满意"的51人,"一般"的39人,"较不满意"的4人,"很不满意"的2人,显示翻译教师对翻译硕士实践教学效果比较满意;翻译教师对课程、教学环节安排的合理性"很满意"的有15人,"较满意"的60人,"一般"的32人,"较不满意"的5人,"很不满意"的2人,总体上比较满意;翻译教师对翻译硕士实践教学的监控和管理"很满意"的有9人,"较满意"的60人,"一般"的37人,"较不满意"的6人,"很不满意"的2人,总体上是比较满意的;翻译教师对设施、设备、资料条件"很满意"的有8人,"较满意"的58人,"一般"的37人,"较不满意"的10人,"很不满意"的1人;另一项对翻译硕士学生教学总体满意度的调查结果也从另一个角度印证了调查对象对所在院系翻译硕士实践教学"较为满意"的认识现状（见表5-8）。

表5-7　　　　翻译硕士实践教学满意度分布情况统计

项目类别	满意度（频率/百分比）				
	很满意	较满意	一般	较不满意	很不满意
实践教学效果满意度	18（15.8%）	51（44.7%）	39（34.2%）	4（3.5%）	2（1.8%）
课程、教学环节安排合理性	15（13.2%）	60（52.6%）	32（28.1%）	5（4.4%）	2（1.8%）
监控和管理满意度	9（7.9%）	60（52.6%）	37（32.5%）	6（5.3%）	2（1.8%）
设施、设备、资料条件满意度	8（7.0%）	58（50.9%）	37（32.8%）	10（8.8%）	1（0.9%）

表5-8　　　　翻译硕士教学总体满意度分布情况统计

项目类别		频率	百分比（%）
翻译硕士教学总体满意度	很满意	29	8.7
	较满意	131	39.3
	一般	149	44.7
	较不满意	20	6.0
	很不满意	4	1.2

如表5-8所示，翻译硕士19届毕业生"对所在院/系MTI教学总体满意度的看法"的问题中，选"很满意"占8.7%，"较满意"占39.3%，"一般"占44.7%，"较不满意"占6.0%，"很不满意"占1.2%。翻译教师和翻译硕士学生对翻译硕士实践教学体系满意度的勾选结果似乎相互印证了"较为满意"这一共同认识的状况，但在接下来更为深层、更为具体的对翻译硕士教学现状的调查可见一斑。

综上所述，目前我国翻译硕士教学和翻译硕士实践教学的总体现状并不完全令人满意。翻译硕士教学总体满意度为48%；翻译硕士教学优势主要集中在"课程理论与实践相互配合""教师具有丰富的翻译经验"和"教学具有明确的方向性，满足实际需求"，占样本总数50%左右；翻译硕士教学的不合理之处主要为"课程多而杂，没有重点""师资配置不合理，没有得到足够重视"和"老师欠缺翻译项目经验，对实践指导不足",占样本总数的40%左右。而对翻译硕士实践教学体系的满意度为60%左右,翻译硕士实践教学效果、翻译硕士实践教学目标、翻译硕士实践教学内容、翻译硕士实践教学管理和翻译硕士实践教学保障的满意度均在60%以上,这种翻译硕士教学优势和不合理之处的对比和翻译硕士教学与翻译硕士实践教学之间的对比的数据告诉我们,翻译硕士实践教学的现状和翻译硕士实践教学体系的建设现状是需要综合考量各种因素的事物,数据只能反映某个方面的问题,并不能涵盖所有问题,对于翻译硕士实践教学体系建设的总体状况的把握应该综合考虑各种变量因素及其作用机制,翻译硕士实践教学体系的建设与优化是一项复杂的长期的工程,绝不只是建立在对其本质痛点的简单分析基础上的改良或完善。

二 各子体系建设现状分析

上个小节已经对翻译硕士实践教学体系建设总体状况做了分析,本小节旨在对翻译硕士实践教学体系各个维度的建设情况进行分析,寻找各个维度存在的主要问题,分析造成问题的深层原因。

1. 目标体系建设现状分析

对翻译硕士实践教学体系目标体系建设水平的把握很难用翻译硕士学生掌握翻译实践能力的水平来测量,只能用翻译实践能力培养的满意度或样本对象对目标体系的认识或者通过主观题开放式的问答进行。

虽然如图5-5所示,样本教师认为所在院系翻译硕士实践能力培养效果"很满意"的有6人,"较满意"的有58人,效果"一般"的有40人,"较不满意"的有9人,"很不满意"的1人,分别占总样本数的5.26%、50.88%、35.09%、7.89%、0.88%,总体呈较满意的趋势。但是这并不能说明翻译硕士培养院校实践教学体系的目标体系建设水平较好,令人满意,因为当问及"翻译硕士实践教学体系目标确定与那些因素相关"时,排在第一的是"培养目标",其他依次为"学生专业发展""用人单位意愿""学科教学目标",排在最后的是"课堂目标",数据表象呈现出的是"位属"概念的错误,但实际上反映的是对翻译硕士实践教学目标定位不清。退一步讲,也许绝大部分样本教师知晓翻译硕士实践教学的目标是培养翻译硕士学生的翻译能力,但他们并不知道翻译能力发展的阶段特点,更不知道如何将翻译硕士专业学位教育"高层次、应用型、翻译口笔译人才"的培养定位逐一分解到专业培养目标、课程教学目标以及更进一步细化为课堂教学目标,更不说赋予培养目标"院校特色"了,相较于翻译硕士实践教学体系的内容体系,决定着翻译硕士实践教学体系内容、方法、评价等教学活动要素的目标体系更难于把握和量化。

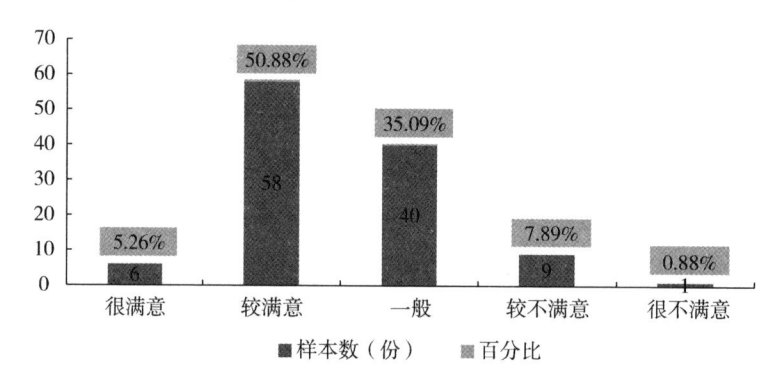

图5-5 翻译硕士实践教学满意度分布情况统计

目标定位和层级性不明确的现象造成目标制定过程中只考虑了院校生存的基本问题,没有考虑外需,以此培养的翻译人才难以适应国家和市场需求,难以满足学生专业发展的需求,在对专家的访谈中专家们一致认为,建立运行有序的翻译硕士实践教学体系对提升翻译硕士研究生的翻译能力有着非常重要的作用。"翻译硕士实践教学体系的建设对解决翻译能力低下的问题非常有帮助,至少可以突出实践教学在整个体系中的作用,只是根据评估(翻译硕士试点院校合格评估)发现的目前大部分院校并没有建立起行之有效的实践教学体系来,我觉得是管理层对实践教学体系的认识不到位,没有系统设计,甚至部分院校根本没有所谓的体系的

观念，只是对传统外语学科稍加调整，维持正常教学而已。"（I-ZA）

当问及应该从哪些方面着手建设翻译硕士实践教学体系时，一位专家回答道："我觉得应借鉴专业学位和职业资格认证中的一些做法，加强学生职业道德、职业素养的养成，以团队合作的形式在课堂或课外模拟项目中，让学生融入自己所扮演的岗位身份中，当然这个专业的译者要指导，但是这种真实的场景很重要，因此，模拟训练和实训很重要，过程管理很重要，同时需要对最后的翻译成果进行分析、比较、改正。"（I-ZE）

2. 内容体系建设现状分析

翻译硕士实践教学体系内容体系包含多种要素，因此翻译硕士实践教学内容体系的建设情况需要对其包含的各种要素进行逐一分析。

（1）实践教学计划和课程大纲制定情况分析

实践教学计划和课程大纲的制定情况可以反映翻译硕士培养院校的管理者和培养方案的制定者对翻译硕士实践教学内容的认识和了解情况，也能体现出该院校对翻译硕士实践教学内容体系的建设现状。

由表5-9可知，样本教师中有108人选择了学校已制定翻译硕士实践教学计划和课程大纲，有2人选择学校未制定翻译硕士实践教学计划和大纲，有4人不知道学校是否制定翻译硕士实践教学计划和大纲，分别占94.7%、1.8%、3.5%；样本学生中有259人认为自己所在院系有实践教学计划和课程大纲的，有17人选择了没有实践教学计划和课程大纲，剩余的17.1%的学生表示"不知道"自己所在院系是否有实践教学计划和课程大纲，以上数据表明绝大部分学校已经制定了翻译硕士实践教学计划和课程大纲，有少部分样本对象不知道所在院系是否制定实践教学计划和课程大纲。

表5-9 样本对象对实践教学计划和课程大纲制定情况了解统计

项目类比		频率	百分比（%）
实践教学计划和课程大纲制定情况（样本教师）	是	108	94.7
	否	2	1.8
	不知道	4	3.5

项目类比		频率	百分比（%）
实践教学计划和课程大纲有无情况（样本学生）	是	259	77.8
	否	17	5.1
	不知道	57	17.1

（2）实践课程建设情况分析

课程是翻译硕士实践教学内容实现的主要途径，对实践课程的设置能够体现翻译硕士培养院校对理论教学与实践教学关系的认识情况，也能够反映出目前翻译硕士培养院校实践教学目标、实践教学内容中存在的问题。

由表5-10可知，在实践课与理论课的设置方面，有30人认为翻译实践课少于理论课，有46人认为翻译实践课较多，有37人认为翻译实践课与翻译理论课各占一半，选择"其他"的1人，分别占26.3%、40.4%、32.5%、0.9%，可见，在课程设置上，翻译实践课较多；对于计算机辅助课程的开设，有87选择"已经开设"，9人选择"计划开设"，7人选择"不开设"，11人选择"不知道"，分别占76.3%、7.9%、6.1%、9.6%，可见，大部分院校的计算机辅助课程已基本开设。

表5-10　　　教师样本对课程设置情况的统计

项目类比		频率	百分比（%）
实践课与理论课设置现状	实践课少于理论课	30	26.3
	翻译实践课较多	46	40.4
	理论课和实践课各占一半	37	32.5
	其他	1	0.9
开设"计算机辅助翻译"课程的情况	已经开设	87	76.3
	计划开设	9	7.9
	不开设	7	6.1
	不知道	11	9.6

由表5-11可知，"所在院/系实践课与理论课的设置现状"一题用

来衡量理论与实践课程的开设比例,其中,只有9人认为自己所在的学校"没有开设翻译实践课",123人认为"翻译实践课很少,多数为理论课",而认为"翻译实践课与翻译理论课各占一半"的有141人,选择"翻译实践课占总学时的一半以上"的有53人,"其他"的7人,分别占2.7%、36.9%、42.3%、15.9%、2.1%;在考查学生"对学校开设的翻译硕士(MTI)课程满意程度"的题项中,选择"很满意"的28人,"较满意"的109人,"一般"的168人,"较不满意"的21人,"很不满意"的7人,分别占8.4%、32.7%、50.5%、6.3%、2.1%;关于是否提供翻译软件(Dejavu、雅信、Trados、google service)等相关的培训这一题项中,选择"是"的184人,"否"的111人,"不知道"的38人,分别占55.3%、33.3%、11.4%。

表5-11　　　　　样本学生对翻译实践课程设置情况统计

	项目类别		频率百分(%)
实践课与理论课的设置现状	没有开设翻译实践课	9	2.7
	翻译实践课很少,多数为理论课	123	36.9
	翻译实践课与翻译理论课各占一半	141	42.3
	翻译实践课占总学时的一半以上	53	15.9
	其他	7	2.1
对开设翻译硕士课程的满意度	很满意	28	8.4
	较满意	109	32.7
	一般	168	50.5
	较不满意	21	6.3
	很不满意	7	2.1
翻译软件培训课程开设的情况	是	184	55.3
	否	111	33.3
	不知道	38	11.4

(3) 教学方法选用情况分析

教学方法是实现教学内容的方式和手段,教学方法的选择和使用体现了翻译硕士教师对方法本身的理解和自身教学水平的高低,教学方法的使用情况教学内容的实现起着非常重要的作用。

由表 5-12 可知,在"翻译项目进课堂"这一题项中,选择"没有"的 111 人,"很少"的 133 人,"有几次"的 63 人,"较多"的 24 人,"有很多"的 2 人,分别占 33.3%、39.9%、18.9%、7.2%、0.6%,这表明样本学生所在院系很少将模拟职场的实际场景和项目引进课堂对学生进行实践训练。

表 5-12　　　　　　样本对象对翻译硕士教学方法的描述统计

项目类别		频率	百分比(%)
翻译项目进课堂的情况	没有	111	33.3
	很少	133	39.9
	有几次	63	18.9
	较多	24	7.2
	有很多	2	0.6

(4) 翻译实践、专业实习情况分析

翻译实践、专业实习是翻译硕士实践教学中非常重要的环节,它与课程教学一起服务于翻译硕士研究生翻译实践能力的培养。

由表 5-13 可知,翻译硕士参加翻译实践的机会很少。具体而言,选择"没有"20 人,"很少"的 143 人,"有几次"的 100 人,"较多"的 59 人,"有很多"的 11 人,分别占 6.0%、42.9%、30.0%、17.7%、3.3%;大多数人很少参与翻译实践,这可能导致他们对翻译实践持中性态度。在问及"你对目前学校的翻译实践环节满意度"时,"很满意"的 18 人,"满意"的 88 人,"一般"的 189 人,"不满意"的 30 人,"很不满意"的 8 人,分别占 5.4%、26.4%、56.8%、9.0%、2.4%。

表 5-13　　　　　　学生样本翻译实践情况描述统计

项目		频率	百分比(%)
学生参加翻译实践机会	没有	20	6.0
	很少	143	42.9

续表

项目		频率	百分比（%）
学生参加翻译实践机会	有几次	100	30.0
	较多	59	17.7
	有很多	11	3.3
对翻译实践环节的满意	很满意	18	5.4
	较满意	88	26.4
	一般	189	56.8
	较不满意	30	9.0
	很不满意	8	2.4

由表5-14可知，对于翻译硕士学生应具有的笔译实践量，有21人选择"5万—10万字"，有47人选择"10万—15万字"的，有37人"15万—20万字"，有9人选择"20万字以上"，分别占18.4%、41.2%、32.5%、7.9%，可见，笔译的实践量以10万—15万字和15万—20万字居多；在专业实践方式方面，有6人选择"观摩学习"，有41人选择了"参与真实项目类别"，有66人选择了"翻译实践基地实习"，选择"其他"的1人，分别占5.3%、36.0%、57.9%、0.9%，可见，专业实践多以翻译实践基地的方式进行；在实践时间跨度方面，有4人选择"1个月"，38人选择了"2—3个月"，有39人选择"一个学期"，有18人选择"一学年"，还有15人选择了"5"，分别占33.5%、33.3%、34.2%、15.8%、13.2%，由此，我们可以发现实践时间多在2—3月或一个学期；对于实践实习的改进，有18人认为应该"增加实践课"，33人认为应"增加校外的实践机会"，42人认为应"增强实习实践指导"，20人认为应"与校外企业合作建立实习基地"，另有1人选择"其他"，分别占15.8%、28.9%、36.8%、17.5%、0.9%，大部分人认为应该从增强实习指导和增加校外实践机会方面着手进行改进。

表 5-14　　教师样本翻译实践情况描述统计

项目类别		频率	百分比（%）
笔译实践量	5万—10万字	21	18.4
	10万—15万字	47	41.2
	15万—20万字	37	32.5
	20万字以上	9	7.9
专业实践方式	观摩学习	6	5.3
	参与真实项目类别	41	36.0
	翻译实践基地实习	66	57.9
	其他	1	0.9
实践时间跨度	1个月	4	33.5
	2—3个月	38	33.3
	一个学期	39	34.2
	一学年	18	15.8
	5	15	13.2
实践实习改进	增加实践课	18	15.8
	增加校外的实践机会	33	28.9
	增强实习实践指导	42	36.8
	与校外企业合作建立实习基地	20	17.5
	其他	1	0.9

由表 5-15 可知，关于院/系为学生提供的专业实习的机会，选择"很多"的 22 人，"较多"的 78 人，"一般"的 159 人，"很少"的 61 人，"没有"的 13 人；这表明，不同学校的学生参与专业实习的机会可能不是很均衡；由于机会参与专业实习的机会存在差异，所以样本学生认为在学习期间参加的实习工作与翻译相关的程度也不同，具体而言，选择"有关"的 157 人，"有点相关"的 105 人，"不相关"的 27 人，"不确定"的 44 人；对于得到专业实习单位的途径，有 134 人是通过"学校老师推荐"得到专业实习单位的，6 人是通过"校外导师推荐"的专业实习单位，25 人是通过"同学介绍"的专业实习单位，12 人是通过"亲友介绍"得到专业实习单位的，"自己联系"实习单位的

有 124 人,"其他"情况有 32 人,这表明大部分同学是通过老师推荐和自己联系的专业实习单位;关于实习安排总体满意度,有 19 人对于实习安排是"很满意"的,有 108 人对此"满意",175 人对于实习安排评价"一般",而有 26 人对实习安排"不满意",还有 5 人对实习安排"很不满意",分别占 5.7%、32.4%、52.6%、7.8%、1.5%,这说明仅一半学生对实习安排评价一般,还有很大一部分认为实习安排是比较令人满意的;在实践环节改进意见方面,有 39 人认为应该"增加实践课",有 136 人认为应该"增加校外的实践机会",还有 76 人认为应"增强实习实践指导",同时,有 79 人认为应通过"与校外企业合作建立实习基地"来改进实践环节,3 人有"其他"考量,这说明在学生看来,学校可以通过增加校外的实践机会、与校外企业合作建立实习基地以及增强实习实践指导等途径来改进实践环节。

表 5-15　　样本学生对所在院系专业实习情况描述统计

项目		频率	百分比(%)
院/系为学生提供的专业实习的机会情况	很多	22	6.6
	较多	78	23.4
	一般	159	47.7
	很少	61	18.3
	没有	13	3.9
MTI 学习期间参加的实习工作与翻译相关性评价	有关	157	47.1
	有点相关	105	31.5
	不相关	27	8.1
	不确定	44	13.2
联系专业实习单位的途径	学校老师推荐	134	40.2
	校外导师推荐	6	1.8
	同学介绍	25	7.5
	亲友介绍	12	3.6
	自己联系	124	37.2
	其他	32	9.6

续表

项目		频率	百分比（%）
对实习安排总体满意度	很满意	19	5.7
	较满意	108	32.4
	一般	175	52.6
	较不满意	26	7.8
	很不满意	5	1.5
对实践环节的改进建议	增加实践课	39	11.7
	增加校外的实践机会	136	40.8
	增强实习实践指导	76	22.8
	与校外企业合作建立实习基地	79	23.7
	其他	3	0.9

（5）翻译硕士院校第二课堂开设情况分析

作为"隐性课程"，第二课堂起着"显性"课程——课堂教学的延伸和补充作用，它的存在不仅有限缓解了课时紧张的问题，还给学生增添了学习的乐趣和主动探索知识的积极性。

如表5-16所示，样本学生对于所在院系第二课堂开设的情况，90人所在院系开设了"第二课堂"，而161人所在院系并未开设"第二课堂"，还有82人对此"不知道"，分别占27%、48.3%、24.6%，这说明大部分学校并未开设训练学生翻译实践能力的第二课堂。

表5-16　　样本学生对所在院系第二课堂情况描述统计

项目		频率	百分比（%）
第二课堂开设情况	是	90	27
	否	161	48.3
	不知道	82	24.6

（6）毕业论文设计情况分析

毕业论文是考核翻译硕士研究生最终学习成果的重要手段之一，是学生综合运用各科知识、分析问题、解决问题的过程，是学生知识系统化、程序化的过程。

由表 5-17 可知，对于毕业论文的形式，有 97 人选择了"翻译实践报告"，5 人选择了"翻译实习报告"，11 人选择"翻译研究论文"，1 人选择"翻译调查报告"，4 人选择"翻译实验报告"，选择"其他"的 0 人，分别占 85.1%、4.4%、9.6%、0.9%、3.5%、0%，毕业论文采用程度由高到低分别为：翻译实践报告、翻译研究论文、翻译实习报告、翻译调查报告、翻译实验报告及其他。在毕业论文模板和写作要求方面，有 102 人认为是"有"论文模板和写作要求，5 人认为"没有"论文模板和写作要求，另有表示 7 人"不知道"有没有论文模板和写作要求，分别占 89.5%、4.4%、6.1%，有数据可知，大部分学校对翻译硕士学生毕业论文的形式、论文模板和写作是有比较明确要求的。

表 5-17　　教师样本对毕业论文设计情况描述统计

项目类别		频率	百分比（%）
毕业论文形式	翻译实践报告	97	85.1
	翻译实习报告	5	4.4
	翻译研究论文	11	9.6
	翻译调查报告	1	0.9
	翻译实验报告	4	3.5
	其他	0	0
毕业论文模板和写作要求	有	102	89.5
	没有	5	4.4
	不知道	7	6.1

由表 5-18 可知，对毕业论文作用的认识，142 人认为"有作用"，119 人认为"有些作用"，58 人认为"有较大作用"，25 人认为"非常有作用"，只有 14 人认为它是"没作用"的，分别占 42.6%、35.7%、17.4%、7.5%、4.2%；这表明，整体而言至少有 90% 的学生认为毕业论文在不同程度上是有作用的。"关于将毕业论文作为考核方式和理性的认识"一题中，选择"是"的 154 人，"否"的 106 人，"不知道"的 73 人，分别占 46.2%、31.8%、21.9%。这意味着约有 1/3 的学生

认为不应该将毕业论文作为翻译硕士教育的最终考核方式。对于毕业论文与在校所学内容的相关性,206 人认为两者之间有相关性,但 72 人认为毕业论文与在校所学内容没有相关性,55 人对此"不知道",分别占 61.9%、21.6%、16.5%。可见大部分学生认为毕业论文与在校所学内容是相关的。

表 5-18 学生样本对所在院系毕业论文设计情况描述统计

项目		频率	百分比(%)
对毕业论文作用的认识	没作用	14	4.2
	有些作用	119	35.7
	有作用	142	42.6
	有较大作用	58	17.4
	非常有作用	25	7.5
对毕业论文作为考核方式的合理性的认识	是	154	46.2
	否	106	31.8
	不知道	73	21.9
毕业论文与在校所学内容的相关性	是	206	61.9
	否	72	21.6
	不知道	55	16.5

内容体系的建设中将内容的实现形式(课程设置、翻译实践环节)看作内容本身,一味地加课或增加翻译实践环节,没有考虑到内容的多样复杂性、阶段特征和结构层次,故即便再强调课程和实践环节的依托作用,也难以改善教学内容的混乱无序以及重复建设的掣肘现象,由此伴随而生的是教学方法的选择混乱、应用乏力以及无的放矢的现象严重。"我认为目前最大的问题不在于加大或者缩减实践环节的比重,而在于将实践课程内容与课外实践环节以及第二课堂紧密地结合起来,让学生能有机会巩固和练习课堂上所涉猎但未真正消化掌握的知识,应该通过反复的练习加强加深学习的内容和对翻译的了解与感受,只有这样,学生才能在真正走上工作岗位的时候,自然而然地翻译,而不是模仿或者遵循某种规则或技术,所以我说真正的问题在于有练习的场合和

机会，有用武之地。"（I-ZC）

3. 管理体系建设现状分析

起着过程监控、质量保证和文件管理的翻译硕士实践教学管理体系是判断翻译硕士实践教学目标与教学内容、教学方法、教学条件保障是否契合的重要手段，是持续改进教学过程的保障。

（1）管理机构水平分析

管理机构设置情况和人员配备情况直接关系着过程监控和质量管理的过程和效果是否规范有效，本研究对管理机构水平的分析通过表现在外的专职管理人员和学生对管理文件和管理人员的了解程度来分析的。

由表5-19可知，对于教学文档管理人员，有30人选择了"导师"，25人选择了"任课教师"，51人选择了"教务秘书"，1人选择了"辅导员"，7人选择了"其他"，分别占26.3%、21.9%、44.7%、0.9%、6.1%，该题项选择较多的是教务秘书、导师以及任课教师，表明样本院校管理教学文档的人员为"教务秘书"，依次为研究生导师和任课教师。

表5-19　　　　教师样本对管理机构设置情况描述统计

项目类别		频率	百分比（%）
教学文档管理人员	导师	30	26.3
	任课教师	25	21.9
	教务秘书	51	44.7
	辅导员	1	0.9
	其他	7	6.1

由表5-20可知，在翻译硕士实践教学管理文件制定和文管理人员设置方面，有137人所在院系是有教学管理文件的，46人所在院系没有教学管理文件分别占41.1%和13.8%，还有150人"不知道"有关情况，占45.0%，这表明近一半学生对"有无学校管理文件的"不清楚，还有相当一部分学生对"有无翻译实践教学管理文件"一事不甚

了解。对于专门的管理人员配给,有 154 人所在院系配有专人管理翻译教学相关资料,而 24 人所在院系并未配有专人,155 人则对此"不知道",分别占 46.2%、7.2%、46.5%,这表明近一半学生对专门的管理人员配给情况不了解,另一半学生所在院系已配有专门负责管理翻译硕士实践教学文件和资料的人员。

表 5-20 学生样本对管理机构设置情况的描述统计

项目		频率	百分比(%)
有无翻译实践教学的管理文件	有	137	41.1
	无	46	13.8
	不知道	150	45.0
有无专门的翻译实践教学管理人员	有	154	46.2
	无	24	7.2
	不知道	155	46.5

(2)质量监控和评价机制建设水平分析

翻译硕士院校对质量监控和评价机制的建设情况反映了院校对实践教学体系的重视程度以及监控和质量评价的有效程度。

由表 5-21 可知,在质量监控和评价机制方面,有 73 人认为所在院系建立了有效的实践教学质量监控和评价机制,有 22 人认为所在院系尚未建立有效的实践教学质量监控和评价机制,另有 19 人则对此情况不甚了解,分别占 64.0%、19.3%、16.7%,这表明目前各学校建立了有效的实践教学质量监控和评价机制;在考核及评价机制方面,有 8 人所在院系的考核及评价形式是"校外实践单位考评"的,18 人选择的是"校内指导教师考评",有 86 人所在院系的考核及评价形式是"校外校内共同考评",2 人选择"其他",分别占 7.0%、15.8%、75.4%、1.8%,这表明目前学校以校外校内共同考评作为考核及评价的主要形式;对于 CATTI 的考试要求,有 25 人所在的院系要求"如果入学前未获得 CATTI 二级证书的,在校期间必须参加二级考试,但不要求通过",有 22 人所在的院系要求"MTI 学生毕业前必须获得 CATTI

二级证书才能毕业",48人的"学校对MTI学生参加CATTI考试不做强制要求",另有19人选择"不知道",分别占21.9%、19.3%、42.1%、16.7%,这表明目前大部分学校对MTI学生参加CATTI考试不做强制要求;在CATTI考试辅导内容方面,有32人认为所在院系设有针对CATTI考试的教学内容,有51人认为所在院系未设有针对CATTI考试的教学内容,另有31人对于有关情况不了解,分别占28.1%、44.7%、27.2%,这表明大部分院校应加强针对CATTI考试设置教学内容。

表5-21 样本教师对质量监控和评价机制情况描述统计

	项目类别	频率	百分比(%)
质量监控和评价机制	是	73	64.0
	否	22	19.3
	不知道	19	16.7
考核及评价机制	校外实践单位考评	8	7.0
	校内指导教师考评	18	15.8
	校外校内共同考评	86	75.4
	其他	2	1.8
CATTI考试要求	如果入学前未获得CATTI二级证书的,在校期间必须参加二级考试,但不要求通过	25	21.9
	毕业前必须获得CATTI二级证书才能毕业	22	19.3
	学校对MTI学生参加CATTI考试不做强制要求	48	42.1
	不知道	19	16.7
CATTI考试辅导内容	是	32	28.1
	否	51	44.7
	不知道	31	27.2

由表5-22可知,在接受调查的翻译硕士学生中,入学前有翻译实践经验的162人,占样本量的48.6%,入学前没有过翻译实践经验的171人,占样本量的51.4%;持有翻译专业资格(水平)考试(CATTI)证书的有92人,占27.6%,未考取翻译专业资格(水平)证书的占72.4%。

表5-22　样本学生翻译实践经验及翻译专业资格证书考取情况统计

项目		频率	百分比（%）
入学前翻译实践经验	是	162	48.6
	否	171	51.4
翻译专业资格（水平）证书（CATTI）考取情况	是	92	27.6
	否	241	72.4

如表5-23所示，对于所在院/系管理监控的有效性，有159人认为所在院系对实践教学的管理和监控是有效的，有35人认为所在院/系管理监控无效；有139人认为不知道所在院/系管理监控是否有效，分别占47.7%、10.5%、41.7%，这表明大部分学生对于所在院系管理监控的有效性持中立态度。在评价翻译水平和能力的方式方面，有142人所在院系采用"自我评价"的方式，81人所在院系采取"同伴评价"的方式，261人所在院系通过"导师评价"翻译硕士的能力和水平，235人所在院系采用"任课教师评价"的方式，86人所在院系运用"翻译公司评价"的方式进行评价，分别占42.6%、24.3%、78.4%、70.6%、25.8%，这表明目前学校较多通过导师评价、任课教师评价、自我评价等方式来评价翻译硕士的水平和能力；对于实践教学评价机制和方法，18人对评价机制和方法"很满意"，129人对评价机制和方法持"满意"的态度，169人认为评价机制和方法持中性态度，而13人对评价机制和方法"不满意"，4人"很不满意"，分别占5.4%、38.7%、50.8%、3.9%、1.2%，这表明大部分学生对于所在院系实践教学评价机制和方法持中立态度。

表5-23　样本学生对质量监控和教学评价方式和效果的描述统计

项目		频率	百分比（%）
所在院/系管理监控的有效性	是	159	47.7
	否	35	10.5
	不知道	139	41.7

续表

项目		频率	百分比（%）
评价翻译水平和能力的方式	自我评价	142	42.6
	同伴评价	81	24.3
	导师评价	261	78.4
	任课教师评价	235	70.6
	翻译公司评价	86	25.8
对实践教学评价机制和方法的满意度	很满意	18	5.4
	满意	129	38.7
	一般	169	50.8
	不满意	13	3.9
	很不满意	4	1.2

管理体系中监控、评价机构与机制的不完善，对学生阶段学习任务和实习任务评价主体和过程管理的不健全是造成上无政策可依和下无计策可施的根本。当问及目前翻译硕士实践教学体系建设情况时，一位专家说："目前各个学校的情况不尽相同，地域位置和学科发展情况影响着翻译实践的要求和效果，有些学校有较详细地对实习和实践的说明和规定，有的学校虽然文件里没有对这部分的明确规定，但在实习和实践过程中确实成效不错，从基地的建设、合作培养到实习成果都展现了良好的局面，所以问题的关键不在于有无完整的体系或者管理文件，而在于是否将实习实践和课程教学任务落在了实处，学生是否确实提升自己的能力。"（I-ZB）

4. 保障体系建设现状分析

保障体系是翻译硕士实践教学目标、内容、管理实现的必要条件，它的建设情况能充分反映出翻译硕士院校对翻译硕士实践教学体系的认识及设计思路。

（1）师资队伍情况分析

师资队伍是翻译硕士实践教学保障体系的重要保证因素，它的建设直接决定着翻译硕士教学和人才培养的质量，因此透过数据，发现其存在的问题,对于翻译硕实践教学体系优化的关键所在。

由表5-24可知,在接受调查的翻译教师中,讲授翻译课程的年限在10年以上的有34人,5—10年的36人,1—5年的33人,不到1年的11人,分别占总人数的29.8%、31.6%、28.9%、9.6%,主要以5—10年及10年以上的居多,不到1年的较少;研究方向主要是语言学、翻译、文学、英语教学及其他,各类研究方向的人数分别占调查总数的13.2%、57%、16.7%、10.5%、2.6%;有过兼职经历的占75.4%,有专职经历的占8.8%,没有从业经历的占15.8%;以上数据说明虽然目前的翻译硕士教师教龄较长,翻译教学经验较为丰富,绝大部分教师有过翻译实践的经历,但这并不能代表翻译硕士的师资结构良好,能够为完全满足翻译硕士的教学和人才培养的需要,另一组数据正好诠释了这一点。

表5-24　　　　　　　　翻译硕士师资队伍情况

项目类别		频率	百分比(%)
教授翻译课程年限	10年以上	34	29.8
	5—10年	36	31.6
	1—5年	33	28.9
	不到1年	11	9.6
研究方向	语言学	15	13.2
	翻译	65	57
	文学	19	16.7
	英语教学	12	10.5
	其他	3	2.6
翻译实践经历	有兼职经历	86	75.4
	有专职经历	10	8.8
	没有	18	15.8

从表5-25可以发现,在师资构成方面,有75人认为本校师资多为"传统英语教育转型而来的教师",有37人认为师资多为"有一定翻译实践经验的翻译专业教师",有1人认为本校师资多为"从企业或机构

聘请的职业译员",另有 1 人选择"其他",分别占 65.8%、32.5%、0.9%、0.9%,该选项数量由高到低分别为:传统英语教育转型而来的教师、有一定翻译实践经验的翻译专业教师、从企业或机构聘请来的职业译员及其他,这表明翻译硕士的师资多为有一定翻译实践经验的翻译专业教师;在师资数量方面,有 14 人认为目前的师资"完全满足"翻译硕士实践教学,有 79 人认为目前的师资"基本满足"翻译硕士实践教学,18 人认为目前的师资"不能满足"翻译硕士实践教学,3 人对相关情况"不知道",分别占 12.3%、69.3%、15.8%、2.6%,这表明目前师资基本满足实践教学的需要;在校外导师作用上,有 24 人"没有校外导师",22 人认为"校外导师提供了实习并给予很多指导",33 人认为"校外导师提供一些实习机会",28 人认为"校外导师会给予一些专业指导",5 人认为"校外导师没有提供任何帮助",2 人属于"其他"情况,分别占 21.1%、19.3%、28.9%、24.6%、4.4%、1.8%,由此可知,校外导师对于翻译硕士的培养能起到一定的作用。

表 5-25　　翻译硕士培养院校师资队伍情况统计

	项目类别	频率	百分比(%)
师资构成	传统英语教育转型而来的教师	75	65.8
	有一定翻译实践经验的翻译专业教师	37	32.5
	从企业或机构聘请的职业译员	1	0.9
	其他	1	0.9
师资数量	完全满足	14	12.3
	基本满足	79	69.3
	不能满足	18	15.8
	不知道	3	2.6
校外导师作用	没有校外导师	24	21.1
	校外导师提供了实习并给予很多指导	22	19.3
	校外导师提供一些实习机会	33	28.9
	校外导师会给予一些专业指导	28	24.6
	校外导师没有提供任何帮助	5	4.4
	其他(请注明)	2	1.8

由表 5-26 可知，关于翻译教师的翻译实践经验，有 218 人认为翻译教师有翻译实践经验，而 27 人认为翻译教师没有翻译实践经验，88 人"不清楚"，分别占 65.5%、8.1%、26.4%，这表明大部分学生认为翻译教师有翻译实践经验；对于翻译教师授课的满意度，50 人对于翻译教师的授课情况"很满意"，152 人对翻译硕士的授课情况持"满意"态度，有 116 人认为翻译教师的授课"一般"，而 8 人对翻译教师授课"不满意"，有 7 人对翻译教师授课"很不满意"，分别占 15.0%、45.6%、34.8%、2.4%、2.1%，有近一半的学生对翻译教师的授课持满意态度。

表 5-26　样本学生对翻译教师实践经验的认识和授课满意度统计

项目类别		频率	百分比（%）
翻译教师的翻译实践经验	是	218	65.5
	否	27	8.1
	不清楚	88	26.4
翻译教师的翻译实践经验	很满意	50	15.0
	满意	152	45.6
	一般	116	34.8
	不满意	8	2.4
	很不满意	7	2.1

由表 5-27 所知，针对聘请校外导师授课情况，有 176 人认为所在院系聘请了具有翻译实践经验的职业译员或翻译行业的管理者授课，有 103 人认为所在院系未聘请具有翻译实践经验的职业译员或翻译行业的管理者授课，有 54 人对此情况态度不明确，分别占 52.9%、30.9%、16.2%，这表明学生对此问题存在很大分歧；在校外导师的帮助情况方面，有 208 人"没有校外导师"，有 29 人认为"校外导师提供了实习并给予很多指导"，有 18 人认为"校外导师提供了一些实习机会"，有 45 人"校外导师会给予一些专业指导"的，有 27 人表明"有校外导师，但很少联系"的，6 人属于"其他"情况，分别占 62.5%、8.7%、5.4%、

13.5%、8.1%、1.8%，这说明多数学生没有校外导师。

表 5-27　　　　　　样本院校兼职导师情况描述统计

项目		频率	百分比（%）
聘请校外导师授课情况	是	176	52.9
	否	103	30.9
	不知道	54	16.2
校外导师的帮助情况	没有校外导师	208	62.5
	校外导师提供了实习并给予很多指导	29	8.7
	校外导师提供了一些实习机会	18	5.4
	校外导师会给予一些专业指导	45	13.5
	有校外导师，但很少联系	27	8.1
	其他	6	1.8

（2）教学资源配置情况分析

教学资源的配置是开展翻译硕士教学活动的必要条件，配置的好坏影响着翻译硕士教学活动开展的过程和最终结果。翻译硕士教学致力于应用型人才的培养，因此对于教学资源配置的有着特别的要求。

由表 5-28 可知，在教学设施配置上，有 95 人所在院系配有安装计算机辅助翻译软件的 MTI 口笔译实验室，有 6 人所在院系没有配置安装计算机辅助翻译软件的 MTI 口笔译实验室，13 人"不知道"具体情况，分别占 83.3%、5.3%、11.4%，表明大部分院系的教学设施配置较为先进；在实践基地的数量方面，有 37 人所在院系有"5 个以上"校外实践教学基地，49 人所在院系有"2—4 个"校外实践教学基地，4 人所在院系有 1 个校外实践教学基地，24 人不知道所在院/系有多少个校外实践教学基地，分别占 32.5%、43%、3.5%、21.1%，这表明大部分学校有 2—4 个校外实践基地；对于实践基地的作用，有 36 人认为实践基地对翻译硕士"很有帮助"，有 50 人认为实践基地对翻译硕士"较有帮助"，12 人认为实践基地的作用"一般"，有 16 人"不知道"实践基地有何作用，这表明实践基地对于翻译硕士的培养是有一定作用的。

表 5-28　　　　　样本院系教学资源配置情况描述统计

项目类别		频率	百分比（%）
教学设施配置	是	95	83.3
	否	6	5.3
	不知道	13	11.4
实践基地数量	5 个以上	37	32.5
	2—4 个	49	43
	1 个	4	3.5
	不知道	24	21.1
实践基地作用	很有帮助	36	31.6
	较有帮助	50	43.9
	一般	12	10.5
	没有帮助	0	0
	不知道	16	14

由表 5-29 所知，在教学设备与资料的满足程度方面，有 176 人认为教学设备与资料能够满足翻译硕士教学的需要，有 83 人认为教学设备与资料不能满足翻译硕士教学的需要，有 74 人对此态度不明确，分别占 52.9%、24.9%、22.2%，这表明大部分学生认为教学设备与资料能够满足翻译硕士教学的需要；对于语料库、翻译技术的使用情况，有 191 人认为所在院系使用了语料库、翻译技术，69 人认为所在院系并未使用语料库、翻译技术，73 人对此"不知道"，分别占 57.4%、20.7%、21.9%，这说明大部分院系在翻译硕士培养过程中使用了语料库和翻译技术；对于实践教学平台安装情况，有 175 人认为所在院系配备了实践教学平台，有 64 人则认为所在院系并未配备实践教学平台，94 人对此情况"不知道"，分别占 52.6%、19.2%、28.2%，这说明大部分院校有配备供翻译硕士授课和进行实践活动所需的实践教学平台；在实践教学基地对于能力提高的作用方面，有 29 人认为翻译实践基地对翻译实践能力的提高"没作用"，146 人认为翻译实践基地对翻译实践能力的提高"有些作用"，有 121 人认为翻译实践基地对翻译实践能力的提高

"有作用",有 26 人认为翻译实践基地对翻译实践能力的提高"有较大作用",11 人认为翻译实践基地对翻译实践能力的提高"非常有作用",分别占 8.7%、43.8%、36.3%、7.8%、3.3%,这表明在某些程度上,翻译实践基地对翻译实践能力是有作用的。

表 5-29　　样本学生对教学资源配置情况描述统计

项目类别		频率	百分比(%)
教学设备与资料的满足程度	是	176	52.9
	否	83	24.9
	不知道	74	22.2
语料库、翻译技术的使用情况	是	191	57.4
	否	69	20.7
	不知道	73	21.9
实践教学平台安装情况	是	175	52.6
	否	64	19.2
	不知道	94	28.2
实践教学基地对于能力提高的作用	没作用	29	8.7
	有些作用	146	43.8
	有作用	121	36.3
	有较大作用	26	7.8
	非常有作用	11	3.3

(3) 校企合作情况分析

校企合作培养翻译硕士研究生的实践能力是翻译硕士教学在长期的摸索中总结的经得起时间推敲的成功经验,主体的合作形式、机制运行的方式都关系着实习、实践乃至课堂教学的效果和质量。

由表 5-30 所知,对于院/系是否与政府、外事部门合作,有 136 人认为院/系与政府、外事部门建立了多方合作,有 49 人认为院/系并未与政府、外事部门建立多方合作,有 148 人对此不了解,分别占 40.8%、14.7%、44.4%,这表明大部分学生所在院/系与政府、外事部门等建立了多方合作。

表 5-30　　　　院系与政府和外事部门合作情况描述统计

项目类别		频率	百分比（%）
院/系是否与政府、外事部门合作	是	136	40.8
	否	49	14.7
	不知道	148	44.4

由图 5-6 所示，在校企合作形式上，有 10 人所在院系将"课程设计与教学"作为校企合作的形式之一，有 82 人所在院系将"设立实习基地"作为校企合作的形式之一，有 61 人所在院系将"开展项目类别合作"作为校企合作的形式之一，有 14 人所在院系"没有与企业合作"，分别占 8.80%、71.90%、53.50%、12.30%，该选项选择较多的是设立实习基地、开展项目类别合作、没有与企业合作等，由此可知，设立实践基地是校企合作的一种常见形式。

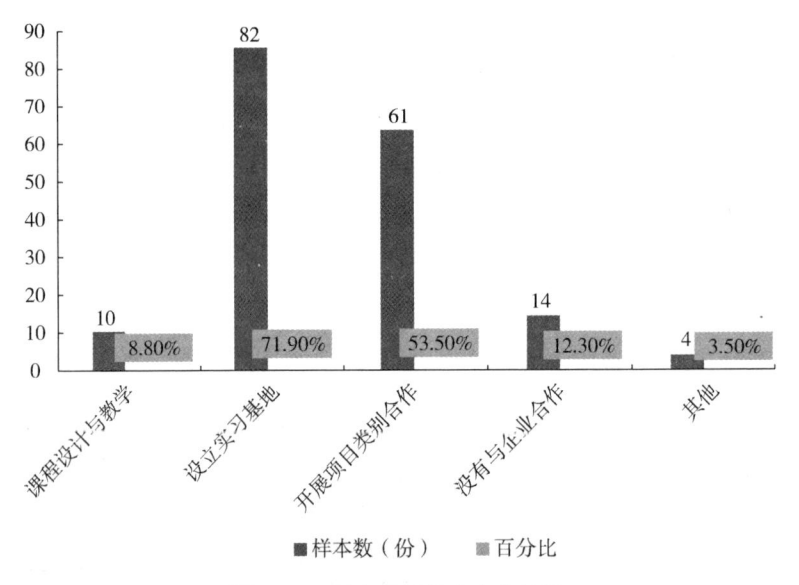

图 5-6　样本院系校企合作情况

翻译硕士实践教学体系保障体系的建设中师资队伍构成和结构的不合理现象，兼职教师参与教学计划、课程设置以及授课的低迷情况以及保障翻译硕士实践教学的各种条件，如教学基地、教学平台、教学资料、教学设施建设和配备的不到位,都严重影响和制约着翻译硕士实践教学体系功能的发挥。"其实,翻译硕士实践教学体系本身就是一个无形的东西,无非依靠一些文件、规范约束和管理师生的翻译活动,让他们确实掌握翻译这门技术,能够如愿地进入自己期待的翻译岗位。这个问题的实质是学校要清楚要将学生培养成什么水平的翻译工作者,要认识到翻译重要性,要通过大量的模拟、练习,加强翻译的技能和对翻译任务和性质的认识,该定好的目标要到位,配套设施和实习场所,尤其是指导学生翻译的老师要有深厚的翻译功底和翻译经验,可以已大课的形式聘请企业的翻译工作者给学生做讲座,可以以团队的形式让学生申报项目,按时完成译文的各项工作,如期交稿,在不断的练习中积累知识和经验。"(I-ZF)

三 问题与成因分析

1. 存在的主要问题

综合以上对翻译硕士教学和翻译硕士实践教学的总体状况和翻译硕士实践教学体系各维度建设现状的数据分析,西北地区翻译硕士院校翻译硕士教学和实践教学体系建设总体状况较好,样本对象对目标体系、内容体系、管理体系、保障体系四个子体系整体水平满意度较高,但各子体系的建设中仍存在一些较为突出问题。

第一,目标体系中目标的设定没有区分专业目标、课程目标和课堂教学目标的层次,将笼统的专业培养目标当作课堂教学拟达到的目标,造成任务分解不清楚,最终实现成果难以评价的局面,这种情况导致难以以此进行教学内容的设计和作为参照对翻译硕士研究生的翻译实践能力和翻译认知能力进行评估。此外,教学目标制定过程中只考虑了院校生存的基本问题,没有考虑外需,依此培养的翻译人才难以适应国家和市场需求,难以满足学生专业发展的需求。

第二,内容体系的建设中将内容的实现形式(课程设置、翻译实践环节)看作教学内容本身,一味地加课或增加翻译实践环节,没有考虑到翻译硕士实践教学内容的多样复杂性、阶段特征和结构层次,故即便再强调课程和实践环节的依托作用,也难以改善教学内容的混乱无序以及重复建设的掣肘现象,由此伴随而生的是教学方法的选择混乱、应用乏力以及无的放矢。

第三,管理体系中质量监控和管理机构缺乏有效监管部门和专职人员,评价机制没有明确的评价主体的分工与作用,对教学过程和教学质量没有设置相应的评价标准,评价方法多以单一的测试成绩未评价,没有兼顾学生阶段学习任务和实习任务的评价,这是翻译硕士实践教学体系管理体系上无政策可依和下无计策可施的原因所在,这导致翻译硕士实践教学体系的管理无法真正发挥过程监控和质量评价的作用。

第四,翻译硕士实践教学体系保障体系中师资队伍主要以英语语言文学专业转型而来的教师为主体,参与翻译硕士教学和实践的企业或翻译公司的具有翻译实践经验和通晓翻译流程和管理的人员较少,传统的学术型人才培养环境下的师资必然受传统理念影响,重理论轻实践现象严重;校企合作的形式以校企合作共建实习基地方式为主,参与课堂教学和项目实践的机会和程度较少,尚未形成真正意义上的合作共赢机制。此外保障体系中保障翻译硕士实践教学的各种条件,如教学基地、教学平台、教学资料、教学设施建设仍有待提高,条件被严重影响和制约着翻译硕士实践教学体系功能的发挥。

2. 造成问题的主要原因

导致以上问题发生的主要原因主要有:

第一,对翻译硕士专业学位教育理解不到位和对翻译硕士教学和翻译学硕士教学区别认识模糊。"教指委"为何要将翻译硕士专业学位教育定位为培养"高层次、应用型、专业口笔译人才"?为何在有了翻译学硕士教育之后,还要设置翻译硕士专业学位教育?同为研究生教育阶段,二者在培养模式上有何区别?对这些问题的理解关系着翻译硕士教育存在的价值和翻译硕士核心教学任务的确定。

如表 5-31 所示,"对翻译硕士'高层次、应用型、专业口笔译人才'培养定位的理解"时,样本教师表示"很理解"和"比较理解"的只占样本总数的 40%,而样本学生对翻译硕士培养定位了解程度只占总样本数的 21%;在问及样本学生"是否了解翻译硕士和翻译学硕士的区别"时,对此表示了解的人数占样本总数的 21.6%,这表明少部分样本教师和大部分学生对翻译硕士专业学位教育的本质和设置意义都不甚了解。

表 5-31　样本对象对翻译硕士专业学位教育的认识情况统计

项目类别		频率	百分比(%)
翻译硕士"高层次、应用型、专业翻译人才"培养定位的理解(样本教师)	很理解	17	14.91
	较理解	29	25.44
	一般	52	45.61
	较不理解	16	14.04
	很不理解	0	0
对学校翻译硕士培养定位了解情况(样本学生)	是	70	21.0
	否	210	63.1
	不知道	53	15.9
对翻译硕士与翻译学硕士区别的认识(样本学生)	是	72	21.6
	否	204	61.3
	不知道	57	17.1

第二,对翻译硕士理论教学和实践教学的关系,尤其是翻译理论基础对翻译实践的促进作用认识不清。翻译硕士设置的背景和意义是什么?翻译硕士理论教学和实践教学的关系如何?对这些问题的认识决定着翻译硕士实践教学目标的确定、内容的安排、管理的架构与运行以及保障条件的建设和配备。

由表 5-32 可知,在问及样本教师翻译硕士教学的侧重点问题时,69.53% 的教师认为应该侧重实践教学,剩余的教师认为应该理论教学和实践教学同等对待;对翻译理论基础作用的认识,10 人认为理论基础对于翻译硕士"没作用",有 100 人认为理论基础对于翻译硕士是

"有些作用"的，129人认为理论基础对于翻译硕士"有作用"，52人认为理论基础对于翻译硕士"有较大作用"，有42人认为理论基础对于翻译硕士"非常有作用"，这表明大部分人认为理论基础对于翻译硕士是有作用的；在对翻译硕士学习翻译理论的看法方面，有5人认为"不搞学术，不必学习翻译理论"，有127人认为"适当了解，重在实践"，有171人认为"必须学习翻译理论，理论与实践并重"，有30人"以学习翻译理论为主，用理论指导实践"的，这表明大部分学生认为"必须学习翻译理论，理论与实践并重"，也有部分人认为对于翻译硕士理论的学习应适当了解，重在实践。

表5-32 样本对象对理论教学和翻译理论作用的认识情况统计

项目类别		频率	百分比（%）
翻译硕士教学应侧重理论教学还是实践教学（样本教师）	理论教学	0	0
	实践教学	69	69.53
	理论教学和实践教学同等对待	45	39.47
对翻译理论基础作用的认识（样本学生）	没作用	10	3.0
	有些作用	100	30.0
	有作用	129	38.7
	有较大作用	52	15.6
	非常有作用	42	12.6
对翻译硕士学习翻译理论的看法（样本学生）	不搞学术，不必学习翻译理论	5	1.5
	适当了解，重在实践	127	38.1
	必须学习翻译理论，理论与实践并重	171	51.4
	以学习翻译理论为主，用理论指导实践	30	9.0

第三，对翻译硕士实践教学体系本体认识的不到位，表现为对翻译硕士实践教学体系的内涵与特点的不了解和对其构成要素、结构和功能的认识模糊。何为翻译硕士实践教学体系？为何要建立翻译硕士实践教学体系？应以何标准建设翻译硕士实践教学体系？应如何建设翻译硕士实践教学体系？对这些问题的把握和准确理解是保证翻译硕士实践教学体系结构良好、运行有序有效的基础，也是实现翻译硕士实践教学体系

的功能和价值的依托。

如表 5-33 所示,尽管有 98.2% 的样本教师认为有必要建立翻译硕士实践教学体系,但问及"对翻译硕士实践教学体系本体的认识"时,只有 14.2% 的样本教师表示"很了解",37.7% 的样本教学"较了解",而近 50% 的样本教师并不了解翻译硕士实践教学体系的概念、构成要素、结构与功能。

表 5-33　样本教师对翻译硕士实践教学体系的认识情况统计

项目类别		频率	百分比（%）
建立翻译硕士实践教学体系的必要性	有必要	112	98.2
	没必要	2	1.8
	不知道	0	0
对翻译硕士实践教学体系本体的认识	很了解	16	14.2
	较了解	43	37.7
	一般	46	40.4
	较不了解	6	5.3
	很不了解	3	3

第四,翻译实践、专业实习、社会实践环节监管过程不力、效果不佳。翻译是一种实践性的活动,需要在真实情境中反复实践,为何翻译硕士院校不断地增加实践环节的比重,却无法从根本上改变翻译硕士学生实践能力低下的现象?

由表 5-34 可知,各个培养院校对翻译硕士学生笔译字数的要求以"10万—15万字"和"15万—20万字"居多,有 7.9% 样本院校甚至要求笔译字数为"20万字以上";专业实习的方式以"翻译实践基地实习"和"参与真实项目类别"为主,且拥有 5 个以上实习基地的翻译硕士院校占 32.5%；对于实践实习的改进,15.8% 的样本对象认为应该"增加实践课",28.9% 的认为应"增加校外的实践机会",36.8% 的认为应"增强实习实践指导",17.5% 的认为应"与校外企业合作建立实习基地"。

表 5-34　样本教师对翻译实践环节基本情况的描述统计

项目类别		频率	百分比（%）
笔译实践量	5万—10万字	21	18.4
	10万—15万字	47	41.2
	15万—20万字	37	32.5
	20万字以上	9	7.9
专业实习方式	观摩学习	6	5.3
	参与真实项目类别	41	36.0
	翻译实践基地实习	66	57.9
	其他	1	0.9
实践基地数量	5个以上	37	32.5
	2—4个	49	43
	1个	4	3.5
	不知道	24	21.1
实习实践的改进	增加实践课	18	15.8
	增加校外的实践机会	33	28.9
	增强实习实践指导	42	36.8
	与校外企业合作建立实习基地	20	17.5
	其他	1	0.9

如表5-35所示，翻译硕士生参加翻译实践的机会很少，且学生对翻译实践环节的满意度很低，培养院校能提供给学生的实习机会并不太多，即便偶有实习，也与所学专业方向相关性不大，翻译硕士学生对实习安排的满意度较低，认为主要应从"增加校外的实践机会"和"与校外合作建立实习基地"两个方面改进实践环节。

表 5-35　样本学生对翻译实践环节基本情况的描述统计

项目类别		频率	百分比（%）
学生参加翻译实践机会	没有	20	6.0
	很少	143	42.9
	有几次	100	30.0
	较多	59	17.7
	有很多	11	3.3

续表

项目类别		频率	百分比（%）
对翻译实践环节的满意度	很满意	30	9.0
	满意	88	26.4
	一般	189	56.8
	不满意	18	05.4
	很不满意	8	2.4
院系为学生提供的专业实习的机会情况	很多	22	6.6
	较多	78	23.4
	一般	159	47.7
	很少	61	18.3
	没有	13	3.9
MTI学习期间参加的实习工作与翻译相关性评价	有关	105	31.5
	有点相关	157	47.1
	不相关	27	8.1
	不确定	44	13.2
对实习安排总体满意度	很满意	19	5.7
	满意	26	7.8
	一般	175	52.6
	不满意	108	32.4
	很不满意	5	1.5
对实践环节的改进建议	增加校外的实践机会	136	40.8
	增加实践课	39	11.7
	增强实习实践指导	76	22.8
	与校外企业合作建立实习基地	79	23.7
	其他	3	0.9

由表5-36所示，对于所在院/系管理监控的有效性，近一半学生表示"无效"，41.7%的学生"不知道"效果如何；对院系实行的实践教学评价机制和方法表示不太满意的人数占总样本数的一半以上，表示"很满意"的5.4%，表示"满意"的38.7%。

表 5-36　样本学生对管理监控效果和评价机制满意度的情况统计

项目类别		频率	百分比（%）
所在院/系管理监控的有效性	是	35	10.5
	否	159	47.7
	不知道	139	41.7
对实践教学评价机制和方法的满意度	很满意	18	5.4
	满意	129	38.7
	一般	169	50.8
	不满意	13	3.9
	很不满意	4	1.2

以上对翻译实践环节情况的调查，样本教师和样本学生描述统计的情况恰好相反，样本教师认为笔译实践的字数，实习机会、方式、基地建设都呈上升趋势，实践环节的不足主要是加强对实践实习的指导，而翻译硕士生却认为院系提供的翻译实践和实习的机会很少，与所学专业方向的相关性很低，翻译实践、实习的满意度都较低，认为主要应从增加实习的机会着手改进实践环节，这种现象表明院校所建立的教师认为的通过增加实践环节比重、增加实习基地数量提高实践环节效果的方式并不为翻译硕士学生所认同，根据表 5-34，可能的原因是翻译实践环节的过程监控和管理以及评价机制出现了问题，导致翻译实践、实习流于形式，教师反馈缺失或无效，翻译硕士学生未能提供翻译实践环节提高自身的翻译实践能力。

第五，翻译硕士实践教学体系缺乏顶层设计，表现为目标层级混乱，导向与市场需求脱节。建立翻译硕士实践教学体系的目的是什么？翻译硕士毕业生应该具备什么样的职业资质和专业水平？如何改变翻译硕士专业学位教育人才培养的"同质化"现象？对这些问题的解答无疑需要综合考虑人才培养的校外校内因素，以市场导向为目标，走应用型人才培养模式，结合区域经济发展形势，走特色培养之路。

由表 5-37 可知，只有 19.3% 的院系要求"翻译硕士学生毕业前必须获得 CATTI 二级证书才能毕业"，其他院校对学生是否取得 CATTI

二级证书无硬性规定；而对CATTI考试的辅导，仅有28.1%的院校设有针对CATTI考试的教学内容，44.7%的院校未设置针对CATTI考试的教学内容，27.2%的样本教师并不清楚所在院系是否设有CATTI考试的教学内容。

表5-37　样本院校对翻译硕士学生参加CATTI考试的规定情况统计

项目类别		频率	百分比（%）
翻译硕士研究生参加CATTI考试的情况	入学前未获得二级证，在校期间必须参加二级考试，但不要求通过	25	21.9
	毕业前必须获得二级证才能毕业	22	19.3
	对参加CATTI考试不做强制要求	48	42.1
	不知道	19	16.7
设有针对CATTI考试的教学内容	是	32	28.1
	否	51	44.7
	不清楚	31	27.2

由表5-38可知，70.3%的样本学生不了解所在院系的培养目标和具体要求；40.6%的样本学生不了解所在院/系对翻译硕士研究生的培养特色，45.3%的样本学生不知道自己是否了解所在院系的培养特色；42.6%的样本学生认为所在院/系对翻译硕士研究生的培养与其他学校没有什么不同，45.4%的样本学生对不知道所在院/系对翻译硕士研究生的培养与其他学校有何不同。

表5-38　样本学生对所在院系培养目标、特色的了解情况统计

项目类别		频率	百分比（%）
对培养目标和具体要求的了解	是	52	15.6
	否	234	70.3
	不知道	47	14.1
对翻译硕士培养特色的了解	是	40	12.0
	否	142	40.6
	不知道	151	45.3

续表

项目类别		频率	百分比（%）
所在院/系对翻译硕士研究生的培养是否与其他学校的不同	是	40	12.0
	否	142	42.6
	不知道	151	45.4

第二节 影响因素分析

翻译硕士实践教学体系的建设水平是翻译硕士实践教学体系内在因素和学校等外部因素共同作用的结果，因此，分析翻译硕士实践教学体系的影响因素，首先必须从翻译硕士实践教学体系体系内部出发挖掘各子体系之间的作用关系，其次必须从翻译硕士实践教学体系外部探寻其他主体是以何种途径、何种方式作用于翻译硕士实践教学体系本体的，本小节从内外两条路径探寻影响翻译硕士实践教学体系的核心因素及其作用机制。

一 内部影响因素分析

翻译硕士实践教学体系的内部影响因素系体系本身，即翻译硕士实践教学体系的各子体系及各子体系内部的要素。

由图5-7可知，样本教师认为在目标子体系中影响翻译硕士教学体系最主要因素是"学科教学目标"，其次依次为"课程目标"和"培养目标"；在内容子体系中影响翻译硕士教学体系最主要因素是"翻译实践"，其次因素依次为"实践课程""实践环节"（包括专业实习、社会实践、毕业论文设计以及第二课堂活动）、"教学方法""实践课程大纲"和"实践能力培养方案"；在管理子体系中影响翻译硕士教学体系最主要因素是"教学环节监控"，其次因素依次为"教学评价""专职管理人员""教学档案"和"管理机构"；在保障子体系中影响翻译硕士教学体系最主要因素是"师资队伍",其次因素依次为"实践基地""实践平台""合作形式""教学设施"和"教学资料"。

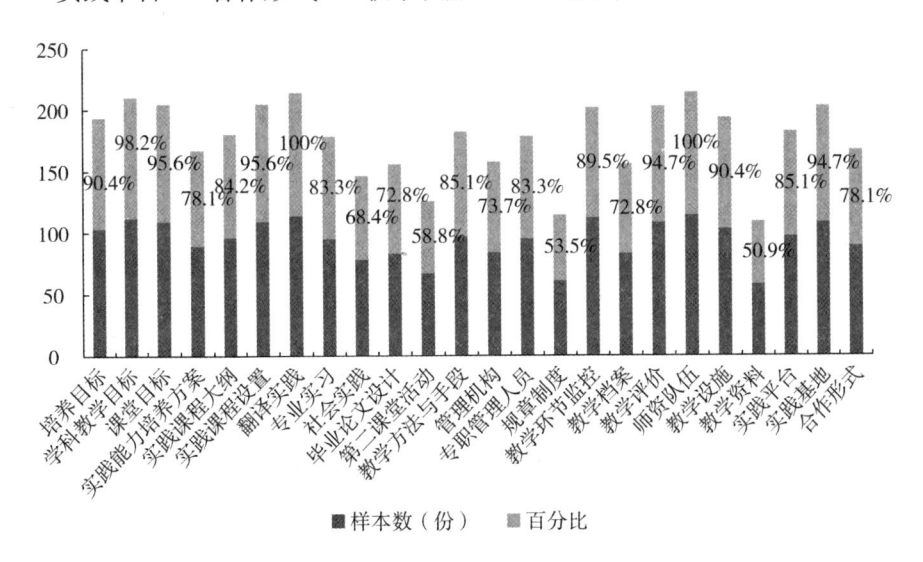

图 5-7　影响翻译硕士实践教学体系的内部因素

由图 5-8 可知,在问及样本教师"影响翻译硕士实践教学效果的因素有哪些(按重要程度排序)"时,有 83.3% 的样本教师认为"师资水平"是影响实践教学效果的重要因素,6.1% 的认为影响实践教学效果的重要因素是"实践课程比重",2.6% 的样本教师认为影响实践教学效果的重要因素是"实习、实践情况""经费投入情况",1.8% 的样本教师认为影响实践教学效果的重要因素是"实践基地建设"和"学生的意愿与积极性",0.9% 的样本教师认为影响实践教学效果的重要因素是"实践环节管理""校外导师指导"、"信息化的建设水平与使用情况"及"其他"。按重要程度由高到低排列分别为:"师资水平""实践课程比重""实习实践情况""实践基地建设""经费投入情况"等,其中"师资水平"被公认为是所有影响翻译硕士实践教学效果的因素中最重要的因素。

"说到影响翻译硕士实践教学体系的因素,无外乎学校内部和学校

```
90 ┤ 83.3
80 ┤■
70 ┤■
60 ┤■
50 ┤■
40 ┤■
30 ┤■
20 ┤■           6.1
10 ┤■          ■    2.6   1.8   2.6   0.9   1.8   0.9   0.9   0.9
 0 ┤■■         ■■   ■■    ■■    ■■    ■■    ■■    ■■    ■■    ■■
   师资水平  实践课程比重  实习、实践  实践基地建设  经费投入情况  实践环节管理  学生的意愿与积极性  校外导师指导  信息化的建设水平  其他
```

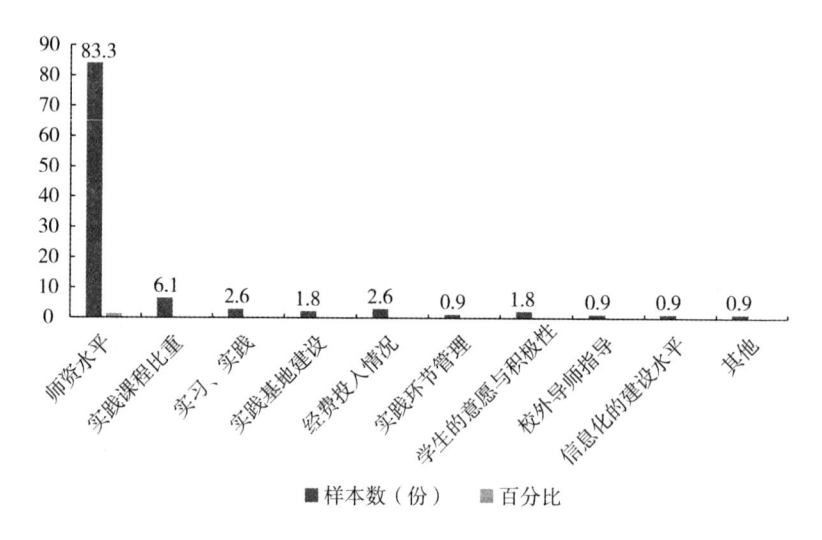

■ 样本数（份）　■ 百分比

图 5-8　影响翻译硕士实践教学效果的因素

外部两个方面，学校影响的程度要大一些，毕竟教学层还在学校嘛，比如，学校里建设和中层干部对翻译硕士教学的认识、学校翻译师资的情况和课程设置情况、可供学生实习实训的场所情况、翻译技术的引进和使用情况，学生翻译实践的机会等，可谓每一个因素发生变化都会影响体系的建设和运行，所以这个体系的建设不可能一步到位，要根据院系情况逐步调整、改进。"（I-ZD）

综合以上对翻译硕士实践教学体系子体系及其要素的影响程度分析和翻译硕士实践教学效果影响因素的分析，可以得出影响翻译硕士实践教学体系的内部影响因素为分别为目标子体系中的"专业培养目标""学科教学目标""课程教学目标"，内容子体系中的"翻译实践""实践课程""实践环节"（包括"专业实习""社会实践""毕业论文设计"以及"第二课堂"）、"实践教学方法""实践课程大纲""实践能力培养方案"，管理子体系中的"教学环节监控""教学评价""专职管理人员""教学档案"和"管理机构设置"，保障子体系中的"师资队伍""实践基地""实践平台""合作形式""教学设施"和"教学资料"。

影响翻译硕士实践教学体系的各子体系及其构成要素的作用机制如

图 5-9 所示,目标子体系、内容子体系、管理子体系和保障子体系按照系统工程原理"施动—受动—调控—保障"的机制发挥作用。目标子体系起着方向引领和支配主导的作用,内容子体系起着支撑的作用,管理子体系影响着内容的实施效果和目标的达成,居于整个体系运行的过程中,起着联结目标,贯通内容,过程监控、质量保证和对内容、方法设计的调整作用,保障子体系则为目标的实现、内容的实施和管理监控通过软硬条件,四个子体系共同服务于翻译硕士学生翻译实践能力的培养和翻译认知的强化。翻译硕士培养院校实践教学体系的建设者对各子体系及其构成要素重要性的认识决定着各子体系的建设水平,各子体系中各个构成要素的结构关系决定着各个要素发挥影响作用的途径、方式和程度大小。

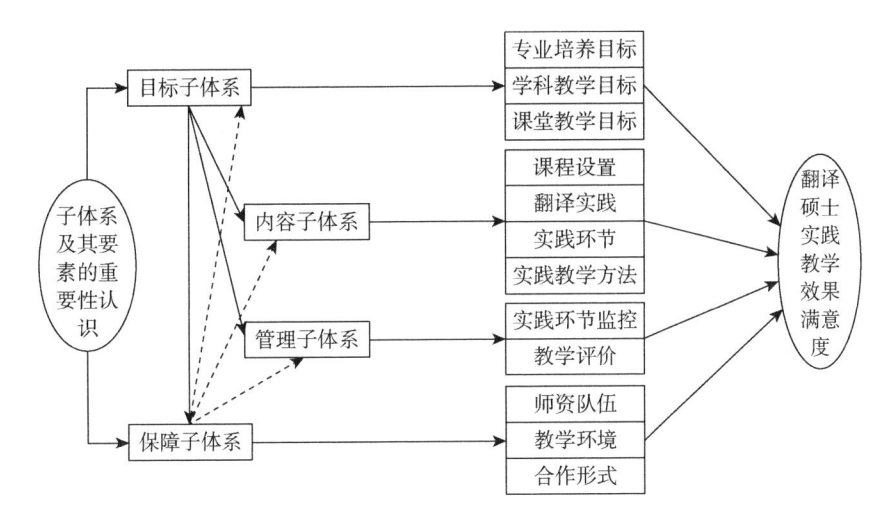

图 5-9 翻译硕士实践教学体系内部影响作用

二 外部影响因素分析

影响翻译硕士实践教学体系的外部因素主要涉及翻译硕士培养院校、合作培养院校、用人单位、翻译行业需求及翻译市场等因素。其中学校因素是最主要的影响翻译硕士实践教学体系建设的外部因素，主要包括翻译硕士培养院校的定位、特色与优势、对翻译行业要求、翻译硕士研究生的毕业要求、对翻译硕士实践教学乃至翻译硕士实践教学体系的认知和理解情况。

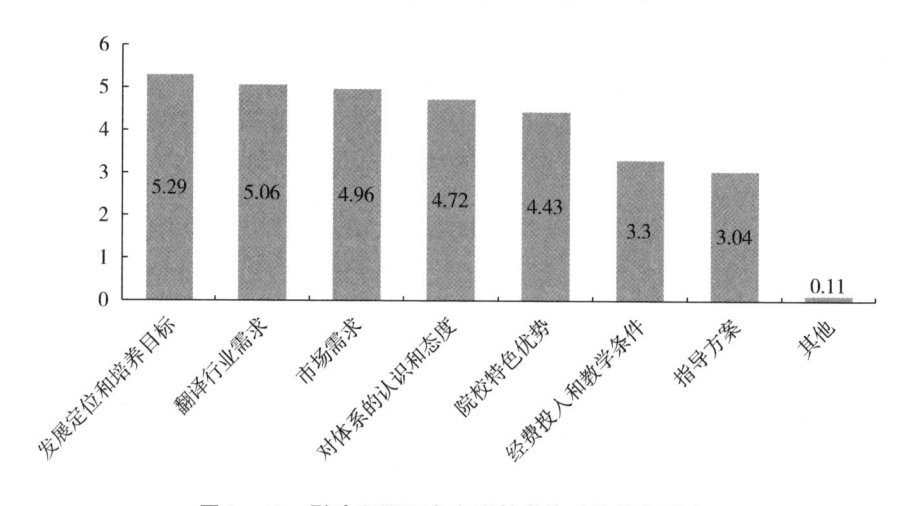

由图 5-10 可知，样本教师认为在众多影响翻译硕士实践教学体系的外部因素中，"翻译硕士培养院校的发展定位和培养目标"排第一，其他按平均综合得分依次为"翻译行业的发展与需求""市场对翻译人才的需求""对翻译硕士实践教学体系的态度和认识""院校特色与优势""翻译硕士培养院校的经费投入和教学条件""上级主管部门下发的指导方案"和"其他"（学生发展），平均综合得分按高低依次为 5.29、5.06、4.96、4.72、4.43、3.3、3.04、0.11。

图 5-10 影响翻译硕士实践教学体系的外部因素

由表 5-39 可知，对于用人单位对翻译硕士研究生的毕业要求，15.8%的样本教师表示"很清楚"目前用人单位对翻译硕士研究生的毕业要求，28.9%的样本教师对此"较清楚"，48.2%样本教师对此认识"一般"，5.3%样本教师对此"较不清楚"，1.8%的样本教师对此"很不清楚"；对于国家对翻译硕士"高层次、应用型、翻译专业人才"的培养定位，23.7%的样本教师表示"很理解"，24.6%的"较理解"，

48.2%的选择"一般",2.6%的"较不理解",0.9%对对翻译硕士的培养定位"很不理解";在市场对翻译硕士研究生培养规格要求的认识方面,18.4%的样本教师表示"很清楚",24.6%的"较清楚",49.1%的样本教师选择"一般",5.3%的"较不清楚"目前市场对于翻译硕士的要求,2.6%的"很不清楚"。

表 5-39　　　　　　教师样本对翻译硕士的认识情况统计

项目类别		频率	百分比（%）
毕业要求	很清楚	18	15.8
	较清楚	33	28.9
	一般	55	48.2
	较不清楚	6	5.3
	很不清楚	2	1.8
培养定位	很理解	27	23.7
	较理解	28	24.6
	一般	55	48.2
	较不理解	3	2.6
	很不理解	1	0.9
培养规格	很清楚	21	18.4
	较清楚	28	24.6
	一般	56	49.1
	较不清楚	6	5.3
	很不清楚	3	2.6

由表 5-40 可知,样本学生在"所在院系的培养目标和具体要求"这一题项中,选择"是"的 52 人,"否"的 234 人,"不知道"的 47 人,分别占 15.6%、70.3%、14.1%。这表明 70%的学生不了解学院对他们的培养目标的;样本学生在所在院/系对翻译硕士研究生培养的重点的理解上,选择"翻译知识、专业知识"的 98 人,"翻译理论基础"的 60 人,"翻译技巧"的 22 人,"翻译实践能力"的 145 人,"不知道"的 8 人,分别占 29.4%、18.0%、6.6%、43.5%、2.4%。样本学生在所在院/系对翻译硕士研究生的培养特色这一题中,选择"是"

40人,"否"的142人,"不知道"的151人,分别占12.0%、40.6%、45.3%。

表5-40　　　样本学生对翻译硕士及院校特色的认识情况

项目类别		频率	百分比(%)
对培养目标和具体要求的了解	是	52	15.6
	否	234	70.3
	不知道	47	14.1
所在院/系翻译硕士培养重点	翻译知识、专业知识	98	29.4
	翻译理论基础	60	18.0
	翻译技巧	22	6.6
	翻译实践能力	145	43.5
	不知道	8	2.4
所在院/系的翻译硕士培养特色	是	40	12.0
	否	142	40.6
	不知道	151	45.3

由表5-41可知,翻译硕士培养院校特色和优势的作用方面,样本教师中38.6%的认为作用"很大",43.0%认为作用"较大",14.0%的认为作用"一般",3.5%作用"很少",0.9%认为院校特色和优势对翻译硕士"没有"培养作用;样本学生中5.7%认为学校的特色和优势对翻译硕士研究生培养"没作用",39.6%的"有些作用",33.3%的认为"有作用",13.8%的认为"有较大作用",7.5%的认为学校的特色和优势对翻译硕士研究生培养"非常有作用",从数据可以看出,大部分样本师生认为学校的特色和优势对翻译硕士研究生培养是有作用的。

表5-41　　　样本师生对翻译硕士培养院校特色与优势作用的认识情况

项目类别		频率	百分比(%)
特色和优势的作用（样本教师）	很大	44	38.6
	较大	49	43.0

续表

项目类别		频率	百分比（%）
特色和优势的作用（样本教师）	一般	16	14.0
	很少	4	3.5
	没有	1	0.9
对学校特色、优势作用的看法（样本学生）	没作用	19	5.7
	有些作用	132	39.6
	有作用	111	33.3
	有较大作用	46	13.8
	非常有作用	25	7.5

除以上翻译硕士培养院校因素以外，影响翻译硕士实践教学体系建设的外部因素还有合作培养单位用人单位因素、用人单位因素、翻译行业因素和市场因素，各个影响因素作用的发挥和内在作用原理是校内校外两个方面的共同作用的结果。

校内因素既包含翻译硕士教学体系的现状，也包含翻译硕士实践教学体系建设过程中对上级主管不能指导方案的解读、对院校本身发展定位和培养目标的理解、对翻译硕士实践教学体系的认识与态度、院系特色与优势的作用发挥情况以及院系经费的投入和教学条件的建设与完善情况。

校外因素包括翻译硕士研究生合作培养的单位参与教学计划与课程大纲撰写、课程设计与教学、实践平台与实践基地建设情况以及提供项目参与的情况等；用人单位因素主要指翻译公司或企业对翻译硕士毕业生知识、能力、素质的要求，对翻译硕士研究生职业资质和专业资格（水平）的要求；翻译行业因素包括新兴的语言服务行业和翻译本地化对翻译身份、地位、作用的重新界定和新要求；市场因素是翻译硕士研究生培养的起始，也是翻译硕士研究生培养的末端，前者决定了上级主管部门对翻译硕士专业学位教育的定位和目标，是翻译硕士培养院校制定翻译硕士相关政策、规范的指南，它决定着翻译硕士研究生的培养模式；后者指向翻译硕士毕业生最终安身立命的场所和翻译实践活动展开的场域。

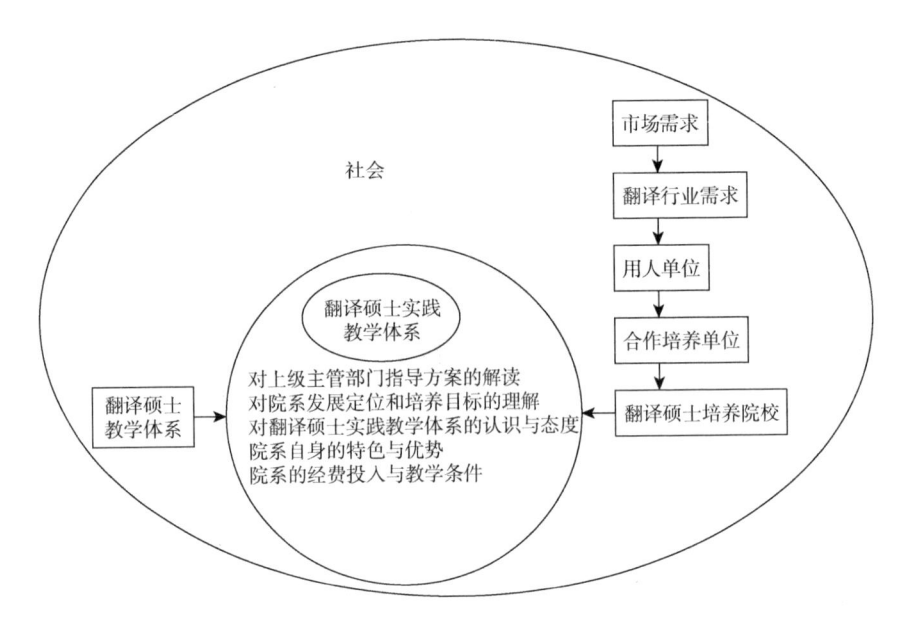

图 5-11　翻译硕士实践教学体系外部影响作用

翻译本身是一门实践性极强的活动，翻译活动发生在不同国籍、不同种族、不同民族的人与人之间，是超越语言与跨文化的活动，从事翻译工作的译者也身处不同的社会文化之中，翻译有着其自身赖以存在和发展的生态环境，这决定了翻译硕士毕业生只有顺应市场的规律，适应市场的需求才能得到市场的认可、才能实现自我的价值。

三　作用原理分析

从影响翻译硕士实践教学体系的内外因素分析中可以看出，翻译硕士实践教学体系是内外因素合力的结果，合力的发生由翻译硕士实践教学本质和的价值决定。

1. 翻译硕士实践教学体系的系统性

翻译硕士实践教学体系的本质表现为翻译硕士实践教学体系的系统性上，根据 OBE 工程教育理念反向设计的原则，对翻译硕士实践教学体系本质的判断有赖于翻译硕士实践教学目标、内容、管理、保障体系的准确把握。

顾明远在《教育大辞典》中将教学目标定义为"教学中为实现教育目的所提出的不同层次要求"[①]。该定义揭示了教育目的与教学目标之间的关系。"目的"与"目标"均指向某种行为活动或意念的结果，但相比于目标，目的更加笼统和概括，往往基于教育者的主观愿望而产生，更趋于一种理想的状态和要求，时间跨度大且有时候未必可以实现；目标则显得更为直观和具体，往往是教育者基于某种特定情境给学生提出的具体要求，根据时限划分，可以是远期目标和近期目标，按照具体化程度，可以划分为培养目标、课程目标或学科教学目标、课堂教学目标[②]。培养目标是"根据国家的教育目的和自己学校的性质及任务，对培养对象提出的特定要求"[③]，课程目标或学科教学目标是根据领域和学生认知的阶段用行为目标的形式把培养目标分解为学科教学要求，课堂教学目标是将学科教学目标分解成若干便于操作的子目标，三个目标从抽象到具体，体现国家、学校以及学生在某个领域的发展需求。

翻译硕士教学目标的确定关系着能否真实反映翻译学科的性质，还关系着能否达成有效翻译学习的目标。翻译硕士教育是承接翻译本科专业和翻译博士学位的专业学位教育，与翻译本科专业"培养德才兼备、具有宽阔国际视野的通用型翻译专业人才。毕业生应熟练掌握相关工作语言，具备较强的逻辑思维能力、较宽广的知识面、较高的跨文化交际素质和良好的职业道德，了解中外社会文化，熟悉翻译基础理论，较好地掌握口笔译专业技能，熟练运用翻译工具，了解翻译及相关行业的运作流程，并具备较强的独立思考能力、工作能力和沟通协调能力，毕业

---

① 顾明远：《教育大辞典（第一卷）》，上海教育出版社1990年版，第183页。
② 施良方、崔允漷：《教学理论：课堂教学的原理、策略与研究》，华东师范大学出版社1999年版，第140页。
③ 施良方：《课程理论——课程的基础、原理与问题》，教育科学出版社1996年版，第91页。

生能够胜任外事、经贸、教育、文化、科技、军事等领域中一般难度的笔译、口译或其他跨文化交流工作"①相比，它指向更高层级的培养目标，即"培养具有专业口笔译能力的高级翻译人才。翻译硕士专业学位获得者应具有较强的语言运用能力、熟练的翻译技能和宽广的知识面，能够胜任不同专业领域所需的高级工作"②。从翻译本科专业与翻译硕士专业培养目标的比较中可以看出，翻译硕士培养的是更高层次的、能胜任不同专业领域的专业翻译人才，其学科教学目标职业指向性非常明显，分解到课堂中则是对语言运用能力、翻译技能和百科知识不断强化直至达到专业译者的程度。与翻译学硕士侧重理论的学术型人才培养目标相比，翻译硕士培养的应用型人才，侧重翻译实践能力。

我们可以将翻译硕士的三级教学目标简单地理解为：培养目标是概括性、一般性的教学要求，是培养院校在解读国家教育目的和考量院校自身的发展定位的基础上提出的要求，是国家意志和学校需求相结合的产物，具体到翻译硕士专业学位教育指"高层次、应用型、专业口译人才"；学科教学目标是根据市场和行业需求和对学生职业发展方向所做的规划，即"胜任不同专业领域的专业翻译人才"；课堂目标是学科教学目标的直接体现，是便于操作的学科教学目标，即"较强的语言运用能力、熟练的翻译技能和宽广的知识面"，它直接体现了翻译学科复杂的认知规律和实践特性。尽管我们可以依据刘宓庆先生对翻译教学指导思想的表述："认知以经验为基础，经验使认知得以深化，深化的认知又在高一级的平台上促进经验的获得、筛选和富集，为更进一步的认知准备好物质条件。"③

将翻译硕士的教学目标简单总结为"翻译能力的培养和翻译认知的强化"，我们也可以像第三章分析框架中将翻译硕士实践教学体系的目标体系划分为培养目标、课程目标和课堂教学目标，但是却无法简化

---

① 仲伟合：《高等学校翻译专业本科教学要求》，《中国翻译》2011年第3期。
② 仲伟合：《翻译硕士专业学位教育及其对整个外语的挑战》，《中国翻译》2007年第4期。
③ 刘宓庆：《翻译教学：理论与实务》，中国对外出版公司2003年版，第4—5页。

"翻译能力"和"翻译认知"本身的复杂性,且不说"能力"和"认知"两个词语本身所具有的心理学属性,单看翻译能力和翻译本身就是两个极其复杂的存在,按照目前最为成熟的 PACTE 小组对翻译能力的定义理解就涉及"译者"和"潜在知识系统"两个复杂的概念,译者不仅要准确把握源语和目标语转换的规律,同时为了避免过度"再现"源语,又要发挥主观能动性进行"再创作",且不说"再创造"的优劣,且说译者本身的社会时代文化背景的烙印,这样兼具个性与社会性的 mediator,他是如何利用自己的"黑匣子"进行"再创作"性的翻译?提到翻译,它的本质是双语的转换,但其语言表层下文化信息的"移植"又该如何把握其标准才能实现文化的"翻译文化"这个目标呢?再者,一项翻译活动的发生,需要考量哪些因素?译者需要拥有何种翻译能力才能实现赞助者所期望的理想产品呢?这些翻译能力之间是如何联结作用于译者的"黑匣子"呢?从"入门"到"专业"之间自动化的标准如何与各种能力对接?这些翻译能力又是通过何种"产生式系统"习得的呢?……这一系列的问题只看复杂的概念和表达无法解决,只有译者在反复不断的练习中去实践,去体验,去感悟,才能有所发表。

翻译教学的指导思想是培养学生的翻译能力和强化学生对翻译的认知,翻译硕士专业学位教育是我国为适应社会经济建设而培养高层次、应用型、翻译专业人才的一大尝试,与翻译专业本科教育相比,它是高级内容的学习,着重是对结构不良领域知识的习得,与翻译学硕士相比,它更加侧重学生翻译实践能力的培养,翻译实践能力的发展与水平直接决定着应用型人才培养的成败,从对翻译硕士实践教学体系现状的调查中我们也能看到翻译硕士主管单位对翻译教师和翻译硕士研究生翻译实践能力的强调,也能从师生的问卷和访谈中发现目前影响翻译硕士教学质量提升的主要因素并不是管理体制和保障体系的问题,而在于翻译硕士培养院校师生的翻译实践能力水平,因此,这里有必要探讨一下翻译实践能力的构成与结构,深入了解翻译硕士实践教学的性质,有针对性地对翻译硕士实践教学进行教师主导性主体预设和学生发展有效性主体生成的教学设计,使其以翻译实践能力发展为目标进行教与学。此外,研究侧重翻译硕士实践教学研究,实践教学的直接目标是培养学生的实践能力,因此,对翻译实践能力概念、要素与结构关系的认识必不可少。

2. 翻译实践能力发展的动态性

(1) 翻译实践能力的概念

对翻译实践能力概念的探讨是伴随着学者对翻译实践能力的研究进行的,本书对翻译实践能力的探讨是循着由"实践能力—翻译实践能力"和"翻译能力—翻译实践能力"两条路径行进的。前者伴随着对实践与认识的关系的认识和思考,后者将翻译实践能力置于翻译能力的范畴之类,避免再次挖掘翻译的学科属性,但难点是如何整齐明确的"切割"翻译实践能力和非翻译实践能力。这里笔者用"非翻译实践能力"这个术语指向翻译实践能力的对立面,意思大概是指翻译理论知识和认识水平以及乔姆斯基的描述的语言能力(competence),"翻译实践能力"在乔姆斯基的描述中更多指向言语行为(performance)。

路径一:由"实践能力"到"翻译实践能力",这条路径循着哲学、心理学和教育学对"实践能力"的界定,重在突出"翻译"区别于其他学科的特性。

谈及"实践能力"躲不开的话题必然是对"能力"一词的界定。《现代汉语词典》对能力的界定是指"能胜任某项任务的主观条件"长期以来,人们主要从心理学角度将实践能力的研究集中于实践智力(practical intelligence)。

张春生在其《张氏心理学词典》中将实践智力界定为"个体在适当时间与适当空间内,在行为上的适当能力表现。所谓适当能力表现,包括解决问题的能力与处理困境的能力等"[①]。美国心理学家斯腾

---

① 张春生:《张氏生理学词典》,上海辞书出版社1991年版。

伯格对实践智力的研究最为深入，他认为实践智力"是一种将理论转化为实践，将抽象思想转化为实际成果的能力"，"是个体在实践生活中获取潜隐知识和背景信息、定义问题及解决问题的一种能力"①。由此可见，人们是从解决实际问题的心理特征角度来理解实践能力的。但究其根本，将实践能力理解为实践智力并没有回到实践之本义，这是因为仅有智力心理活动（如记忆、思维、想象等）的人还不能顺利解决问题。而且，这些定义基本上采用"实践能力是……能力"或"实践能力是……智力"模式，并没有从根本上解决对实践能力实质的理解问题。更为关键的是，这些理解在实际上不利于学生实践能力的培养，因为智力或能力本身是一含混不清的概念而且难以捉摸，其本质及其结构尚在探讨中，因而难以有效指导学生专业实践能力培养工作的开展。

哲学角度的实践，是伴随着对实践与认识的辩证关系的认识进行的，实践是主体能动地改造客观世界的最基本的活动，实践是认识的基础，实践决定着认识。毛泽东在《实践论》中指出："通过实践而发现真理，又通过实践而证实真理和发展真理。实践、认识、再实践、再认识，这种形式，循环往复以致无穷，而实践和认识之每一循环的内容，都比较地进到了高一级的程度。这就是辩证唯物论的全部认识论，这就是辩证唯物论的知行统一观。"② 马克思主义哲学认为，实践是人类有目的的改造和探索世界的一切社会性客观物资活动。

从心理学角度来看，美国心理学家斯腾伯格认为，成功智力包括分析性智力（analytical intelligence）、创造性智力（creative intelligence）和实践性智力（practical intelligence）。分析性智力用来解决问题和判定思维成果的质量；创造性智力可以帮助我们从一开始就形成好的问题和想法；实践性智力则可将思想及其分析结果以一种行之有效的方法来加以实施。成功智力是一个有机的整体，只有在分析、创造和实践能力三个方

---

① ［美］R. J. 斯滕伯格：《成功智力》，吴国宏等译，华东师范大学出版社1999年版。
② 毛泽东：《实践论》，《毛泽东选集》，人民出版社1964年版，第273页。

面协调、平衡时才最为有效。我国著名心理学家林崇德教授在介绍成功智力时指出:"实践思维能力的任务在于,实施选择并使选择发生作用。如果将智力应用于真实世界的环境之中,那么,实践思维能力就开始发生作用了。沉默知识的获得和运用是实践思维能力的一个重要内容。"①

从教育角度来看,"实践能力就是个体解决实际问题的能力,对学生而言,主要是指学生个体吸收、整合支持性教育资源和个体基础资源,适应社会生活,解决基本实际问题,参与社会生活,促进自我成长,提升自我的主体地位的能力"②。

综上所述,对实践能力的理解,不同视角各有其侧重,但对实践能力的把握最终要归结到教育学上,只有从教育学的视角解读实践能力,实践能力的培养才具有现实性和可操作性。结合以上观点,本书探讨的实践能力是指:实践能力是个体在生活和工作中解决实际问题所必需的程序性知识的集合。

这里必须说的是:1)实践能力不等于"动手"能力。其实质是解决现实中的问题,满足主体生活和发展的需要;2)实践能力由"一般实践能力""专项实践能力"和"综合实践能力"三大要素构成。实践能力各要素是一个不可分割的有机整体,一般实践能力是个体实现实践活动的基础,专项实践能力是个体实现实践活动的保证,综合实践能力是个体完成实践活动的关键;3)实践能力具有实践、情景、综合、外显的基本特征。

路径二:由"翻译能力"到"翻译实践能力",这条路径侧重译者知识、能力、素质的规格要求,强调翻译实践活动中译者的理论知识与应用技能的对比。

所谓"翻译能力"(translation competence)从字面上看就是"做好翻译所需的知识"③或者"翻译所需的各种阐述性或操作性的基本知识

---

① 林崇德:《教育为的是学生发展》,北京师范大学出版社2006年版,第114页。
② 吴志华:《论学生实践能力发展》,博士学位论文,东北师范大学,2006年。
③ Hatim, B. & I., *Mason Discourse and the Translator*, London: Longman, 1990: 32.

系统"①。《现代汉语词典》对能力的界定是指"能胜任某项任务的主观条件"②。根据能力这一定义,翻译能力则可定义为"能胜任翻译任务的主观条件"③。这样的定义显得宽泛和笼统,Bell④ 对翻译能力的定义就更加具体,他把译者所需的语言知识进行了细分,包括:目标语言知识、源语言知识、文本类型知识、真实世界的知识和对比知识(target language knowledge, source language knowledge, text-type knowledge, real-world knowledge, and contrastive knowledge)。Nord⑤ 把翻译能力做了狭义与广义的区分,狭义的翻译能力指传译能力(transfer competence),而广义的翻译能力还包括语言能力(源语和译语)、文化能力、某一领域的专业知识、相关文件处理及研究技术(词典使用、资料检索等)。

姜秋霞、权晓辉⑥认为翻译能力是一种综合能力,是威尔斯所谓的"语际超能力"(interlingual super competence),是语际理解能力与语言再造能力的综合体现。"首先,翻译能力不只是语言能力,它既包含译者对文本的语码解构与重构能力,还有对文本这一整体内容的思想、风格、艺术等的认知与表达能力,以及进行不同文化的对比与转换的双语文化结构。其次,就翻译的语言能力而言,它也不单指运用语言的(语法)规则生成正规结构的句子的能力,以及在相应的场合使用这个句子的能力,因为翻译的对象不是单个独立的句子,而是文本整体"。

王树槐和粟长江认为,翻译能力"表现为外在行为的内在心理实

---

① Presas, M., *Bilingual Competence and Translation Competence Developing Translation Competence*, In Schffner, C. & B. Adab (eds), Developing Translation Competence, John Benjamins B V, 2000, pp. 28 – 29.

② 中国社会科学院语言研究所:《现代汉语词典(第六版)》,商务印书馆2012年版,第921页。

③ 罗选民、黄勤、张健:《大学翻译教学测试改革与翻译能力的培养》,《外语教学》2008年第1期。

④ Bell, R., *Translation and Translating*, London: Longman, 1991: 36.

⑤ Nord, Christiane, *Text Analysis in Translation: Theory, Methodology, and Didactic Application of Model for Translation-Oriented Text Analysis (Second Edition)*, Beijing: Foreign Language Teaching and Research Press, 2006.

⑥ 姜秋霞、权晓辉:《翻译能力与翻译行为关系的理论假设》,《中国翻译》2002年第6期。

体,它在不同层面、不同阶段具有不同的特征和要求","决定了培养翻译能力的复杂性、动态性、整合性、长期性",而对翻译能力的分析培养"还取决于人文传统、教育价值取向等因素"。① 这说明翻译能力既要从个人的认知水平、语言发展和社会交际等方面进行共性的界定,又要充分考虑中国的国情,体现出特有的要求。

在众多翻译能力概念研究中,最有权威的研究当属西班牙的PACTE②(Process in the Acquisition of Translation Competence and Evaluation)小组,1998年他们结合教育学、心理学、语言教学中关于"能力"的定义,将翻译能力定义为:译者在翻译过程中必要的、潜在的知识、技能体系。后经过不断探索和实践中,于2003年借广义知识的概念,将翻译能力定义为译者从事翻译所必需的潜在的知识系统,用"知识系统"的表述替换了原概念"知识和技能体系",将技能体系视为程序性知识(关于如何做的知识,通过实践获得,难以言传,运用基本自动化)。

基于上述国内外学者翻译能力的概念的分析,我们可以得出以下结论:1)翻译能力是一种综合能力,不能仅仅局限在"诀窍"上;2)翻译能力的培养是一种思维模式和行为方式的培养,需要系统性和方法论;3)翻译能力的发展有阶段性特点,应根据译者的认知特点循序渐进;4)翻译能力已逐渐从单一走向多元。

从哈里斯"翻译是一种天赋技巧"(innate skill)③ 和图里"天生译者"(native translator)④ 到海姆斯"认为交际能力既有赖于语言知识的

---

① 王树槐、粟长江:《中国翻译教学研究:发展、问题、对策》,《外国语》2008年第2期。

② PACTE, PACTE, *Acquiring translation competence: Hypotheses and methodological problems of a research project*, In A. Beeby etal (eds.) Investigating Translation, Selected Papers from the 4th International Congress on Translation, Barcelona, 1998, Amsterdam: John Benjamins, 2000: 99 – 106.

③ Harris, B. & Sherwood, B., *Translating as an Innate Skill*, In Gerver, D. & Sinaiko, W. (eds.), Language, Interpretation and Communication, New York/London: Plenum, 1978, pp. 155 – 170.

④ Toury, G., *Descriptive Translation Studies and Beyond*, Amsterdam/Philadelphia: John Benjamins Publishing Company, 1995, p. 241.

掌握，也包含使用语言的能力"①。和奈达（Nida）等人视"翻译活动为一种特殊的交际活动，翻译能力也被相应地理解为一种交际能力"②。再到诺伊贝特的五参数说"即语言能力（language competence）、文本能力（textual competence）、主题能力（subject competence）、文化能力（cultural competence）和转换能力（transfer competence）"③。这些学说不仅揭示了翻译能力研究领域的新变化和新趋势，丰富了翻译能力的构成，同时为我们指示了未来翻译人才翻译能力的发展方向。

对翻译实践能力，尤其是翻译硕士研究生翻译实践能力的论述并不多见。国内学者张瑞娥在对以往翻译能力构成特点分析的基础上，提出再范畴化翻译能力模型，其中在翻译能力的基本范畴中提到了"实践性翻译能力"，她认为翻译实践能力是译者在实际翻译过程中所应具备的能力，主要包括发现问题、分析问题和解决问题的能力，交际能力，查询、收集和获取信息的能力，利用相关资源和工具的能力，转换能力，策略能力，职业导向能力等子能力。

汪庆华④在参考国内外学者对翻译能力构成的基础上，指出应用型翻译能力包括双语能力、超语言能力、职业能力、心理能力、转换能力等五个方面的要素，认为其中的转换能力，就是翻译实践能力，可以通过构建交互渗透的教学模块，运用交互式教学模式来培养。

蒋雪芳⑤通过问卷调查得出翻译硕士需要具备的8种实践能力，包括：生理—心理要素、知识建构、收集信息和交流、专业知识、专业技能、匹配分析能力、反思能力和计划能力，8种能力由不同子能力项构

---

① Hymes, D., *On Communicative Competence*, In J. B. Pride and J. Holmes (eds), Sociolinguistics: Selected Readings, Harmondsworth: Penguin Books, 1972: 5–26.
② Nida, Eugene & Willians D. Reyburn, *Meaning Across Culture*, New York: Orbis Books.
③ Neubert, A., *Competence in Language, in Languages, and in Translation*, In Schaffner, C. & Adab, B. (Eds), Developing Translation Competence, Amsterdam/Philadelphia: John Benjamins Publishing Company, 2000: 3–18.
④ 汪庆华：《交互式教学模式下学生翻译实践能力的培养》，《语文学刊》2016年第3期。
⑤ 蒋雪芳：《翻译硕士专业学位研究生实践能力及其培养研究》，硕士学位论文，西北师范大学，2013年。

成，共计 27 种子能力，之后按照学界对实践能力的划分，将这 8 种能力归纳为一般实践能力、专项实践能力和应用实践能力。其他学者则从翻译实践能力的培养现状和培养途径的入手展开研究，学者赵晓红[①]强调了翻译实践能力的重要性，指出《翻译》课程教学在培养学生翻译实践能力中的重要作用，认为可以对教学理念、教学内容、教学模式和教学评价教学改革与实践提升学生的翻译实践能力和综合运用语言的能力。曾利沙[②]以应用（旅游）翻译为案例，从科学实践观和翻译主体间性的视角论述了翻译实践能力的形成过程，认为翻译实践能力形成的过程是翻译实践者不断积累、"试错"，反复尝试的结果，需要在具体的翻译实践中结合翻译理论发现问题、不断革新、逐步提高。

国内外学者对翻译实践能力的探讨为"翻译实践能力"概念的提出和研究提供了基本的思路和路径，但综观整个研究，仅限于对翻译实践能力构成要素和培养方式的探讨，并没有形成系统科学的翻译实践能力的定义，也没有对翻译实践能力的内涵特征教学剖析，研究方法大多为理论思辨，极个别实证调查案例中只是对非专业译者（翻译硕士研究生和授课教师）具有的翻译能力的整合，未见对专业译者必需的翻译能力结构要素的调查，这很难达到市场对译者翻译能力要求标准，以此为基准采取的培养模式和构建的培养路径也必然存在问题。

基于上述对翻译能力、实践能力及国内外学者对翻译实践能力概念、结构要素的探讨，本研究得出翻译实践能力的操作定义：专业译者从事翻译任务所必备的程序性知识，表现为语言转换过程中语言知识、百科知识、主题知识、翻译知识、专业技能和策略的具体运用，这种能力是个体通过专业学习和训练后获得的从事翻译职业所需要的实际操作能力。

---

① 赵晓红：《基于大学生翻译实践能力培养的翻译教学实践探索》，《宁夏师范学院学报》2016 年第 4 期。
② 曾利沙：《关于科学实践观与翻译主体间性——也谈应用（旅游）翻译实践能力与专业评价能力》，《广东外语外贸学院学报》2009 年第 6 期。

(2) 翻译实践能力发展的连续性

翻译实践能力各要素之间的关系如何？各要素的权重如何？各要素如何作用于翻译实践能力的整体形成？各要素呈线性静态存在？还是呈螺旋状动态存在？带着这些问题，研究对翻译实践能力的构成要素和结构进行了剖析。

PACTE 小组（1998，2003，2005）通过不断的验证，对翻译能力构成模型的修正和对技能体系的知识化，便于准确把握技能的特质和习得，便于了解技能自动化后形成能力的过程，为翻译能力的培养提供参考。PACTE 小组将双语语言能力、语外能力、翻译专业知识归于陈述性知识的范畴，而将转换能力、工具能力、策略能力、生理—心理要素归为程序性知识的范畴。PACTE 小组翻译能力模型与以往其他翻译能力区别性特征在于：1）不是所有双语者都具备的专业知识；2）它是程序性知识而并非陈述性知识；3）它由相互关联的不同的子能力构成；4）策略组成部分相当重要，因为它存在于所有程序性知识当中。

我国学者张瑞娥再范畴化翻译能力构成模型中将原型范畴视为陈述性知识和程序性知识，认为翻译实践能力是专业译者从事翻译职业所必需的程序性知识系统，依据翻译实践开展的顺序和需要将翻译能力归为上位范畴，将本体性能力、条件性翻译能力、实践性能力和评估性能力归为基本范畴（见图 5-12）。

如图 5-12 所示，将基本范畴的各项能力的子能力归为下位范畴，便于培养规格和课教学目标的细化和课程矩阵的精确对接。她认为实践性翻译能力和评估性翻译能力属程序性知识的范畴，指出实践性能力是译者在实际翻译过程中应该具有的能力，包括发现问题、分析问题和解决问题的能力，交际能力，查询、收集和获取信息的能力，利用相关资源和工具的能力，转换能力，策略能力，职业导向能力等；评估性翻译能力指译者对译文进行评估的能力，是一种反思、批评和总结的能力。

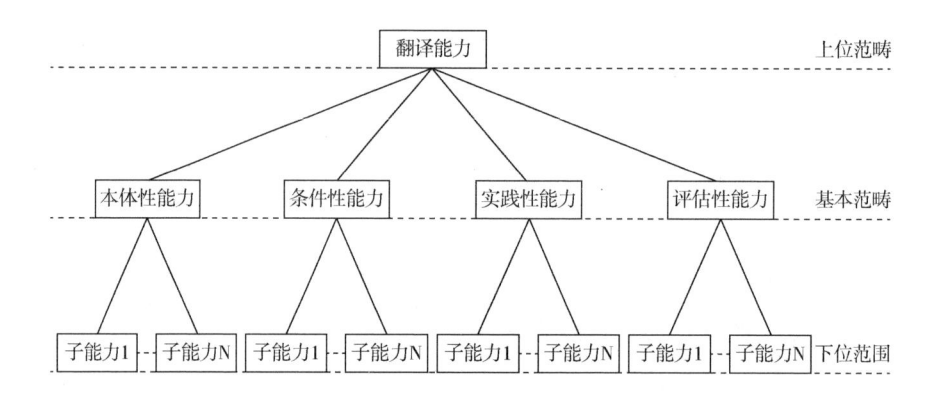

```
                        翻译能力                              上位范畴
            ┌──────┬──────┴──┬──────┐
         本体性    条件性   实践性   评估性                    基本范畴
         能力     能力     能力     能力
        ┌─┴─┐   ┌─┴─┐   ┌─┴─┐   ┌─┴─┐
       子能力1-子能力N 子能力1-子能力N 子能力1-子能力N 子能力1-子能力N  下位范围
```

图 5-12　张瑞娥再范畴化翻译能力构成模型①

翻译教学是人才培养的主要途径，但如果在具体教学中，仅仅按照上位范畴把教学目标界定为"培养和发展学生的翻译能力"过于概括笼统，要想使教学目标具有针对性和可行性还必须明确具体的翻译能力，而按照以往的翻译能力构成研究结论逐一关注下位范畴、将翻译能力罗列为具体的子能力项又会因名目繁多不利于在教学中分清主次，还会影响实际教学的可操作性。

参照经过再范畴化重新建构的翻译能力结构，由上位范畴到基本范畴再到下位范畴制定翻译教学目标，就会避免过于抽象而难以找到切入点和过于具体而不具有系统性与全面性的弊端，从而使得教学目标的制定具有针对性、系统性和可操作性。学者张瑞娥将翻译能力层级化等级化的做法能够避免在培养目标制定中的疏漏，保证培养目标具有系统性和全面性，而根据下位范畴制定的教学内容和课程体系也更具有操作性，有利于人才培养目标的实现。

此外，对翻译实践能力构成要素进行研究的还有以下两位学者，蒋雪芳（2013）通过问卷调查得出的翻译硕士研究生具备的 8 种翻译实践能力：生理—心理要素、知识建构、收集信息和交流、专业知识、专业

---

① 张瑞娥：《翻译能力构成体系的重新建构与教学启示——从成分分析到再范畴化》，《外语界》2012 年第 3 期。

技能（Special Technique）、匹配分析能力、反思能力和计划能力，依据能力的属性将其归类为一般实践能力、专项实践能力和应用实践能力。蒋雪芳对翻译硕士研究生翻译实践能力结构和培养现状的实证研究对于了解学生译者对翻译能力、翻译实践能力的认识和发展水平及能力培养的现状都有一定的价值，但由于研究的初衷和问卷对象是翻译硕士研究生，即学生译者，因此问卷结果的导向也是非常明确的，即学生译者的翻译实践能力，权且不去讨论学生对于能力、翻译能力、翻译实践能力概念、属性、内涵、特征是否了解，了解的程度是否一致等问题，首先要说的是学生译者的能力水平不足以反映本研究中翻译实践能力的属性和内涵。

西班牙 PACTE 小组，将翻译能力定义为专业译者所必需的知识系统，即程序性知识和陈述性知识，按照现代认识心理学对知识的分内，我们可以将专业译者所具备的程序性知识看作是译者实践能力的表现，尽管从陈述性知识和程序性之间并没有明确的界限，从陈述性知识到程序性知识的转换也存在模糊和不确定性，但作为学术研究，这并不影响我们对专业译者所需的程序性知识的探究和分析。

学者金萍以建构主义、学习阶段论、情景语境理论为基础探讨了翻译转换能力的内涵和结构因素，认为翻译转换能力是一种语际超能力，是语际理解能力和言语再造能力的综合体现，表现为从源语文本到译语文本转换过程中译者知识和技能的综合运用和协调。在翻译转换能力结构因素理论阐释与建构过程中，金萍特别指出"不能将翻译转换能力简单地等同于双语语言能力"[①]，她认为双语语言能力只是译者从事翻译转换活动的基本能力因素，并不是它的全部和核心，在翻译转换活动中，决定和影响翻译转换效果和质量的是一种"具体特殊"的能力，这种能力贯穿翻译活动始终，处于核心支配地位，能够更好地体现译者心理认知特征和译者行为，译者具备这种能力的强弱决定了译语文本的

---

① 金萍：《多维视域下翻译转换能力发展与翻译教学对策研究》，中国人民大学出版社 2012 年版，第 92 页。

优劣,它左右着译者对原作话语的理解程度和语境把握的精度,决定着是否能顺利实现源语和译语之间自然而然地"对等"。

从以上分析可以看出,金萍对翻译转换能力内涵认识是基于翻译过程本质论视角,没有区分翻译转换能力和翻译能力的差异,将翻译理解为一种转换活动,转换能力伴随翻译过程始终。但实质上,从西班牙PACTE小组和国内学者对翻译能力的探讨中我们知道,翻译活动不仅是语际理解和言语再造的内在因素(翻译能力)转换为外在因素(翻译行为)的"程序性"过程,它还牵涉语言知识、翻译知识、语外知识的掌握和其使用知识过程中伴随而生的对翻译任务的计划、对策略的选择、对情景的分析、对的源语和译语的比对与检测、对文化语境的认知协调等一系列的活动。

本研究涉及关于翻译能力的概念和构成的探讨采用 PACTE 小组和中国学者张瑞娥目前的研究结论,即翻译能力是专业译者进行翻译活动时所必须具备的潜在知识和技能体系,翻译能力包含本体性翻译能力、条件性翻译能力、实践性翻译能力和评估性翻译能力,每一种能力下包含若干子能力(见图 5-13)。

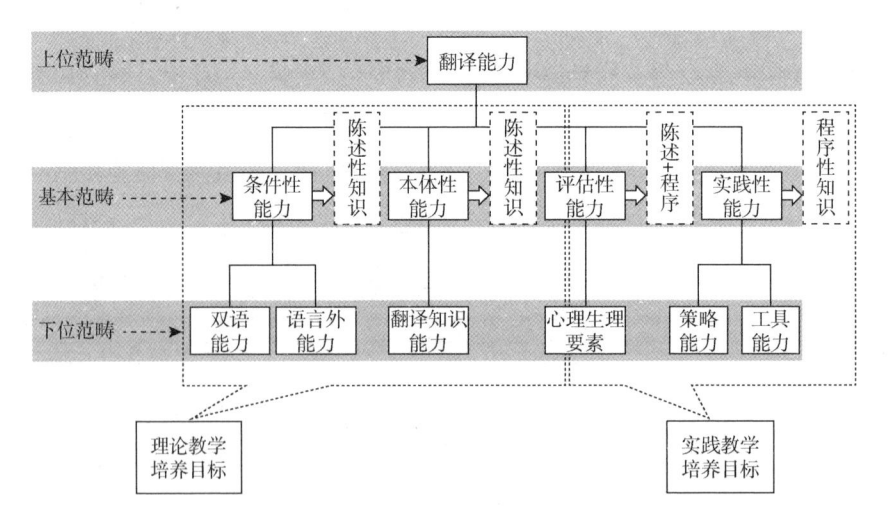

图 5-13 翻译能力的结构框架

如图 5-13 所示，经过改良的翻译能力层级模型较 PACTE 小组的翻译能力模型和学者张瑞娥再范畴化的翻译能力模型更加完善、科学，有利于更准确地把握翻译实践能力和翻译硕士实践教学体系的构成和内涵，其优点如下。

1) 层级关系清楚。翻译能力层级模型在 PACTE 翻译能力模型的基础上加入了连接翻译能力（上位范畴）和各子能力（下位范畴）的基本范畴，即条件性能力、本体性能力、评估性能力和实践性能力，而根据 PACTE 小组和学者张瑞娥对翻译能力各子能力/基本范畴的能力的描述，可以将 PACTE 小组的子能力和基本范畴的能力逐一对应，即条件性能力包含双语能力和语言外能力，本体性能力对应翻译知识能力，评估性能力对应译者心理生理要素，实践性能力包含策略能力和工具能力。这种按照层级划分翻译能力的方式打破了以往用成分分析法描述翻译能力的图圄，便于我们全面系统地认识翻译能力和翻译本质，避免过于概括抽象和过于具体两种极端的认识而难以把握整体。众所周知，已有的翻译能力构成研究大多将翻译能力（上位范畴）分解为不同的子能力项（下位范畴），缺少作为原型范畴的基本范畴。由于翻译能力（上位范畴）过于概括，而子能力项（下位范畴）并行排列、复杂多样，不利于人们在翻译教学中分清主次、形成对翻译能力的系统认识，也不利于有的放矢地培养和发展学生的翻译能力。

2) 加入的四种基本范畴的翻译能力都分别映射了其上位概念——知识。认知学界给出了共识，即个体从事具体的活动必须具备两个范畴的知识，即陈述性知识和操作性知识。前者表示了解相关知识和具体的信息、数据、规则等，这实际上是一种对相关对象的认识和理解能力；后者指运用掌握的知识、信息、数据和规则进行实际操作与实践的能力。个体仅具有陈述性知识是不够的，还必须具有应用操作性知识解决问题的能力。这里本体性翻译能力和条件性翻译能力属于陈述性知识的范畴，实践性翻译能力属于操作性知识的范畴，而评估性翻译能力则综合了陈述性知识与操作性知识。这种映射关系便于在构建人才培养模式时准确把握应用型翻译人才规格中知识、能力和素质的要求。

3）经过改良后的翻译能力层级模型不仅明确表述了翻译能力的构成，也清楚地指出了翻译教学中理论教学的任务（培养学生本体性能力，条件性能力，认识评估的性质）和实践教学的任务（培养学生的实践性能力和反思、自查的能力），明白了这一点，便于我们对翻译硕士实践教学体系各构成要素内容的准确把握，知道了翻译硕士实践教学体系的目标体系就是培养翻译硕士研究生的策略能力、工具能力和反思、自查能力，根据这目标，我们在构建内容体系、制定管理文件条约和建设软件、硬件时就可以做到有的放矢。

透过这个层级模型我们也可以看到，翻译硕士理论教学体系和实践教学体系有着密切的联系，它们共同服务于翻译硕士教学，此外，由于翻译本身就是一种实践性活动，因此各个翻译能力之间并没有明显的划分标准，而一项实践活动的完成需要各项子能力的辅助和支撑，故从广义的角度而言，翻译实践能力实质上就是翻译能力，从这个角度上理解，翻译硕士理论教学和实践教学之间无法准确切割。随着认知和翻译情景的变换，整个翻译教学活动和进程也在发生着与之相应的各种变化，因而翻译硕士实践教学体系与翻译硕士理论教学体系之间，以及翻译方法实践教学体系内部都是一种动态的平衡。

基于国内外学者对翻译能力、实践能力、翻译实践能力概念及研究的文献梳理，结合西班牙 PACTE 小组构建的翻译能力模型和我国学者张瑞娥再范畴化翻译能力模型，笔者提取翻译实践能力结构要素项，形成了翻译实践能力构成框架图（见图 5 - 14）。

由图 5 - 14 可见，本研究翻译实践能力结构框架对翻译实践能力按照我国学者张瑞娥在范畴的翻译能力构成模型进行了划分，将传统分析翻译能力结构的"能力→子能力"模式转向"上位范畴—基本范畴—下位范畴"的模式，增加了基本范畴的概念，便于对翻译实践能力的宏观把控和精确对接，基本范畴包括双语语言能力、双语文化能力、策略能力、工具能力、评估能力和心理生理能力，其中每一个基本范畴下由

若干子能力构成:

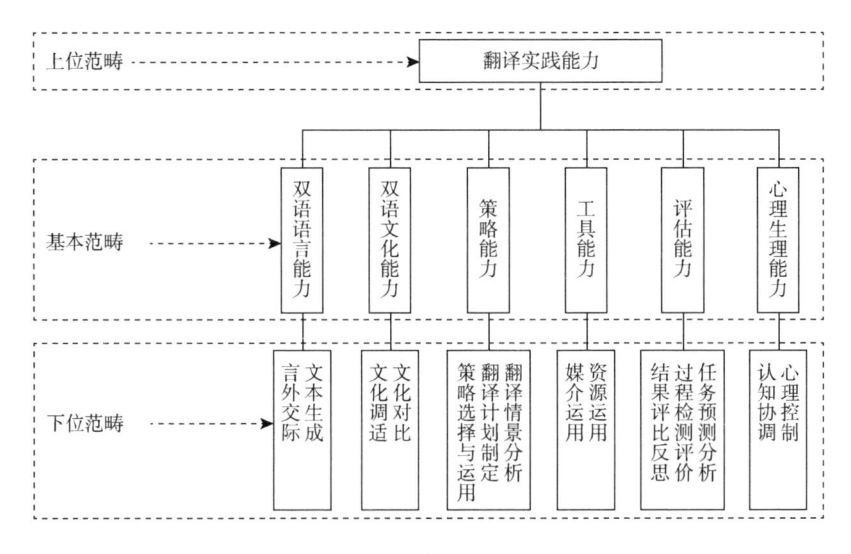

图 5-14 翻译实践能力构成框架

上位范畴：翻译实践能力

基本范畴：双语语言能力、双语文化能力、策略能力、工具能力、评估能力、心理生理能力

下位范畴：言外交际／文本生成、文化对比／文化调适、策略选择与运用／翻译计划制定、翻译情景分析／资源运用／媒介运用、结果评比反思／过程检测评价／任务预测分析、认知协调／心理控制

1）双语语言能力是实现源语（source Language）向目标语（target language）转换的程序性知识，包括运用语法知识、语篇知识促使文本生成的能力和借助语用知识实现"言外之意"准确理解的能力；

2）双语文化能力是语言转换过程中促使语言表层之下文化信息再现的程序性知识，包括运用百科知识、主题知识和翻译知识进行文化比较、文化调适的能力；

3）策略能力是为实现问题解决和保证翻译效率和质量所使用的程序性知识，包括使用语言知识、翻译知识、主题知识和翻译原则对翻译任务与情景的分析能力、制订翻译计划与实施方案的能力和具体策略的选择和运用能力；

4）工具能力是为顺利实现翻译目的所采用的与文献资料、信息技术、翻译技术应用有关的程序性知识，包括使用词典、百科全书、资料等资源和语料比对、搜索引擎、关键词提取、索引目录等媒介的运用能力；

5）评估能力指在译前、译中和译后对翻译任务、翻译过程、翻译产品预测、计划和评比时所涉及的程序性知识，包括使用翻译知识、翻译规范、问题解决策略等知识和技能对整个翻译实践活动的总结、批评和反思能力；

6）心理生理能力指语言转换和文化再现过程中对源语进行理解和表达时所需要的与心理和生理活动有关的程序性知识，包括识记、感知、好奇、质疑、批判、推理、分析、衡量、注意力、判断力、决策等一系列认知协调和生理控制的能力。

以上翻译实践能力的子能力中，双语语言能力和双语文化能力是所有语言者都具备的共核能力，"翻译能力所特有的子能力应包括策略能力，工具能力和翻译专业知识三项"。[①] 起核心作用的是策略能力，它联系着双语语言和文化的运用、评估和工具的发生和使用，协调并统筹各子能力发生和作用，双语语言能力、双语文化能力、策略能力、工具能力和评估能力通过控制译者认知机制中的各种要素的心理生理能力发生作用（见图5-15）。

```
┌──────────────┐         ┌──────────────┐
│  双语语言能力  │◄───────►│  双语文化能力  │
└──────┬───────┘         └───────┬──────┘
       │        ┌─────────┐      │
       └───────►│ 策略能力 │◄─────┘
       ┌───────►└────┬────┘◄─────┐
       │             │           │
┌──────┴───────┐     │    ┌──────┴──────┐
│   工具能力    │◄────┼───►│  评估能力   │
└──────────────┘     │    └─────────────┘
              ┌──────┴──────┐
              │  心理生理要素 │
              └─────────────┘
```

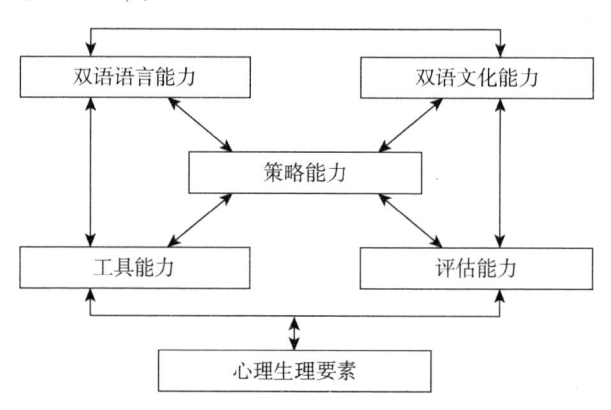

图5-15 翻译实践能力结构模型

按照教育学对实践能力的划分和文献研究中翻译实践能力层次及培养方式的把握，可以将翻译实践能力划分为如下方面。一般实践能力：双语语言能力、双语文化能力；专项实践能力：工具能力、策略能力；

---

① PACTE, *Investigating Translation Competence Conceptual and Methodological Issue*, Meta, 2005 (2): 611.

综合实践能力：评估能力、心理生理能力。按照翻译活动自身的规律和特征，可以将翻译实践能力划分为语言转换行为、跨文化交际行为和心理认知行为，这里的能力意为乔姆斯基所强调的 performance，它特指"具体情况下对语言的实际运用"[①]，具体情境中对文化信息意义的转换（transfer）和译者对自身和翻译的认知的深入。

对于翻译实践能力，需要说明的如下。

第一，翻译实践能力是一个相对的概念。翻译实践能力是一个相对于翻译理论知识和水平而存在的概念，它侧重译者翻译转换过程中的一系列程序性知识和技能，由于翻译的本质属性就是一种实践活动，它表现为译者在语言转换过程中遵循客观规律和发挥主观能动性的矛盾统一，所以，从某种意义上说翻译能力就是一种实践能力。此外，由于翻译是一项极其复杂的活动，与其他实践活动相比，它不仅涉及两种语言的转换，而且涉及不同文化的碰撞、冲击、博弈，更为重要的是它还涉及作为语言转换、文化交流的主体——译者的个性与社会性的矛盾，译者在自然而言将源语转换为目的语的过程中不仅要准确传递语言的内容信息和形式意义，还要对等的传递语言所含有的文化意义，译者不仅受到源语文化的影响，还受制于译者本身所处社会文化背景，从源语到目的语的转换本身就是一种实践活动，而这过程中始终伴随着译者生理、心理活动以及各种技能和策略的使用，因此，一项翻译活动的发生绝非简单的"动手"或"操作"能力的线性排列，我们无法严格而准确地切分出何时或何种行为是"实践的"，而哪里开始"认识的"，一项翻译活动的实施从事伴随着各种实践的、认识的行为的发生，他们交错纵横，共同作用于整个翻译过程。

第二，翻译实践能力构成要素的重要程度不一。PACTE 小组在翻译能力构成模型的提出和修订中，分别将转换能力和策略能力置于核心能力的地位，这是由于当时对文本层面语言对等和读者中心目的的追

---

① Chomsky, N., *Aspects of the Theory of Syntax*, Cambridge: MIT Press, 1965: 4.

求，本研究认为从培养学生翻译能力的角度而言，应有所区别地审视不同翻译能力在学生的翻译学习中的作用和价值。从翻译的本质和起点来看，必须强调语言能力的重要性；在从源语到目的语的转化过程中，必须着重转化能力的核心位置；而从翻译的最终目的来看，我们又必须强调译者语际理解和言语再造能力。从译文的品质和产出来看，工具能力和评估能力的作用也不容小觑。因此，必须有所区别地审视翻译实践能力的作用，根据翻译的过程、翻译的目的，翻译的场景，分阶段、分环节看待不同翻译能力的存在价值。实际上，不同的翻译能力在翻译过程的不同阶段所发挥的作用是不同的，所谓的核心能力和中心能力只能是针对某一具体的环节和阶段而言的。整体上要生产出理想的译文，译者必须综合发挥自己的能力，任何的厚此薄彼或者顾此失彼都会导致翻译的"失误"。

第三，翻译实践能力具有时代性。翻译的本质是一种语言转换活动，语言是社会信息的物质载体，它作为一种社会现象而产生，又推动着社会文明的发展，因此，作为特定社会现象而产生的翻译活动，必然打上了其所产生的"当时、当地"的鲜明的时代烙印，如我国历史上第一次翻译高潮的出现就是东汉末年至唐朝佛经盛行的结果，对佛经教义的翻译主要采用"直译"的策略，"重案本，轻文质"的思想导致译者只关注语言层面的对等，译者之所以采用"死译"的策略皆是因为对佛经教义信条的恐惧，当时当地的特定情景导致译者特定翻译思想、翻译策略的选择，也影响和制约着翻译能力的形成和运用。当下，我国正处于信息时代的尖端，文化"走出去"的战略部署导致翻译已从单纯的语言转换成为话语权的争夺，翻译对象和翻译方式的改变，要求译者必须具备熟练运用媒介和资源的工具能力、团队管理和运作的策略能力以及具备与之伴随而生的职业伦理素质。

第四，由于各子能力要素在翻译过程中的作用不同，且翻译过程和不同环节并非一种能力或几种能力的简单叠加，而是协同作用实现理想的翻译效果，因此，研究并没有对翻译实践能力的各个结构要素作权重分析。此外，虽有对翻译能力概念、结构要素等问题的较为完整的看法，如西班牙 PACTE 小组的翻译能力构成模型，但由于"能力"一词属心理学研究的范畴，难以准确描述和量化，加上翻译的复杂性和实践的情景性，导致人们对翻译实践能力概念和结构要素的看法具有很大的不确定性，无论是作为翻译能力组成部分的"翻译实践能力"还是等同于翻译能力的"翻译实践能力"本身仍需要继续探讨和深入研究，即使征询他人关于翻译实践能力结构要素的意见和看法也会杂乱繁复，难以通过经验和理论推演评判意见和看法中翻译实践能力结构要素价值、作用和重要程度，翻译实践能力的结构要素和各要素之间的作用机制仍需靠实证的手段来检测、验证。

（3）翻译实践能力发展的阶段性

翻译硕士实践教学体系的核心任务是培养学生的翻译实践能力，而能力的发展有其自身的阶段规律及特点，因此，对翻译硕士实践教学体系的目标体系教学优化之前，仍需要对翻译实践能力发展的阶段及其特点进行研究。

对技能习得过程的阶段性，心理学家和语言学家有着共同的认识。认知技能习得理论的倡导者安德森（John R. Anderson）将认知技能的习得过程分为陈述性阶段、知识编译阶段、程序性阶段三个过程，认为几乎所有的认知技能习得都是由陈述性知识向程序性知识转化的过程，其阶段特点表现为从有意识加工、缓慢和易错到无意识加工、快速和不易错；以加里培林（Gary Perrin）为代表的心理学家认为心智活动是一个由外部物质活动向内部心理活动转化的过程，这一过程需要经历五个阶段：活动定向阶段、物质活动或物质化阶段、有声的言语活动阶段、无声的外部言语活动阶段和内部言语活动阶段，其特征是从有意识的准备到无意识参与的自动化的过程；美国的德莱弗斯兄弟（Dreyfus）认为二语习得者的专业技能发展是一个有序循环的过程，经历了初学者阶段、高级初学者阶段、能力形成阶段、熟练阶段和最后达到专业技能阶段，其特征是从依靠规则、受制于规则到凭直觉的自如发挥；芬兰的切斯特曼（Chesterman）在德莱弗斯兄弟对专业技能习得划分阶段的基础上，将技能习得划分为：从原子分析到整体识别、从有意识反应到无意识反应、从分析性决策到直觉性决策、从计算理性到慎思理性、从单一任务到复杂任务，是一个从简单到复杂，从单一到多元的逐渐自动化的过程。[1]

普雷萨斯（Presas）[2]从心理语言视角将译者分为四种类型，实际上也体现了翻译能力发展的四个阶段：①联想的译者（associate translator），将源语和目标语的语篇/词汇因素直接机械对应；②从属的译者（subordinate translator），先将源语和目标语的语篇/词汇因素相联系，然后再理解目标语的语篇形象；③复合的译者（compoundtranslator），由源语的词项联想到该语言的心理内容库，再从此内容库中直接去寻找目标语的词汇对应项；④协同的译者（coordinate translator），由源语的词项联想到该语言的心理内容库，然后对应到目标语的心理内容库，再由该库联想到该语言的对应词项。这是最理想的译者，也体现了翻译能力发展的最高阶段。

我国学者王树槐、王若维[3]在提出翻译能力构成的六种成分后，对其中部分能力的发展也做了进一步的分析。认为翻译技能的发展遵循译理→译技→译艺→译道的顺序；翻译策略的发展遵循局部策略→整体策略→监控策略的顺序；翻译思维的发展遵循具象思维→形象思维→抽象思维的顺序；翻译创造性的发展遵循翻译普遍性→翻译个性的顺序；文化能力是发展遵循认识能力→比较能力→协调能力的顺序；翻译人格的发展遵循片面性人格→全面性人格的顺序。

---

[1] Chesterman Andrew, *Memes of Translation*: *The Spread of Ideas in Translation Theory*, Amsterdam and Phiadelphia: John Benjamins, 1997: 147 – 150.

[2] Presas, M., *Bilingual Competence and Translation Competence*, In Schaffner, C. & Adab, B. (eds), Developing Translation Competence, Amsterdam/Philadelphia: John Benjamins Publishing Company, 2000: 19 – 31.

[3] 王树槐、王若维:《翻译能力的构成因素和发展层次研究》,《外语研究》2008 年第 5 期。

苗菊①在梳理前人对翻译能力构成研究的基础上，本着对翻译能力系统化、综合化、级阶化和关联化的原则从认知能力、语言能力和交际能力三个范畴对翻译能力的构成进行了界定和分类，同时在对 PACTE 小组翻译能力习得模式分析的基础上，提出翻译能力发展的三个过程，即获取不具备的能力→重建已具有的能力，辅助转换能力→获取策略能力；最后她以此为基础，分析了能促使翻译能力发展的过程教学法。金萍（2012）在对翻译转换能力结构的论述中，结合翻译专业本科学生翻译转换能力发展的实证研究结果，借用德莱弗斯兄弟对专业技能习得的划分标准，将翻译专业本科生需要具备的翻译转换能力划分为：能力形成阶段、能力再造阶段和能力创造阶段，认为翻译转换能力发展的过程就是译者"语际理解能力和言语再造能力的综合体现，是译者在从源语文本到译入语文本转换过程中，综合运用和协调各种知识和技能的能力，是译者的知识，即译者的双语语言知识、双语文化知识、翻译专业知识以及译者个体为顺利完成翻译任务所需的各种翻译技能和文本处理技巧的综合"②。刘和平按照技能训练的语言难度和主题难度，将翻译技能（口笔译技能）训练划分为低中高三个阶段，认为相较于本科阶段基础型训练阶段的单一技能获得和翻译本科专业中级阶段训练的多技能协调发展，翻译硕士教学属于高级技能训练阶段，是高级的程序化和专业化训练阶段。冯曼将翻译硕士的技能训练划分为认知实践阶段、专业技能实践阶段和综合实践阶段，认为翻译硕士教育是为了解决现行学术化外语人才培养模式不利于高级翻译人才培养的问题，应该紧密结合工作实际和雇主期望，从课堂实践、校内实践和校外实践对学生教学翻译实践技能训练。

现代认知心理学家安德森（John R. Anderson）将知识划分为陈述性知识和程序性知识，前者指学习主体有意识的提取信息，能直接陈述

---

① 苗菊：《翻译能力研究》，《外语与外语教学》2007 年第 4 期。
② 金萍：《多维视域下翻译转换能力发展与翻译教学对策研究》，中国人民大学出版社 2012 年版，第 223 页。

出来的知识，后者指学习主体在具体作业任务中无意识的提取信息，必须借助某种作业形式间接推测出来的知识。程序性知识是关于对陈述性知识应用的知识，是经由陈述性知识转换而获得的学习的高级内容。程序性知识的学习是一个由最低级的辨别学习到概念学习和最高级的规则学习的过程，辨别学习指以参照物比对的方式对客观世界单个或多个事或物进行的认知、判断活动；概念学习指以观察或识别的方式对简单概念和定义概念进行学习，以达到对同类事物本质特征的认知；规则学习表现为从例子到规则的发现性学习和从规则演化到例子的接受性学习，规则学习的目的和效果取决于学习主体内部条件和外部条件的共同作用状况，即学习者对构成规则的子概念的理解与把握情况和不同学习阶段影响规则学习的言语指导情况，包括最初的教师期望的言语、对要学习的子概念的提示言语到最后学习者完成规则证明任务后，教师赞扬与肯定的言语。

安德森在程序性知识学习的基础上将程序性知识的习得划分为三个阶段：1）以对某一技能的陈述性解释和编码为特征的认知阶段；2）以陈述性知识转化和产生式系统逐步形成为特征的联系阶段；3）以程序性知识无意识内化为特征的自动化阶段。这三个阶段通过宽化、窄化和强化的调试，最终自动产生求解问题需要的产生式系统，随后将正确的产生式系统应用到具体问题的情景中，最终实现陈述性知识向程序性知识的转化。

如本前面对于翻译实践能力概念和理论内涵的论述，翻译实践能力实质上就是安德森这里所说的程序性知识，是专业译者从事翻译任务必备的知识系统，与翻译能力相比，它强调言语能力/语言行为（performance）和语言行为下获得的有关概念、原理运用的知识。就翻译学科的性质而言，它是一种特殊领域的知识，其最终结果指向无意识和自动化。我国翻译理论家刘宓庆教授认为翻译技能的训练应以"实践性、理论性、阶段性"[①]为指导原则。

---

① 刘宓庆：《英汉翻译技能训练手册》，旅游教育出版社1989年版，第5页。

杨鹏也说过"翻译是一种心理认知的过程,翻译的心理过程可以分为译者的言语理解、形成表征和双语的转换三个阶段"[①]。这告诉对翻译实践能力的训练必须遵循系统动态理论非线性的动态的螺旋的连续发展的规律,分阶段、按阶段学习特征进行,翻译教学内容的层次划分也必须依照按照技能训练的内容、强度和学生初始状态水平划分,但必须清楚的是"无论哪个层次的翻译教学,都应该是技能训练"[②]。结合以上中外专家、学者对知识和认知技能和翻译技能的论述和阶段划分,本研究将翻译硕士教学层面下翻译硕士毕业生应具备的翻译实践能力划分为系统化阶段、程序化阶段和职业化阶段。

四 影响因素的运行机制分析

OBE 教育理念基于利益相关者按照能力培养标准对毕业生预期要达到的成果进行"逆向"精准构思、设计,通过对课程和能力矩阵匹配的"正向"方式实施、运行人才培养,将内需和外需完美的结合起来,有效满足了校内和市场的需求,对本研究基于翻译实践能力构建翻译硕士实践教学体系和后续翻译硕士实践教学体系理论模型的构建中以对学生的毕业要求为起点进行课程设置和以分层的分段的方式对毕业生所达到的能力进行评估提供了路径和思路。

传统的正向设计的原则往往由课程设置确定教学实施的过程与达到的目标,这种只能关注教育结果的教学设计只能满足学校内部的需求,并不能满足国家、社会、行业与用人单位的需求。美国学者阿查亚(Chandrama Acharya)在分析了 OBE 实施模式之后,指出 OBE 理念遵循操作四个步骤:定义学习产出→实现学习产出→评估学习产出→使用学习产出,"定义学习产出"是 OBE 教学设计的起点和重点,是将培养目标和

[①] 杨鹏:《翻译心理过程初探到翻译教学模式设想》,福建省外国语文学会 2002 年会论文集,2002 年,第 74 页。
[②] 刘和平:《再谈翻译教学体系的构建》,《中国翻译》2008 年第 3 期。

毕业要求具体化和操作化的过程;"实现学习产出"就是按照具体化的培养目标和毕业要求制订教学计划,设置课程的过程;"评估学习产出"是对预期学习产出及其实现过程、途径、方式的质量、效果、匹配度以及贡献程度的综合考量,是体现 OBE 理念"持续改进"这一优点的重要环节;"使用学习产出"指将 OBE 理念下"计划、实施、检查、行动"的诸要素并入学情数据库,为高等教育质量和学生学习情况提供参考和依据。

OBE 教育理念的教学设计和教学实施完全围绕学生通过本教育阶段所取得的最终学习成果。它与传统教育学科导向按照专业设置课程的模式相反,它采用"内外需求→培养目标→毕业要求→课程体系"逆向设计,正向实施的原则(见图 5-16),内外需求既是起点又是教育的终点,最大限度保证了教育目标与教育结果的一致。

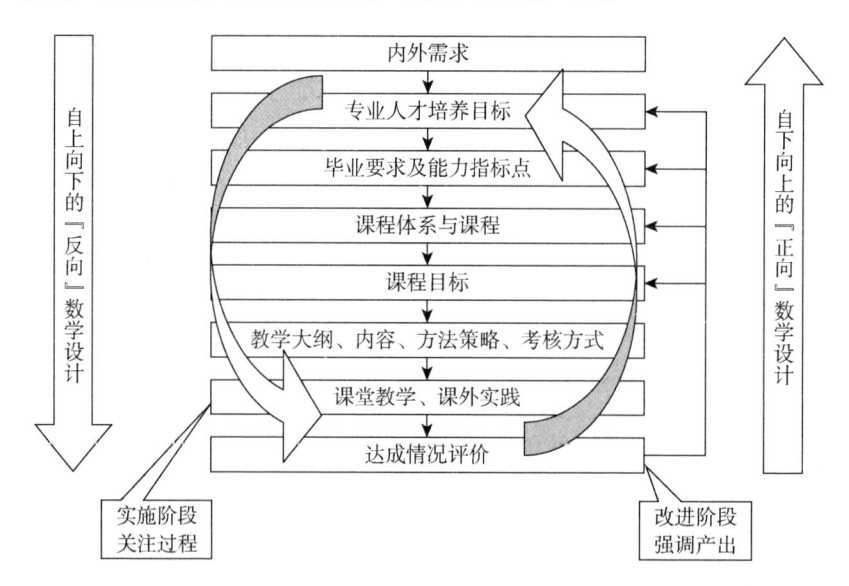

图 5-16 基于 OBE 理念的一体化教学设计

尽管 OBE 教育理念是指导工程教育教学的理念模式,但其"'以预期学习产出'为起点、'反向设计、正向实施'、强调教学评价、关注学生毕业时'能会'什么"的思想弥补了人文学科研究缺乏设计和验证的不足，本研究的最后部分"翻译硕士实践教学体系的优化"采用OBE教育理念的一体化教学设计，是对以往人文学科教学优化研究现状的反思，更是对OBE教育理念本身蕴含的"精准设计、持续改进"模式的向往和追求。

第六章　模型构建

本章提出的翻译硕士实践教学体系的理论模型首先基于第三章和第五章翻译硕士实践教学体系的应然状态和实现状态之间的比较，其次建立在第五章对翻译硕士实践教学体系建设影响因素、作用原理和 OBE 教育理念的一体化教学设计的运行模式的分析以及本章对翻译硕士实践教学目标、内容、管理和保障体系本质属性、特点和基本要求的准确把握上。

第一节　翻译硕士实践教学体系的结构模型

综合对翻译硕士实践教学体系内外影响因素和对翻译硕士实践教学体系价值的判断，以及 OBE 工程教育理念一体化教学设计模式的思辨，翻译硕士实践教学体系，在本质上是一个某种教学理念观照之下的各种实践教学活动有序组合的教学系统，它离不开对要素、结构与功能的探讨，其三者的关系表现为：要素组合的方式不同，则系统的结构不同，系统的结构变化则直接决定系统所起到的作用。

翻译硕士实践教学体系的旨趣在于翻译实践能力的培养，翻译硕士实践教学体系继承了翻译学科"综合"的特性、翻译活动"实践"的特性以及专业硕士学位研究生教育的"职业"特性，因此，与其他层级、其他学科的实践教学体系相比，它有自身的特点。

一 构成要素的调整与修改

在构成要素上，它有实践教学体系应该具备的目标、内容、管理、保障要素，每个要素有若干教学活动要素按照特定教学理念有序组合，自成体系，不同之处在于，OBE 理念的一体化教学设计要求翻译硕士实践教学体系应该具备目标、内容、方法、评估保障在内的四个体系，此外翻译硕士实践教学体系的目标体系也并非如概念框架中描述的三级目标一样，按照培养目标、课程目标和课堂目标有序排列、逐层聚焦，因为三层级目标的实现是翻译硕士理论教学和实践教学合力的结果，并不是翻译硕士实践教学单独施动的结果，如果按照刘宓庆对翻译教学目标的说法，翻译教学的核心任务是培养学生的翻译能力和强化学生对翻译的认知，那么翻译硕士实践教学的目标则应是培养学生的翻译实践能力和强化学生对翻译实践的认知，从这个角度分析，翻译硕士实践教学体系的目标是促使翻译硕士研究生的翻译实践能力各子能力平衡发展与感知翻译实践过程环节与方法，根据 OBE 教育理念的一体化设计模式和反向设计原则，基于该教学目标下的翻译硕士实践教学内容体系则应是学生应掌握的知识、技能和行为规范的综合与其实现条件和实现方式的综合，而不是实践教学计划、实践课程设置和翻译实践环节，因为这三个子要素不在同一个范畴，翻译实践环节是内容的依托方式，是实现途径，实践教学计划既可以是对实践课程的规定，也可以是对翻译实践环节的描述；OBE 教育理念非常重视教学评估在教学设计中的作用，以此为理念的翻译硕士实践教学体系的管理体系应该是集质量监控和教学评价于一体的对教学过程的关注和对教学产出（教学质量）的监控；考虑到翻译学科的综合和实践的属性，翻译硕士实践教学体系还应该具备强有力的支撑目标、内容、方法、管理体系实现的保障体系，保障体系为教学目标提供支撑、为教学内容提供条件和为教学管理提供资源，翻译硕士实践教学体系的保障体系应该是软、硬件以及联结软硬件的机制的保障的三维一体的系统。综合以上分析，本研究将翻译硕士实践教学体系的概念框架与 OBE 教育理念一体化教学设计模式相互结合，形成翻译硕士实践教学体系的构成框架（见图6-1）。

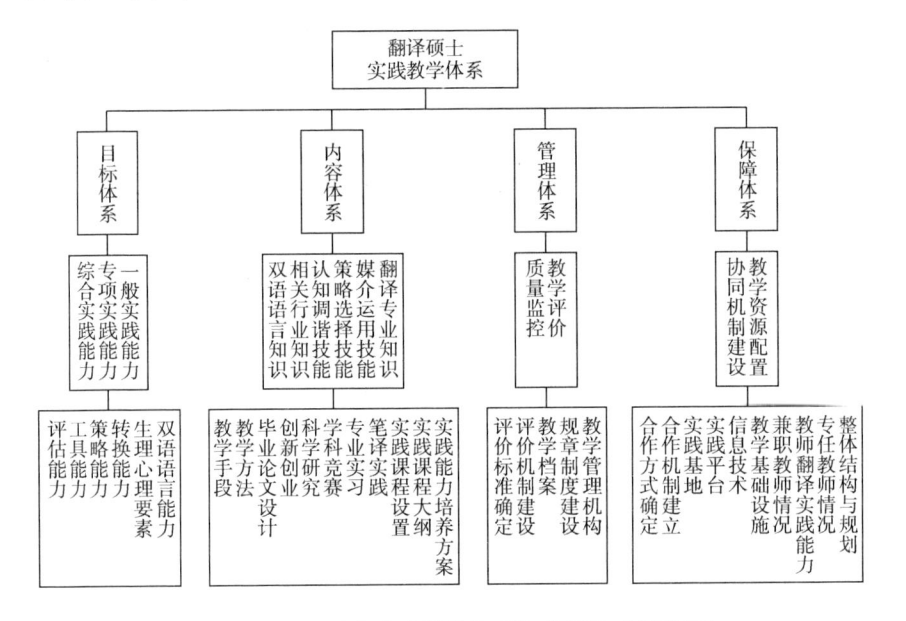

图6-1 翻译硕士实践教学体系构成框架（修改后）

如图6-1所示，翻译硕士实践教学体系的构建维度仍然沿用分析框架提出的目标体系、内容体系、管理体系和保障体系四个体系，对一级指标体系和对应的二级指标体系的内容进行了调整与修改，目标体系紧扣翻译实践能力培养，以翻译实践能力层级结构形式出现，即一般实践能力、专项实践能力、综合实践能力；内容体系按照学界对内容"知识、技能、行为规范总和"的广义的界定以及西班牙 PACTE 小组对翻译能力的界定，调整为毕业生应掌握的知识、技能（包括双语语言知识、翻译专业知识、相关行业知识、策略选择技能、媒介运用技能和认知调谐技能）及其实现途径（课堂教学和课外实践）与实现方式（教学方法与教学手段）的综合；管理体系包括质量监控、教学评价；保障体系将师资队伍建设纳入教学资源配置中，这样保障体系就只包括教学资源建设和协同创新机制建设。

二 结构关系的阐释与确定

在结构关系上,按照系统论的创立者美籍奥地利人、理论生物学家 L. V. 贝塔朗菲(L. Von. Bertalanffy)对系统"整体性"观点强调和古希腊哲学家、科学家、教育家亚里士多德(Aristotle)对系统"整体"观点的阐述,任何系统都离不开构成系统的诸多要素,要素必须存在于整体中才能发挥其要素的作用,这表明每个要素并不是孤立存在的,它必须以某种身份存在于系统中,即按照一定的结构形式联结成为一个有机的整体,从而发挥其"整体大于部分之和的功能"。

于翻译硕士实践教学体系而言,翻译硕士实践教学体系的各要素依然按照认知规律和教学活动展开目标体系中学科教学目标反映了翻译学科的使命,决定着与之相适应的课程目标,最终体现为对翻译实践能力的培养,翻译实践能力按照认知技能和动作技能习得和培养的规律,表现为翻译实践活动的一般能力和进行语言转换和文化移植的专项能力,以及更高层次的将语言转换与技术工具相结合和能够得当运用理论进行反思、改进和鉴赏的能力,这一目标的实现完全依托课堂和课外多种形式的反复翻译实践,在目标逐步实现的过程中需要对学习质量和效果的监控,更需要能够保障目标顺利实现、课堂教学和课外实践顺利进行、管理和监督得以正常运转的保障条件的助力,翻译硕士实践教学体系诸要素之间相互依存,彼此联系,形成了稳定的序列和结构,它们与维系该系统正常运行的外部系统(环境)——学校、科研机构、企业、政府形成开放的互动系统,具体表现为翻译硕士研究生培养的利益相关者决定着翻译硕士研究生的毕业要求,学校按照市场和用人单位意见确定翻译硕士研究生的培养目标,培养目标的实现不仅需要学校内部课堂内外的实践、质量和条件的保障,还需依托政府、企业、科研机构的协同和联动,使翻译硕士人才培养在政府的引导下,在企业的助力下,在科研机构的催化下,真正实现市场需求和社会分工情景下的能适应全球经济一体化及提高国家国际竞争力的需要、适应国家经济、文化、社会建设需要的"高层次、应用型、专业翻译人才"的培养,为我国语言服务行业的发展和繁荣提供助力。

尽管翻译硕士实践教学体系构成要素发生变化时,各要素之间会重新排列与组合,但是由于其一级指标仍然按照系统工程原理"驱动—受动—调控—保障"的关系展开(见图6-2),因此,翻译硕士实践教学体系的功能依然指向其价值所在——翻译实践能力的培养。

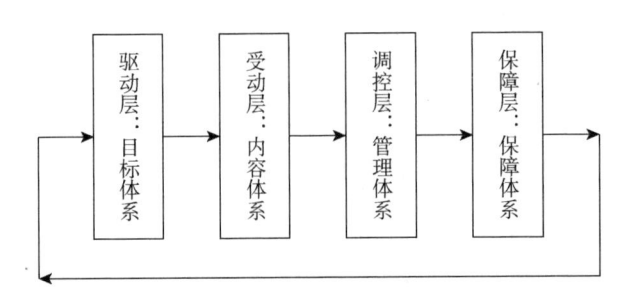

```
驱动层:  →  受动层:  →  调控层:  →  保障层:
目标体系     内容体系     管理体系     保障体系
```

图6-2 翻译硕士实践教学体系要素结构

如图6-2所示,翻译硕士实践教学体系是翻译硕士教学系统中非常重要的一面,它关系着翻译硕士研究生翻译实践能力培养的成败,关系着"应用型"人才培养目标的实现,作为教学系统的一部分,其本身离不开维持教学系统正常运转的最朴素的使命,即培养什么样的人?用什么来培养这样的人?如何保证培养的效果和质量?如何保障这一目标的顺利实现?具体到翻译硕士实践教学体系这个系统中,可以依次对应为翻译硕士实践教学的目标体系、内容体系、管理体系和保障体系。这四个要素中,目标体系在整个体系中发挥着驱动作用,决定着教学内容、教学效果和为实现教学目标而建立的保障条件;内容体系是教学目标体系的受动对象、是其具体的体现和支撑层;管理体系在系统中起到调控和反馈作用;保障体系则起到使系统正常运行的效果。四个子系统犹如人身体骨架,决定着翻译硕士实践教学体系的框架结构,每个要素不是孤立存在，也绝非简单的相加或机械的拼凑，它们在教学系统中处于特定的位置，彼此联系，不可分割。

翻译硕士实践教学体系按照教育教学的规律和教学系统运转的秩序有机地联结在一起，形成一个结构稳定的整体，按照系统过程原理"施动—受动—调控—保障"功能与翻译硕士理论教学一起致力于翻译硕士研究生翻译实践能力的培养，服务于翻译硕士教学质量和应用型翻译人才培养质量的提升。至此，翻译硕士实践教学体系的真正面貌可以显现于我们眼前了（见图6-3）。

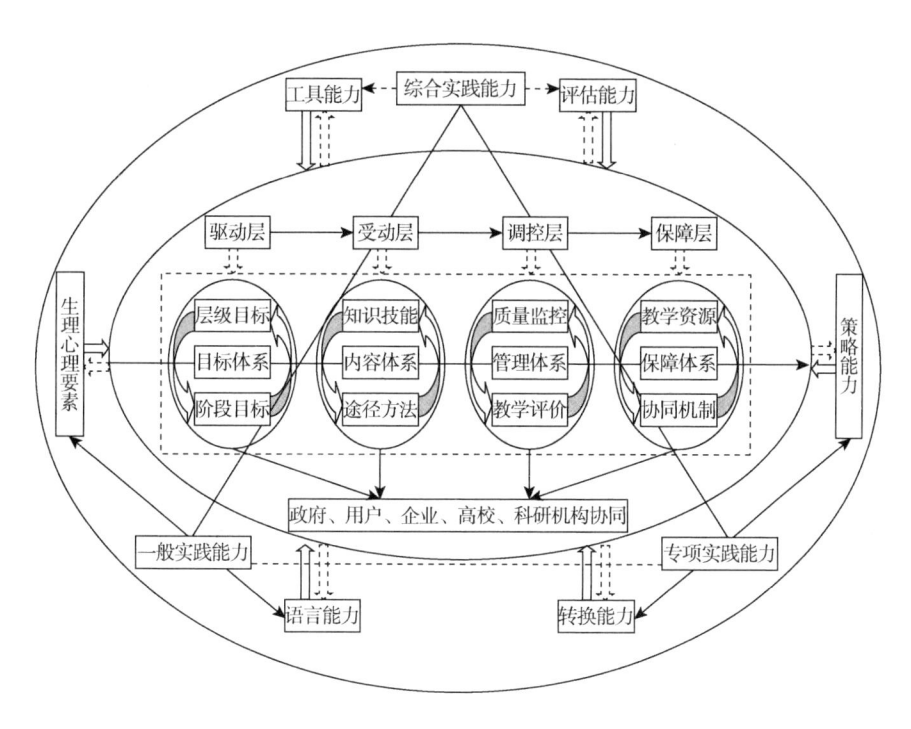

图6-3 翻译硕士实践教学体系结构模型

第二节 翻译硕士实践教学体系的内涵

翻译硕士实践教学体系既有着实践教学体系的普遍特性，又有着自身的特点，如何准确地勾勒出其应有的样子，关系着翻译硕士实践教学体系价值的实现，也关系着翻译硕士实践教学体系的运行和发展。

一 实践能力培养为核心的层级目标体系

对于翻译硕士实践教学目标的优化，是建立在对翻译硕士教学目标的学科属性、时代属性以及翻译硕士实践教学的层级和阶段目标结构分析的基础上，对泰勒目标原理和 OBE 教育理念中确定培养目标的思路和具体步骤的理解和把握上，在优化过程中，笔者有针对性地结合了"调查报告"中对翻译硕士专业学位教育人才培养目标定位的部分建议。

1. 翻译硕士教学目标的属性

对翻译硕士教学目标的基本属性的准确把握是优化翻译硕士实践教学体系目标体系的前提，只有弄清楚翻译硕士教学目标所特有的本质属性才能找到问题的症结所在，才能有针对性地对翻译硕士实践教学体系目标子体系从顶层进行优化设计。

（1）翻译硕士教学目标的学科属性

翻译硕士实践教学和翻译硕士理论教学是翻译硕士教学的一体两面，无论是翻译实践，还是理论教学，其本质属性都是由翻译学科的属性所决定的。早在 1964 年著名翻译家奈达（Eugene Nida）就大胆采用"Science"一词命名他的翻译著作《翻译的科学探索》（*Toward a Science of Translating*），虽然那个时候奈达只是将翻译的过程（process of translating）研究作为一门科学，未曾将翻译研究整体作为一门科学，但是他开创性地将"Science"一词引入了翻译界，为翻译这门新学科的出现提供了合适的名称。1972 年翻译理论家霍姆斯（James Holemes）在他的论文《翻译的名与实》（*The Name and Nature of Translation Studies*）中指出"翻译研究是一门经验科学（an empirical discipline），其目标如同哲学家韩普耳（Carl G. Hempel）所述有两个：1）描述翻译活动中的翻译现象；2）建立可以解释与预测这些翻译现象的普遍原则（to describe phenomena of translating and translation (s) and to establish general principles by means of which these phenomena can be explained and predicted)."① 霍姆斯首次将翻译研究整体作为一门科学，系统完整地描述了翻译的产品研究、功能依据和过程研究（product-oriented, function-oriented, and process-oriented），拓宽了翻译研究的领域和应用范围，将翻译研究从翻译实践和翻译活动本身，拓展到对翻译实践活动中诸多翻译现象的客观描述和对客观翻译现象（翻译过程）进行概括和抽象，形成普遍原则，霍姆斯对翻译研究的科学描述有助于我们认识翻译硕士教学的目的和任务，即体验语言转换、文化书写的翻译过程，建立翻译实践的规范和原则。

我国翻译理论家刘宓庆在其有关翻译教学的著作中对翻译学科的实质做了进一步描述"认知以经验为基础，经验使认知得以深化，深化的认知又在高一级的平台上促进经验的获得、筛选和富集，为更进一步的认知准备好物质条件"②。刘宓庆先生将翻译实践活动看作加深学生对翻译的认知基础，认为只有通过反复地体验翻译实践过程，才能获得翻译实践经验养成翻译能力，才能强化对翻译的认知。根据霍姆斯和刘宓庆先生对翻译学科目标和学科实质的论述，这里可以将翻译教学的最终目的概括为培养翻译能力、强化翻译认知。

翻译是一门经验科学，翻译是一门综合学科，"语言属性、交际属性和认知属性是翻译活动的基本属性"③，翻译实践活动有着自身的规律与特点，体现在翻译硕士实践教学中，表征为翻译硕士实践教学目标行为的多种对立统一。

第一，双语转换的客观规律性和译者主观能动性的矛盾统一。雅各布森从符号学的角度将翻译分为语内翻译（intralingual translation）、语

---

① Holemes, J. S., *The Name and Nature of Translation Studies*, In lawrence Venuti (ed.), The Translation Studies Readers, London & New York: Routledge, 2000: 176.
② 刘宓庆：《翻译教学：理论与实务》，中国对外出版公司2003年版，第4—5页。
③ 姜秋霞、刘全国：《翻译学方法论研究导引》，南京大学出版社2012年版，第93页。

际翻译（interlingual translation）和符际翻译（intersemiotical translation），但真正意义上的翻译绝不是同一语言内的释义和语言符号和非语言符号的转换，它是双语间的转换活动，其本质是双语转换中客观规律和主观能动性的矛盾统一。与其他学科的教学相比，翻译硕士教学的复杂性和独特性突出表现在翻译教学培养的主体需要应对两种不同的语言体系（Target language system and Source language system），且要在遵循两种语言各自规律的基础上熟练掌握两种语言相互转换的技巧和能力。无论是数学的、工程的、历史的，任何一种教学，它虽然也涉及知识学习、语言环境、社会因素和能力培养等要素，但它都发生在"单语"的环境内，培养主体所进行的一系列探索发现活动都以其母语而展开，而翻译硕士教学的培养主体需要在牢固掌握母语的基础上，熟练掌握目标语知识与使用，且熟练掌握原语与目标语的转换能力与规律，所以双语转换中客观规律与译者主观能动性的矛盾统一是翻译的本质属性，同时是翻译教学区别于其他学科教学的本质特征。

第二，译者知识的发展性和职业的导向性的有机统一。如果第一点明确区分了翻译教学和其他学科教学的不同，那么第二点则明确划清了翻译学硕士和翻译硕士的界限。翻译的学科性质决定了传统的学术型翻译研究生教育和专业学位翻译研究生教育一样，其培养主体都需要掌握源语、目标语及其二者转换的能力与规律，且同样需要广博的语言、文化知识、翻译知识和相关的百科知识，但翻译硕士专业学位的性质决定，翻译硕士培养主体较传统学术型翻译硕士而言，具有高深的职业知识。"专业学位"四个字决定了翻译硕士毕业生必须具备专业的知识，达到专业学位所要求的学术和技能从业标准。我国《专业学位设置审批暂行办法》中指出，"专业学位强调的是一种职业或行业准入的资历，专业学位是任职资格的重要条件"。这一表述表明专业学位与任职资格的紧密关系，也规定了专业学位教育毕业生从业的方向和资格。专业学位建立在社会分工的背景下，是职业学位的高级阶段和表现形式，因此它具有较强的行业或职业特点，与职业岗位直接对接，需要经过严格的职业资格考试，达到从业标准和要求。

　　第三，自我认知调谐与翻译认知强化的有机统一。根据西班牙PACTE小组翻译能力构成及习得模型的内容可知，翻译能力的各子能力皆是通过译者的心理—生理机制起作用，实现源语文本和目的语文本之间双语的转换和文化的书写，翻译能力习得过程中各子能力的发展与习得也都是依靠对译者认知机制中的各种要素的有效控制才能得以实现。首先，译者在不断的翻译实践活动中逐步对自身的生理、心理素质和心理能力进行了解、改造和提炼，其记忆力、感知、注意力、情绪、创造力、逻辑能力等逐渐达成与具体翻译情境中相适宜的生理—心理机制。其次，译者本身是个性与社会性的统一，这就决定了作为认知主体的译者在"最初敏感条件"、认知风格、生理—心理素质和能力以及主体体验、翻译意识、认知机制控制能力等变量上存在差异，这些差异导致译者对同一文本或语篇内容进行不同认知和意义的建构，其结果必然是译品在翻译规范中的千差万别。同时，译者又是"社会的人"，他必然是生长在社会规范和社会场域中，遵守社会秩序和遵循文化教养的个体，因此，其个体的差异性必然是以群体的共性为前提和土壤的。最后，无论是何种性质、何种情境的翻译任务，必然涉及译者对源语文本的理解与表达，对源语文本理解与表达的过程就是译者对翻译认知的过程，且不说翻译认知本身的复杂性和译者对翻译认知的有限性在何种程度上影响和制约对翻译的认知，仅是讨论如何客观描述和再现主体的翻译体验、翻译过程和翻译认知活动都绝非易事，尽管现在借助信息技术确已实现了奈达（Nida）提出的表层形式和深层形式之间转换的"传动机制"的验证和贝尔（Bell）倡导的译者心理记忆模式、信息处理模式以及意义模式建模，但是翻译心理与认知过程的"黑匣子"依然存在，有声思维报告（TAPs）、影像观察、鼠标屏幕录像等方法提供的描述性数据的真实性、详尽性、有效性等方面的问题依然存在。从本质上说翻译实践的过程就是一个译者不断认识自我和认识翻译的过程，作为主体的译者必须在尊重群体共性的基础上努力做到自我认知的调谐，实现翻译认知的强化。

（2）翻译硕士教学目标的时代属性

人工智能和大数据的驱动，使得翻译的内容和形式发生了巨大地变化，传统的以口笔译译员为主力的翻译行业逐渐萎缩，新兴的语言服务行业凭借其独特的服务各行各业的本事成为各种机构争相攀附和依存的生态链条，其内含技术传播服务、本地化服务、翻译服务、语言技术工具开发、语言教学与培训、语言相关研究与咨询服务等产业为经济发展提供了一系列新的增长点，也赋予了翻译教育与语言培养新的内涵，为语言服务相关学习者提供了广阔的就业机会。

第一，培养目标的"应用型"要求。翻译硕士专业学位教育指导方案将翻译硕士人才培养定位为"高层次、应用型、专业口笔译人才"，认为翻译硕士人才培养应与翻译学硕士"学术型"人才培养相区别，走"应用型"人才培养的道路，因此，对于"人才"和"应用型人才"概念的准确理解将是"应用型"人才培养路径的首要任务。

长期以来各行各业对"人才"的类型各持己见，从人力资源在社会活动过程中的功能看，产业系统、以工业系统为典型的人才一般分为理论型、工程型、技术型、技能型等。行政事业系统的人才有理论型、管理型、操作型等。此外，随着社会对各种人才的不断需求，市场上还出现了复合型、创新型、综合型或国际型等人才类型。但从哲学角度来划分，人才被划分为以下两种：发现和研究客观规律的人才，即理论型/学术型、研究型、基础型人才；应用客观规律为社会谋取直接利益的人才，即应用型人才。从词义上讲，"应用"主要指"操作"与"使用"。但在"应用型人才"的概念里，我们不能简单地把"应用"理解为"操作"与"使用"。因为"操作"与"使用"主要是指具体动手方面的技能，符合对技术工人的界定。高等院校培养的应用型人才概念中，"应用"是必须具备条件，即有一定的需求和一定的理论基础。因此，"应用"是一种适应社会需要并由一定理论指导下的实践活动。

根据联合国教科文组织颁布的教育分类标准，普通高等教育与专高等教育分别培养学术型和应用型人才。学术型人才是指从事基础理论或应用基础理论研究，以及与此相关研究的科学工作者。区别于学术型人才，应用型人才指从事非学术研究性工作的实际操作者，他们一般熟练掌握了从事社会一线活动、生产所必需的理论知识和实践技能；其又区别于一般一线劳动者，应用型人才在拥有较强实操能力的同时，还具备对该项活动进行专业分析、预见、管理或调控的能力，是一种高层次、高要求的稀缺性人才，其内涵将随着高等教育的持续发展不断升华。学术型人才偏重理论研究，关注探究客观性规律或普适性理论；应用型人才则专注实践探索，能基于客观规律和普适性理论，为社会谋取直接利益。应用型人才培养的核心是实践能力的培养。

随着翻译学科的不断发展和翻译硕士专业学位（MTI）教育的出现，译界的学者对"应用型翻译人才"这个概念有了各自不同的看法。仲伟合[1]认为"应用型翻译人才即要求学生有很强的实操能力，笔译方面能翻译各种高级别文字资料、政府文献、各种专业技术资料，同时具备担任各种文字工作的译审资格，口译方面能承担各种场合的交替传译工作和大型国际会议的同声传译工作"。刘和平[2]认为"应用型人才的特点是有比较深厚的科学基础理论，对相关领域的生产，或者实际状况比较了解。具体到翻译，就是了解汉语和外语语言文化及百科知识，对翻译规律有基本认识，经过训练，能够科学熟练地应用这些知识和方法"。班伟[3]依据应用型人才以及应用翻译的含义，将应用型翻译人才定义为"能够将英语知识和翻译技能应用于翻译实践，并从事不同行业实用翻译实践的专业人才"。

结合哲学对"应用型人才"的界定以及学者对"应用型翻译人才"的看法，这里我们将这样描述"应用型翻译人才"："了解母语和外语

---

[1] 仲伟合、穆雷：《翻译专业人才培养模式探索与实践》，《中国外语》2008年第6期。
[2] 刘和平：《翻译应用型人才培养与教学法》，参见百度文库 http://wenku.baidu.com/link。
[3] 班伟：《构建应用型翻译人才培养模式必然性研究》，《长春理工大学学报》2012年第11期。

语言文化及百科知识，熟练掌握社会、企业、市场需要的相关领域（不同行业方向）的翻译理论和翻译技能，能够对所从事的领域/行业进行分析、预见、管理、调控并通过自身的实际操作（翻译活动）直接为社会或企业带来物质利益和精神价值的高级专门人才"。简言之就是翻译专业培养的毕业生进入各大公司企业以后，能在较短的时间内适应岗位需要，承担起商务、国际贸易、管理、外事、教育等方面的翻译工作。

从"调查报告"对全国翻译硕士研究生用人单位的调研结果来看，在调查的90家有MTI毕业生的用人单位中，有翻译岗的用人单位数量为59家，业务岗的43家，行政岗的29家，其他岗位的14家，有41家用人单位为MTI毕业生提供2种或2种以上的岗位；其中对有MTI实习生的17家用人单位的调查发现，有15家提供了翻译类岗位，8家提供了业务类岗位，4家提供了行政岗位，2家提供了其他类岗位，其中不少用人单位为MTI实习生提供了2种或2种以上的岗位。

从"调查报告"对全国翻译硕士毕业生就业的调研结果来看，翻译硕士毕业生从事与翻译相关工作的仅有28.64%，从事与翻译工作有点相关的人数比为41.14%，从就业行业和职业选择方面来看，从事教育行业的占44.22%，从事专职翻译的人才比列不足3%，其所在行业包括"文化、体育和娱乐业"、"教育"、"制造业"、"信息传输、软件和信息技术服务业"和"科学研究和技术服务类"，其中，40%的翻译人员从事"文化、体育和娱乐业"，翻译硕士毕业生选择教育、文化、娱乐业的主要原因是"除翻译外，教育（仅限英语教学）是与英语专业关联较大的职业"，另一个原因是"毕业时没有没有合适的翻译工作"①。

从以上两组对MTI用人单位和毕业生就业的调查数据中可以看出，用人单位提供的岗位不局限于翻译类，有40%的岗位是非翻译岗，大

---

① 崔启亮：《全国翻译硕士专业学位研究生教育与就业调查报告》，对外经济贸易大学出版社2017年版，第52页。

部分用人单位希望翻译硕士毕业生能够胜任至少 2 种岗位的工作；翻译硕士毕业生从事翻译相关工作的人数仅占四成，从事专职翻译的 2.86% 分布在教育、文化、体育和娱乐业。这些数字表明，10 年翻译硕士的培养与"教指委"指导性培养方案中"高层次、应用型、翻译专业口笔译人才"的培养定位大相径庭，10 年前所定位的"专业口笔译人才"的培养目标定位已无法满足用人单位对不同岗位类型人才的需求，随着，国际经济政治形势的变化和我国"一带一路"倡议和文化"走出去"战略的实施，市场对翻译专业人才的需求不再囿于传统的翻译（口笔译），它需要熟悉翻译流程和管理工作的翻译项目经理、需要懂得现代信息技术的语料资源经理、需要娴熟运用翻译技术和大数据的本地化工程师和技术写作与译后编辑的语言服务人才。翻译仅是语言服务产业的一个组成部分，顺应时代和市场对不同类型语言服务人才的需求，转变传统"高层次、应用型、专业翻译人才"人才培养目标为"现代化语言服务人才"的培养目标，为快速兴起的语言服务产业培养不同类型的人才已势在必行。摆脱传统的翻译教育观念的枷锁，以社会发展和产业需求为导向，在语言服务产业的宏观视野下开展教学，才能最终实现整个产业链的良性循环。

第二，课程目标的"高层次"要求。翻译硕士专业学位教育是翻译产业发展的必然要求，是为了适应改革开放和社会主义建设的需要，增强对外交流，这必然要求翻译硕士毕业生较翻译学硕士和翻译本科毕业生更"高层次"。翻译硕士毕业生的"高层次"集中体现为翻译硕士培养对象具有知识结构多样、理论水平高。

知识结构多样。"知识"是教育心理学中重要的核心概念。可是长期以来，我们从众多的心理学辞书中很难找到"知识"这一条目。传统心理学往往把知识定义为"客观事物的属性与联系的反映，是客观事物主观映象"。这种从哲学认识论层面的解释固然有它正确的一面，但它不能真正揭示知识这一概念完全的本质和丰富的内涵。现代认知心理学对知识的重新界定正在引起一场新的教学理念的革命。随着对知识含义理解的深入,传统的知识观念正受到越来越大的冲击。当代认知心理学家安德森主张把知识分为两类:即"知什么"的陈述性知识和"怎么做"的程序性知识。传统的知识观是一种狭义的知识观,它仅包括陈述性知识。奥苏伯尔(Ausubel)深化了对陈述性知识的理解,他用同化论的观点阐述了有意义的言语材料的学习过程。另一个对知识学习理论做出重要贡献的是加涅(Gagné),他发展了知识的分类学说,提出智慧技能的概念,即学习者将习得的知觉模式、概念和规律运用于实际情境,顺利完成任务的能力,它属于处理外部事务的程序性知识,还有一类用于调控认知过程的程序性知识,我们称为认知策略,而传统的技能概念在现代知识观看来则是一套习得的程序性知识,并按这套程序去办事。知识的重新分类必然导致知识的学习问题。同化论可以较好地说明陈述性知识的学习过程,产生式理论解释了程序性知识的学习过程,加涅的智慧技能的层级学习理论进一步丰富了知识分类学习说,他认为高级规则可以通过问题的解决而习得,学生解决问题的过程也是概念和规则习得的过程,建构主义则从理解的角度强调了特定的情境在个体知识学习过程中的作用,但是有一个值得注意的问题是:知识的学习是一个连续和完整的过程,把知识的学习仅仅局限在两类知识的分别学习过程,显然是不全面的。从陈述性知识到程序性知识的转化体现了知识学习的连续性和完整性,也体现了能力的养成途径,因此,阐明两类知识的转化机制,对于克服传统教学中技能与知识相脱节的形式主义倾向及发展学生的能力有很重要的理论与实践意义。加涅的智慧技能层级学习论认为智慧技能学习是一个由低级到高级的发展过程,它遵循从辨别、概念、规则到高级规则这样一个顺序。我国教育心理学家皮连生(2004)综合层级论和激活论,把认知策略和智慧技能两种分别对内和对外做事的技能明确纳入程序性知识的范畴,并提出了比较系统的知识分类学习论,新的知识分类学习论深化了程序性知识的学习,认为这类知识的学习分为三个阶段:一是新信息的输入与建构;二是通过规则的变式练习;实现概念和规则从陈述性知识向程序性知识的过渡;三是程序性知识发展到高级阶段，规则达到自动化并完全支配人的行为。由以上的分析我们可以得出这样的结论，知识的学习过程是部分与整体的有机结合，以往知识教学的缺陷也在于只重视分类知识的学习，甚至只把知识的学习定位于"狭义知识的学习"。从陈述性知识到程序性知识的转换是知识教学不可缺少的重要环节，它体现了现代知识学习论的系统观点，而且，在知识的分类观点中有三点理由也使我们有可以进行两类知识的转化研究与教学。第一，知识的表意功能使它具有可理解性，意义的理解架构了不同类型知识相互转化的桥梁；第二，程序性知识的静态部分表现为一套可以言语的"陈述性规则"，它是陈述性知识向程序性知识转化的中介，动态部分的程序性知识只能以实际操作的方式加以表演或演示，因此，陈述性知识的学习也是学习程序性知识的前提或条件；第三，问题情境不但可以实现规则和高级规则的习得，而且是其他各类知识掌握与迁移的温床，问题解决过程是陈述性知识向程序性知识转化的有效途径。

Johnson 和 Whitelock（1987）在分析机器翻译时提到，"职业（专业）译员经常会用到五类不同的知识：目的语知识、有关语篇的知识、原语知识、学科领域（'真实世界'）的知识，对比知识"[①]。Johnson 和 Whitelock 的这一提法是一个适用于所有译者的知识基础，并没有考虑是职业译员和业余译员之分，口译译员和笔译译员之分。因为"真实世界"知识事实上是为全体交际者所共享的知识。

在 Johnson 和 Whitelock 提法的基础上，英国学者贝尔（Roger T. Bell）把译者的翻译能力视为一个专家系统，于 1991 年提出译者的知识库（knowledge base）至少应该包含如下知识：源语知识（代码的句法规则系统，其词汇、语义和语篇产生机制）、目的语知识（与源语知识对等）、语篇类型知识、语场知识（domain knowledge）和关于上述知识的

---

① Johnson, R. & Whitelock, P., *Machine Translation as an Expert Task*, In: S. Nirenburg (ed.), Machine Translation: Theoretical and Methodological Issues, Cambridge: Cambridge University Press, 1987, pp. 136–144.

对比知识①。除上述知识库之外，贝尔特别强调译员阅读的解码技能和写作的编码技能，很明显贝尔是从笔译的角度来探讨译员的知识结构与技能的。在口译方面，Gile②在其口译理解的公式中认为："C = KL + ELK + A"，即：理解（Comprehension）= 语言知识（Knowledge for the Language）+ 言外知识（Extra-Linguistic knowledge）+ 分析（Analysis）。当然 Gile 的这一模式并没有包含口译中的表达部分，因而也没有论及口译表达所需要的特殊知识与技能。

应用型人才不仅应具备基础理论知识和学科专业技术知识，还应具有较宽广的学科专业知识体系。因为学科专业知识直接反映当前岗位的工作需求，在实际工作应用中所遇到的问题一般是综合的、可能涉及诸多因素，如翻译专业的学生不仅要有良好的文明素质、身体素质来适应翻译服务工作，还要能用"心"去体察服务对象即时的需要，适时地提供优良合适的服务，在导游解说过程中除涉及历史知识、文字语言表达能力外，可能还会涉及地理、经济、管理、农林等学科知识，因此宽广的学科专业知识体系也是应用型人才的基本特征。

我国学者林郁如等③在其《新编英语口译教程（学生用书）》中认为一个好的译员应该有高水平的语言能力、要掌握百科知识、某一特定方向的专业知识、跨文化意识及口译技巧，其中口译技巧包括笔记技巧、摘要及释义能力、公开演讲艺术以及好的记忆力。

在上述研究基础上，仲伟合教授④认为一个好的译员的知识结构应该包括三个版块：KI = KL + EK + S（P + AP）。其中，KI = Knowledge Required for an InterPreter（译员应该掌握的知识）；KL = Knowledge for Language（双语知识版块）；EK = Eneyelopedic Knowledge（百科知识），

---

① Bell, R. T., *Translation and Translating: Theory and Practice*, Beijing: Foreign language Teaching and Research Press, 2001, p. 40.
② Gile, D., *Basic Concepts and Models for Interpreter and Translator Training*, Amsterdam & Philadelphia: John Benjamins Publishing Company, 1995, p. 80.
③ 林郁如等：《新编英语口译教程（学生用书）》，上海外语教育出版社 1999 年版，第 4 页。
④ 仲伟合：《译员的知识结构与口译课程设置》，《中国翻译》2003 年第 4 期。

百科知识版块也包括译员必须掌握的专题知识；S（P + AP）= Professional Interpreting Skills and Artistic Presentation skills，即技能版块 = 职业口译技能（记忆、笔记、信息综述与重组、译前准备等）+ 艺术表达技能（即以科学的手段、艺术性完成口译过程的技能，如口译的应对策略就属于艺术技能的范畴）。

翻译硕士毕业生知识结构多样化的特征是由翻译学的学科实质决定的。首先，广义的翻译活动既是一种语言转换活动，又是一种文化活动，它要在传递语言符合信息的同时，移植语言本身及其所承载和表达文化意义，其本质表现为语言转换过程中遵守语言客观规律和发挥主观能动性的辩证统一，在具体的翻译实践中，译者要做到内容信息和形式意义的统一，同时还受到所处社会环境的制约。其次，翻译学是一门综合性的学科，其研究内容纷繁复杂，因此，仅靠某一学科知识难以实现其符号信息的传递和文化交流的目的，必须借助文化学、普通语言学、社会语言学、语言文化学、传播学和跨文化交际等学科的理论与方法。翻译学科的这一本质属性决定了翻译工作者在具备语言、文化知识、翻译知识的同时，需要具备人文地理科学计算机等翻译相关的百科知识。知识结构多样化的特征是翻译硕士人才区别于其他学科人才的基本特征。

理论水平高。1966年国务院学位委员会第十四次会议通过的《专业学位设置审批暂行办法》明确规定："专业学位作为具有职业背景的一种学位，为培养特定职业高层次专门人才而设置，应逐步把专业学位作为相应职业岗位（职位）任职资格优先考虑的条件之一"。从上述论述中可以看出，作为专业学位的MTI专业学位具备职业性，但专业不完全等同于职业，职业要求的是具备从事某一行业的操作能力，但专业不仅包含了从事某一行业所具备的实际操作能力，而且包括了针对某一行业所具备的高深的理论知识和创新能力，要求学生具备一定的学术研究能力，并将理论联系实际应用到职业当中去。由此可见，专业性是翻译硕士教学区别于其他学科专业学位教学的本质特征。

随着我国社会经济的发展、产业结构的调整升级、行业分工的日益细化也对大学的发展提出了新的要求。大学在处理大学、政府与市场之间的相互关系时，越来越多地考量了市场的需求，大学在发展传统学术研究的同时，需要开设与经济发展和市场需求相适应的专业，专业学位研究生教育便在这一过程中扮演了重要角色。从历史上看，产业结构的每一次调整和升级都是在产业技术进步的基础上产生的。科学技术的发展水平决定产业结构的合理程度，而产业结构又决定对从业人员的要求。时代的发展对于产业结构和知识程度的高要求，必然对从业人员的素质要求也相应提高。即专业学位的本质是职业或专业性的。专业学位是一种建立在一定学术性基础上的职业教育。

翻译硕士专业学位教育作为一种专业学位，它不可避免地烙上了专业学位教育的印迹：首先，专业学位应有特定的职业指向性；专业学位本质是培养适应经济和社会发展需要的解决现实问题的高层次应用型人才。这样的人才定位决定了其有着不同业类型和学习能力的职业特征，并非所有的职业都具备设立专业学位的理论环境或社会基础，只有对知识技能有着较高要求的社会职业，在生产力发展到一阶段时才会顺势而生。其次，专业学位应强调职业性与学术性的统一。学术型学位主要强调的是学习者的研究能力与理论水平，对实践能力和职业技能则不太关注，职业的导向性相对较弱，更多停留在理论探究层面。与之相反的是，专业学位更多要求的是学习者如何运用知识、技能去解决现实生活中遇到的问题，其看重的是如何对基础理论知识的框架下，不断加大学习者在某一具体领域的动手能力和实际经验的培养，如富有临床经验的医生、熟悉业务的律师、操作娴熟的会计师等。这是时代的发展对高等教育提出的新要求，也是现代大学社会服务功能发挥的重要前提。社会经济的迅速发展使得以专业实践为导向，重视实践和应用能力训练的专业学位就是在此背景下从学术型学位中分化出来，在定位上强调其目标定位是为特定的职业培养应用型高层次人才。专业学位研究生教育所培养的人才不仅是着重于应用领域的管理、技术、工程开发与研究，以解决实际问题为使命，同时应当具有一定的理论修养和从事基础或应用研究能力等综合素养。

翻译硕士毕业生理论水平的高层次决定了翻译硕士毕业生除具有研究型人才所具有的理论知识外，还须具有较强的运用知识、技能处理问题的创新实践能力。MTI 人才培养规格在理论知识、应用能力与素质结构方面与教学研究性大学、高职高专具有不同的内涵。这里强调的应用是建立在理论基础知识上的应用，不仅具有胜任某种职业岗位的技能，而且具有应用知识进行技术创新技术二次开发的能力[1]。这就意味着 MTI 的毕业生是能通过设计、规划、决策等能力解决实际问题，为社会谋取直接利益的人才。

翻译是一门实践性很强的学科，这表现在具有很强的实践动手能力和操作技能，包括专业技能方面的熟练性，发现问题、解决问题的敏感性及可操作性特征，能敏感地在生产、管理、服务第一线发现大量现有和潜在的问题，并熟练运用各种知识和技能解决现场实际问题。实践能力是人在实践活动中培养和发展起来的解决实际问题的能力，创新是人们改变客观现实的创造性活动。创新能力的形成和发展以实践活动为基础，实践能力是创新能力形成和发展的重要前提条件。创新的结果和效果要通过实践活动在现实世界中体现出来。只有拥有较强的实践能力，才能将技能内化为能力，也才能将新技术和新发现转换为科技成果。

创新和创造是各种不同层次的人才都应具备的核心特征。很多关键工作岗位不仅需要具有良好的职业道德和敬业精神，具有必备的基础理论知识和专门知识，有极强实践能力的人才，更需要一些具有创新意识和创新能力的高层次应用人才，进行创造性的劳动。强硬的实践能力是翻译硕士人才区别于研究型人才的核心要素。高校追求理论、技术、学术上的重大变革，追求对科学理论、技术方案、制造工艺等技术要素实

---

[1] 杜彦良：《关乎成与败、得与失——对不同类型高校定位与人才培养模式的思考》，《中国教育报》2004 年第 7 期。

现不同于以往的突破，将提升技术水平、实现重大科技变革作为目标，因此高校创新主要是以技术变革为目标的创新，以追求前所未有的学术成果、技术方案为目的，而衡量其成果是否能够成为技术发明创造，其核心就是看其学术成果、技术方案是否前所未有、是否标新立异。新学术成果、技术方案与已有的学术成果、技术方案相比越先进、越复杂、差别越大，技术发明的贡献也就越大。新学术成果、技术方案追求其在国际上的独特性、先进性，而与该技术发明创造是否得到广泛应用、是否产生经济价值的回报并没有直接的关系。大多数高校中与技术相关的创新是进行科学实践活动。科学实践活动可以产生新的科学理论、技术知识，以知识形态作为产出。所以大多数高校创新成果是以首创性、独特性作为检验标准。对于学术论文，要通过"查看"来认定其是否为创新成果，追求获得国内外高等级学术期刊的发表，并获得较高频次的检索；对于学术科研成果，则要通过"查新"来认定其是否为创新成果，追求获得国家级和省部级发明奖、科技进步奖等科学领域的奖项，以填补国内外技术空白和达到国内外领先、先进水平作为追求的评价结论。

  第三，课堂目标的"综合性"要求。相较于传统的翻译人才的规格要求，现代语言服务人才对知识、能力、素质的要求远远超出了以语言转换能力为核心的翻译能力的定位。"调查报告"显示，部分翻译硕士毕业生之所以没有选择翻译相关工作的原因是"自己的翻译能力达不到职业翻译的技能要求"[①]，用人单位对翻译硕士毕业生翻译能力的满意度评价为满意（笔译英译中方向）或一般（口译中译英），认为新入职翻译硕士毕业生口笔译能力均显不足，综合素质有待提高，应该在校加强特定专业领域的专业知识、行业背景知识，提升计算机辅助翻译、翻译技术协作与汉语译文的表达能力，培养团队精神、沟通能力及双语

---

① 崔启亮：《全国翻译硕士专业学位研究生教育与就业调查报告》，对外经济贸易大学出版社2017年版，第93页。

公文写作等方面的素质和能力。

可见，用人单位对翻译硕士毕业生要求，已不再限于以具备语言文化知识、翻译专业知识、双语转换能力、策略能力为表征的翻译专业能力方面，而是更趋向于多元化、职业化和复合型，这表现在专业知识方面的"分职业按岗位"，现代信息技术方面的"计算机辅助和翻译软件"，基本行政能力方面的"沟通与项目管理"。究其原因，可以解释如下：语言服务行业的不断发展和以云计算、大数据人工智能为特征的现代信息技术的助力，使得语言服务不再只是传统意义上口笔译，它还包括技术传播、本地化测试、项目管理、机器翻译、译后编辑和培训咨询等内容，单纯的以翻译能力为目标的培养理念已不足以涵盖语言服务的内涵，培养具有综合素质的现代语言服务人才已势在必行。

综合素质高翻译的学科属性在规定翻译硕士毕业生知识结构多样化、理论水平高的特点之外，还决定了翻译硕士毕业生必须具备较高综合素质。一是要熟练掌握中外两种语言的语言规律及其相互之间的对应关系，必须具有扎实的语言基础；二是要具备高超的翻译技能。以会议口译为例，既要在短时间内准确理解发言者的语意，又要精准地用另一种语言进行表述，对译员的记忆能力、记录能力、逻辑分析能力、理解能力都有很高要求；三是随着翻译专业化程度的越来越高，从业者不仅要具备广博的专业知识，如计算机信息管理与翻译、医药科技翻译、传媒翻译、法律翻译与科技翻译、商务翻译等；同时，翻译人员还要具有良好的职业道德，口译人员不管在任何场合和面对任何人，都要如实、准确地传递被翻译者的意思；笔译人员既要熟练地掌握翻译技巧，还要具有较高的语言修养，更要具备较强的专业研究精神。

除具备较高的专业素质外，翻译硕士毕业生还要有一定的非专业素质。翻译硕士是应用型人才，遵循应用型人才培养的模式和路径。应用型人才在进行技术开发、生产管理的过程中，专业知识的运用、技能的发挥往往与个人的责任心、道德感、心理素质、意志品质、身体条件等非专业方面的素质关系密切，这些非专业素质直接影响专业工作完成的效果和质量。因此，MTI 教育也要避免本科教育"重专业技能、轻综合素质"、过分重视人的技术价值、工具价值，忽视人自我发展的价值，要从片面强调学生的职业素质转变为兼重综合素质。[①] 另外，应用型人才所从事的大多是第一线的工作，很多工作需要集体协作才能完成，需要团队的创造、合作。在高校教学中，教师应充分利用各种机会让学生意识到一个团队存在的必要性，不断地创造机会让学生在协作中完成各种任务，培养学生的集体荣誉感和集体责任感。[②] 综合素质的高低决定了人才层次的高低，也凸显了人才理论水平的高低，翻译硕士人才较高的综合素质是翻译硕士人才培养定位中"高层次"的体现。

谢天振教授曾言，经济全球化的迅速发展，必然使翻译活动覆盖文化、经济、政治、科技等各个领域，翻译的职业化时代已然到来。这一点突出表现在用人单位对翻译硕士毕业生较高职业操守和职业素养的期待，"责任感""抗压能力""协作意识""应变能力"等素养是用人单位对翻译硕士毕业生的普遍要求。种种期望和要求都在表达同一种信息，即翻译硕士毕业生的知识、能力、素质的确定必须基于市场和企业的要求，而未来翻译硕士的培养重心必须转向对以职业和复合为特征的综合素质的培养

需要强调的是翻译硕士试点单位在转变教学目标的过程中，必须寻求特色发展之路，避免同质化现象，在强化优势的基础上，寻求能够安身立命之所在。这一要求是由翻译硕士十年发展的现状和高校服务地方经济建设发展的使命所决定的。回顾翻译硕士起步和发展的十年，虽然在试点院校数量、招生规模、就业等方面取得了一定的成绩，初步形成了较完整的翻译硕士教育体系，但是也存在着培养目标狭窄、毕业生知

---

① 钱国英、王刚、徐立清：《本科应用型人才的特点及其培养体系的构建》，《中国大学教学》2005 年第 9 期。

② 李娜、解建红：《应用型人才的特征和培养对策》，《河南师范大学学报》（哲学社会科学版）2006 年第 4 期。

识结构单一、同质化现象严重等问题，市场所需求的高级专业翻译人才的缺口巨大，翻译硕士毕业生翻译能力低下无法胜任市场提供的岗位要求。造成这一问的原因是翻译硕士教育重数量、轻质量，培养定位没有结合学校自身优势和地方经济发展需要。因此，今后的翻译硕士教育必须审时度势，对外，充分了解和解读国家大政政策，尤其是语言服务行业的规划和发展趋势，与国家和市场需求为导向；对内，审视学校的学科优势，根据区域经济发展的指向适时调整学科方向和专业结构，内外结合顶层设计，确定学校的培养理念、培养目标，根据对利益相关者的调研和结果导向的培养理念，细化毕业生培养规格；以课程为依托，以实践环节为辅助，建立相互关联的课程群和课程模块，切实落实近期培养目标和终极培养目标；建立翻译硕士质量监督体系和人才评价体系，不断调整培养过程、优化培养方案，最终建立适合自身发展需要的凸显特色的翻译硕士人才培养模式，为地方经济建设发展和人才培养提供助力。

2. 翻译硕士实践教学的阶段目标

翻译实践能力发展的阶段性及其特征决定了翻译硕士实践教学目标呈阶段性样态，翻译硕士实践教学各个阶段的目标相对独立，又相互联系，体现了翻译实践能力发展的连续性的动态性特征。

翻译实践能力系统化阶段的教学目标。翻译硕士实践教学翻译实践能力的系统化阶段是翻译实践能力发展的低级阶段，是指经过英语专业本科或者翻译专业本科阶段，已稍具有或已有一定的双语语言知识、双语文化知识，能主动对翻译任务和解决任务的策略进行辨别的刚入学不久的翻译硕士研究生阶段。这一阶段翻译实践能力的发展是建立在翻译硕士学生"最初条件"敏感性的基础上，因而借助已获得的陈述性知识合成解决问题需要的产生式、整合产生式系统的过程和效果将随着学生入学前已具有的条件发生变化，表现为产生式系统中的微小变化及微小变化可能引起的其他部分较大的非线性的变化。

翻译实践能力程序化阶段的教学目标。程序化阶段是翻译实践能力发展的中级阶段。经过能力系统化阶段之后，翻译硕士学生已具有与翻译任务相关的语言学、修辞学、翻译学的系统知识且已能通过辨别、概念以及规则学习的方式将翻译任务需要的新知识与能力系统化阶段形成的知识进行对接与联结，完成了规则由陈述性知识向程序性知识的转换，因此，翻译实践能力程序化阶段主要通过例子到规则的发现性学习，反复训练学生将一系列与问题解决相关的产生式合成一个产生式，并将众多不同问题解决的产生式融入产生式规则，建立起翻译工作记忆的产生式系统，方便在遇到翻译问题时能在该产生式系统中快速、准确地找到最佳的产生式系统，达到产生式系统与具体情境中的问题类型产生最佳谐和，从而保证问题解决的速度和效率。

翻译实践能力职业化阶段的教学目标。翻译实践能力职业化阶段是翻译硕士学生能力发展的最高阶段，是其成为"高层次、应用型"专业译者的价值所向，达到这一阶段的水平才算是从真正意义上实现翻译硕士教育的目的，更重要的是，这一阶段是翻译硕士教育区别于其他专业硕士学位教育和翻译学硕士教育独特之处，简单地说就是翻译职业资质的具备和翻译专业资格的认证。

分阶段确定翻译硕士实践教学的目标是由翻译硕士研究生的翻译实践能力发展的阶段性及其特点决定的，翻译实践能力的发展不是线性的简单上升的过程，它是一个螺旋上升的过程，这里对翻译实践能力各个阶段的划分是基于能力发展的"石化现象"做出的便于研究开展的决定，翻译实践能力的发展是一个连续的过程，翻译实践能力的系统化阶段是翻译任务所需知识的体系化和产生式联结的系统化，程序化阶段是翻译任务与产生式系统之间调谐的自动化，职业化阶段是翻译实践能力与职业岗位的无缝对接，系统化阶段是程序化阶段的基本条件，职业化阶段是程序化阶段的升华和最终目标，程序化是系统化阶段和职业化阶段的中间态，是翻译实践能力习得中最重要的阶段，三个阶段相互依存，彼此联系，统一于翻译实践能力的发展过程中。

二 实现途径与方法为主体的阶段内容体系

教学内容"是指为了实现教学目标,要求学习者系统学习的知识、技能和行为规范的总和"①。从教学互动关系来看,就是从教者有目的的传递给受教者的信息,体现为课程标准、教材和课程。翻译硕士的教学目标是培养翻译硕士研究生的翻译能力,强化其对翻译的认知,具化到课程目标上就是要培养翻译硕士研究生的双语语言能力、双语文化能力和翻译认知能力,这一目标及其目标的阶段性决定了翻译硕士教学内容的复杂多样性。

泰勒原理认为学习经验的选择需要遵循一定的原则,"一组精心设计的学习经验,是由可同时有助于达到数种目标的经验组成的"②,选择的经验必须"适合于目前学生的成就水平、心理倾向",不仅能实现某种或某些能力,而且还必须从中"获得满足感"③。泰勒对学习经验的选择过程启示我们在确定教学内容时一定要使毕业要求与某门具体课程的教学内容有所对应,依据学习经验对毕业要求的"贡献"确定教学内容和教学时数,同时兼顾学生的实际水平和兴趣要求。此外,泰勒认为,"学习通过学生的主动行为而发生的;他学到了什么取决于他做了什么,而不是教师做了什么"④,这启示我们要正确看待教师和学生的关系。教师是学习经验的提供者,是相关的情境的创设者,教师不再是传统意义上的知识传授者,而应该是引领者或引导者,教师应该引导学生感受学习、体验学习、学会学习,正所谓"授人以鱼不如授人以渔"。

---

① 何克抗:《教学系统设计》,北京师范大学出版社2002年版,第102页。
② [美]拉尔夫·泰勒:《课程与教学的基本原理》,罗康、张阅译,中国轻工业出版社2014年版,第65页。
③ [美]拉尔夫·泰勒:《课程与教学的基本原理》,罗康、张阅译,中国轻工业出版社2014年版,第66页。
④ [美]拉尔夫·泰勒:《课程与教学的基本原理》,罗康、张阅译,中国轻工业出版社2014年版,第69页。

1. 翻译硕士实践教学内容的特点

翻译硕士教学是实现翻译硕士教育高层次、应用型、专业口笔译人才培养的主要渠道，它具有复杂多样性和阶段性的特征，其复杂多样性和阶段性是由翻译学科的性质和翻译硕士专业学位教育的性质决定的。

(1) 翻译硕士实践教学内容的复杂多样性

翻译硕士实践教学内容的复杂性体现在翻译硕士教学内容的本质上。根据认知灵活性理论的观点，知识可以分为表征有关某一主题的事实、概念、规则和原理的结构良好领域（well-structured domain）的知识和表征有关概念、规则、原理应用的结构不良领域（ill-structured domain）的知识[①]。结构不良领域的知识指结构良好领域的知识应用于具体问题情境时产生的知识，该类具有概念复杂性和实例差异性的特征，属高级学习的内容。

根据翻译硕士专业学位教育的性质和教学目标，我们知道翻译硕士的教学任务属于高级学习的内容，即对结构不良领域知识的学习，但这并不意味着我们只需要学习那些将结构良好领域的知识应用于具体情境时所产生的知识，尽管对这种知识的学习是我们的最终目标，但学习的过程中，我们必然要经历熟知结构良好领域知识的学习这一过程，同时我们也必须清楚如何应用结构良好领域知识达到对结构不良领域知识的学习与掌握。这一过程漫长而复杂，因为这些结构不良领域的知识本身是复杂的难以准确把握的，如策略能力和转换能力概念本身就很复杂，其规则和原理必然复杂难懂，进而策略能力和转换能力的习得也必然经历从陈述性阶段、知识编译阶段和程序性阶段的复杂的练习过程。

翻译硕士实践教学内容的复杂性体现在翻译硕士教学内容的形式上。翻译硕士教学内容在形式上具有多样性、不确定性、整合性的特

---

① Spiro, R. & Jengh, J., *Cognitive Flexibility and Hypertext: Theory and Technology for the Non-liner and Mult dimensional Traversal of Complex Subject Matter*, In D. Nix & R. J. Spiro (Eds.), Congnition, Education, and Multimedia: Exploring ideas in high technology, Hillsdale, NJ: Lawrence Erlbaum Associates, 1990: 165.

征。多样性指构成翻译能力的要素和结构的多样,按照 PACTE 小组对翻译能力构成的解释,它至少包含六种子能力,即双语语言能力、语外能力、翻译专业知识、策略能力、工具能力和心理—生理要素,前五种能力和激发能力起作用的心理—生理要素并不是一开始就表现为"能力"的范畴,而是一系列知识的集合。

翻译硕士实践教学的目标决定翻译硕士研究生学习的内容是学习的高级阶段,是区别于翻译本科专业初级阶段学习的内容,因此,翻译能力培养和翻译认知强化中,翻译硕士专业学位阶段趋于学习有关概念、规则、原理应用的结构不良领域的知识和建立在经验基础上的历经多次深化的认知。表现在知识系统运用中,则指多个概念及概念之间联系的复杂和表征知识概念实例的差异性及引发实例差异的作用机制的复杂性。具体到翻译硕士翻译实践能力的培养中,指构成翻译硕士翻译实践能力的子能力,如转换能力、双语能力、策略能力等概念的复杂性和表征子能力概念案例的复杂性。

(2) 翻译硕士实践教学内容的不确定性

翻译硕士实践教学任务的不确定性表现在不同知识类型的不确定性上。按照认知技能习得理论的观点,知识可以分为陈述性知识和程序性知识,认为任何能力的习得都是从陈述性知识上升到程序性知识的过程,而这个过程需要经历陈述性阶段、知识编译阶段、程序性阶段的转化。这就决定了在翻译硕士研究生翻译能力培养时,区分清楚知识的类型和转化的过程,但是,从事翻译工作的人们会发现,在我们进行翻译实践活动时,我们并不能准确的切分什么时候运用了陈述性知识,什么情景下运用了程序性知识,什么任务下是发生了陈述性知识向程序性知识的转化。

拿翻译能力中的翻译专业知识能力为例,根据 PACTE 小组的描述,"翻译专业知识能力是关于翻译及翻译职业的内隐与外显的陈述性知识",这个描述好似已经较为清楚地界定了翻译专业知识能力,可是如果我更进一步推敲"何为翻译的内隐和外显知识"时,我们会发现,根本无法清楚、全面、准确地表达它的概念,究其原因,实则是因为翻译学科的属性所致，从美学、语言学、文化学、哲学等学科脱胎而来的翻译学科，是集各种学科于一体的一门综合性学科，其研究涉及各个学派多个领域，这些无疑都是翻译工作者需要了解，甚至熟知的知识体系，统观这一事实，我们该如何给予翻译学科知识一个确定的描述呢？

此外，翻译能力的习得并不是简单的子能力的直线的叠加或上升，它是螺旋的动态的过程，最终的自动化的结果也并非各种子能力的孤立形成，而是需要经过不同阶段不同知识类型的相互整合之后，以整体的方式固定下来，在特定情景下提取适合的"产生式系统"去激发另一个"产生式系统"，从而达成运用知识的结果，这一点就是所谓的教学内容形式意义上的整合。

2. 翻译硕士实践教学内容的能力层级结构

语言是一个复杂的动态系统，语言学习发展具有非线性特征，学习者在接受一定的训练后，未必就会产生效果，效果的产生也未必由训练引起，而可能是由于先前的经历或环境因素。变量之间的复杂互动使系统的输入和输出不再具有恒定的比例关系，其发展路径也处于动态变化之中，在能力发展过程中，学习者所表现出的不同问题实则体现了其能力变化的本质，而非简单的数量变化和层级递升。鉴于此，翻译实践能力的习得一定要遵循其阶段发展的特征，有针对的组织教学内容，选择适合该阶段能力习得的组织方式。

（1）能力系统化阶段的教学内容

根据对西北地区16所翻译硕士培养院校19届毕业生关于"本科所学专业"的调查，发现有5人本科所学专业为应用语言学，72人本科所学专业为英语语言文学，128人本科所学专业为翻译学，14人本科所学专业为教育学，另外114人本科专业为"其他"（包括社会工作、化学安全工程、数字媒体艺术、商务英语、计算机科学与技术、经济学、新闻学、机械设计制造及其自动化等），分别占总人数的1.5%、21.6%、38.4%、4.2%、34.2%，从统计的数字可以看出，样本学生本科所学专业最多为翻译，其次为"其他"，排在第三位的是英语语言文学专业。

这表明在样本学生中近40%的学生有一定的翻译学习基础，他们在四年学习中，已经比较熟悉和了解双语语言的对比、双语文化的对比，能对翻译任务、翻译情景和问题解决策略做出最基本的辨别和分析，能运用翻译知识和规范对翻译实践过程和译文做出评估的行为，可以借助媒介和资源的帮助，实现问题的分析，尝试解决问题，只不过，他们尚处于一种混乱的受制约规范的刻意的模仿求解的过程，没有形成系统合成和整合产生式的能力，解决问题的速度和效果都不尽如人意。

在问及样本学生"入学前翻译实践经验"时，162人在入学前有过翻译实践经验，占样本量的48.6%，171人在入学前没有过翻译实践经验，占样本量的51.4%，这表明学生在入学前具有翻译经验的人数与没有翻译经验的人数基本持平。此外，在问及"报考翻译硕士的原因"时，78人是因为"想当笔译员"，84人是因为"想拿研究生文凭"，41人是因为"考试难度低，不用考第二外语"，103人是因为"本科就业难，希望考研后好找工作"，2人是因为"家长或老师让我考的"，25人因为"其他"（包括喜欢、感兴趣、想精通英语深入学习翻译、想换专业拿985硕士文凭、有更多实践机会），分别占样本量的23.4%、25.2%、12.3%、30.9%、0.6%、7.5%，其中，大部分学生是因为本科就业难，希望考研后好找工作以及想拿研究生文凭报考翻译硕士的。

上述两个问题的答案反映出报考翻译硕士的学生虽然有近一半在入学前有过翻译实践的经验，但他们报考翻译硕士的主要原因并不是喜欢翻译、对翻译感兴趣，而是迫于就业困难，不得已的选择。攻读翻译硕士学生的入学动机、翻译实践经验以及前期与翻译相关的知识积累都将以最初条件的方式影响其翻译实践能力的发展，而二语习得的有关研究表明，学生的负面态度和缺乏动机会加剧其第二语言的磨蚀（Gardner, et al., 1985）。学生对最初条件的敏感程度决定着其学习的结果和效果，表现在学习过程中，即学生在认知、习得某个技能上的微小变化可能会引起影响学习的变量系统中较大变化，如语音意识的有无及具备程度决定母语阅读习得的情况，而且这种"较大的变化"也并不都是线性的，可能会出现前进、停滞、倒退等现象，正如动态系统理论所述的，能力的发展并不是线性的递增，而是动态的、螺旋的、连续的过程。

因此，这一阶段的教学内容呈现出弥补和规则学习的特征，经过翻译硕士入学前各阶段的学习，学生的分化为两种情况：1）近40%的学生已经较好的掌握了语言学知识和修辞学知识，如语义学、语篇学、语用学知识和文体学、修辞学等理论概念，能运用语言学和对比语言学的知识进行两种语言的对比分析与英汉、汉英互译，能运用文体系、修辞学的理论概念对译入语文本进行分析、写作，此时，这部分学生需要做的就是根据翻译硕士阶段复杂的翻译任务激活已储存的陈述性知识，使已有的知识图示与新输入的翻译概念知识、规则知识之间建立联结，为解决问题的产生式的提取和产生式系统的形成做好准备。2）60%左右的学生由于翻译硕士入学之前的学习准备或学习动机、翻译实践经验不足，导致这部分学生处于"最初条件"的窄波段[①]，因此他们的学习任务是在弥补的基础上进行原则的接受性学习。所谓弥补学习指翻译硕士学生对原本应该具有的语言学、对比语言学、修辞学、翻译学的辨别、概念知识的学习，弥补语言意识和避免母语对复杂认知技能学习的干扰。弥补学习教学内容的提出基于对翻译硕士学生学习复杂认知技能的前提条件的客观评估、翻译硕士教育的目以及教学基本情况的把握（学制、师资队伍、课程设置情况），同时这也体现了与本科教育的有效衔接。规则的学习指认知技能学习过程中从规则到例子的学习，就是奥苏贝尔认为的下位学习，其目的是通过对陈述性知识的编译达到对规则的掌握，表现为通过应用规则的变式练习，使规则由陈述性知识形式向程序性知识形式转化。

由于翻译硕士培养的是高层次、应用型、翻译专业人才，这一定位是市场对我国研究生教育的人才培养结构的客观要求，同时这一定位决

---

① 法比奥·阿尔维斯（Fabio Alves）在研究译者能力的一项实验中，将专家型译者和新手译者所处的能力水平命名为宽波段（broadband）和窄波段（narrow-band），此处借用这两个术语，分别表示能力水平的高低，即具备"最初条件"的高低。

定了翻译硕士毕业生必须具备知识结构多样、理论水平高的特征,因此,能力系统化阶段教学内容的学习是翻译硕士教学的基础阶段,是学生的实践能力和创新能力形成的基础。但必须注意的是,"最初条件"窄波段的学生并一定通过弥补学习就可以达到与"最初条件"宽波段学生同样的水平,因为,一方面,他们的学习取决于自身所处的内外部条件的合力;另一方面,"最初条件"宽端的学生一直处于学习更新的状态。但是,这绝不意味着二者是非此即彼或永远处在波段的两端,相反,根据动态系统理论能力发展连续性、螺旋性的观点和最近发展区理论,当学生需要解决问题与现有能力水平形成的"疆界"处于学生可能发展水平的"最近发展区"内,学生是可以通过弥补或解决问题的方式提升自己的"最初条件"的。

因此,能力系统化阶段,一方面指通过对语言知识、对比语言学知识、修辞学知识以及翻译知识的辨别与概念学习,使学生具备学习复杂技能学习的知识系统和理论水平;另一方面指通过对以命题、表象、线性序列和图式表征方式存在于大脑的陈述性知识的学习,与复杂认知技能学习之间产生系统的对接与联结,生成翻译问题解决的语言学、修辞学、翻译学、认知策略等单个的相对对立的产生式,为后期相同效果产生式的合成与工作记忆产生式系统的建立和整合打下基础,即知识的系统性和联结的系统性,也可以称为产生式的形成阶段。

(2)能力程序化阶段的教学内容

能力程序化阶段在本质上相当于安德森所描述的知识编译阶段和程序性阶段的综合,即形成问题解决的产生式系统、反复训练准确挑选问题解决的产生式系统最终达到无意识、自动化挑选的能力,即完成陈述性知识向程序性知识的彻底转换。产生式的合同和产生式系统的整合都需要反复的训练和大量的练习,因此,这一阶段翻译硕士实践教学的内容主要以例子—规则的接受性学习为特征,旨在通过大量应用规则的变式练习,提取能形成产生式的程序性知识,形成和调谐具体问题解决的产生式系统,提高问题解决的速度和效率,这一过程经历了两个步骤。

第一步，翻译硕士学生需要通过对教师提供的解决翻译问题的真实案例的分析讨论，提取真实案例中某种问题解决的产生式系统，将自己在能力系统化阶段建立的一系列产生式融入该产生式系统，形成某种真实翻译情景问题的产生式系统"集合"。这种"集合"的形成是建立在对无数个"If-then"产生式系统的整合之上的。安德森认为表征程序性知识的每个产生式系统都包含着条件和行动规则，条件用来说明事物变化前提的特征，行动用来说明事物的变化，即一个完整的"如果—那么"（If-then）产生式。条件是触发行动的前提，而在此行动下产生的结果将是诱发下一个行动的条件，各个产生式之间就是按照这种"如果—那么"的控制流程形成了产生式系统，业已形成的产生式系统自动激发下一个控制流程的产生，如此这般，新的产生式被整合到相同的问题情境中，不需要再反复推敲、提取陈述性知识解决情境问题的工作记忆产生式系统最终被建立，解决问题的策略得以不断提升。

第二步，翻译硕士学生需要练习在众多解决问题的方案中，准确、快速挑选特定问题解决的最佳方案。尽管在能力程序化的第一个阶段，翻译硕士学生已经通过不断变式练习形成了解决某种问题（如对等的问题）的产生式系统，但针对某个具体翻译任务，有的产生式系统过于复杂，耗时太长，有的产生式系统限于某种条件在当下无法发挥其全部功能，有的产生式系统需要译者具备某种特别的条件方能实现，因此，能力程序化阶段第二步便于通过"算法改进"和"强化机制"实现最佳产生式系统的选择。"宽化""窄化"和"强化"是安德森的认知技能理论中特别强调的实现特定问题与最佳产生式系统调谐的三种机制。安德森将通过合成、扩大和缩小产生式系统运用范围的方式筛选最佳产生式系统的过程称为"算法改进"，利用这种方法的确能减少产生式系统的数量，快速实现最佳产生式系统的选择，但当利用"算法改进"无法继续筛选下去的时候，对剩余两种或两种以上的问题求解效果相差无几的产生式系统该如何辨别其最佳呢？这个时候就必须借助"强化机制"来做出抉择。"强化机制"就是反复练习已达到"熟能生巧"的地步，从而尽力减少各产生式系统解决问题时所需的时间，最后花费时间最少的那个产生式系统即为解决特定问题的首选。能力程序化阶段是一个耗时最长、最为枯燥，也最为重要的过程，这一过程是通过对规则变式的反复揣摩、练习实现的，因此，对规则的学习、对规则内外部条件的认知和利用以及教师在规则学习中的指导是实现特定问题解决的产生式系统形成和挑选的重要条件。

由于这一阶段的重点内容是对高级规则的学习，因此，在学习过程中翻译硕士学生不仅要熟知构成规则的概念，还考虑规则学习的内部和外部条件。规则学习的内部条件指规则学习者对构成规则的成分——概念的"懂得"，这种"懂得"是指能够辨别是具体概念，还是定义性概念，并且必须是能够辨别规则涉及的每一个概念，而不是辨别个别或者部分概念，否则，这种规则的学习是不完备不准确的，无用的；规则学习的外部条件以教师言语指导的形式体现在规则学习的始末，大致遵循以下路线：教师对规则学习预期结果的言语指导→教师提醒学生回忆规则学习出现的子概念的言语指导→教师对规则呈现的言语指导→教师要求学生证明规则中所含的关系的言语指导→教师在学生对规则做出证明后的肯定性言语指导。具体翻译实践能力的习得中，就是翻译硕士学生首先能够理解构成源语和目标语两种语言的规则中所含有的全部概念，如"翻译转换过程中要遵循信达雅"，这个规则当中，首先，译者必须准确辨别和理解"翻译转换"的概念、"信"的概念、"达"的概念、"雅"的概念，才能理解规则所蕴含的意义，当然，这里对"翻译转换"概念的理解，不仅指语言层面的转换，更为重要的是语言层面之下文化之间的转换，而这个前提是必须先理解"转换的"概念，再理解语言层面的"转换"和文化层面的"转换"之间是否表示相同的意义，是否等值。其次，翻译转换规则学习的外部条件——教师的言语指导必须能确保翻译硕士学生可以通过对规则中所含概念的识别与理解，达到掌握规则、使用规则的目的。

这一阶段教学内容的完成在很大程度上取决于教师对案例挑选和规

则学习时的言语指导，首先，教师必须清楚规则学习的目的与程序，因为只有这样教师才能把握好课堂教学的重难点和操作流程，设计出有效的课堂；其次，教师必须对学习规则的学生有清楚的认识，了解他们的学习的特点、兴趣和性格特征，预测到学习过程中可能出现的问题，提前做好应急预案；再次，教师必须清楚地知道本节课规则学习的预期目标，以便准确分解课堂教学任务，把握学时安排，选取合适的教学策略，做出及时有效的评估；最后，也是最为重要的一点就是在学生规则学习过程中给予准确行言语指导，保证整个指导过程顺利有效。

（3）能力职业化阶段的教学内容

在这一阶段翻译硕士学生经过了翻译实践能力的系统化和程序化阶段，已能自如挑选最佳产生式系统解决翻译问题，现阶段需要做的已经不再局限于通过案例寻求解决翻译问题的语言、文化、策略、工具能力本身，而是需要进入真实的翻译情境中体验、感悟翻译赖以生存的社会场域，锤炼自己，使自身的行为和素养符合职业的规范与标准，将岗位职业技能纳入翻译实践能力的内涵范畴，实现翻译实践能力与市场具体岗位的无缝对接，使翻译实践能力蕴含岗位胜任特征的元素，使翻译硕士毕业生成为具备职业资质，拥有翻译专业资格的认证的职业译者。具体来说，就是翻译硕士学生通过这一阶段对翻译实际问题解决过程、方法、效果的真实体验，使自己成为行为规范、素养良好和技能过硬的职业译者。

职业行为规范指在合适的时间、合适的地点，用合适的方式，说合适的话，做合适的事，不为个人感情所左右，冷静且专业，是员工在知识、技能、观念、思维、态度、心理等方面所遵循的标准。职业素养包括职业道德、职业意识、职业心态，是从事某个特定岗位需要具备的心理条件；职业化技能是员工对工作的一种胜任能力，通俗的讲就是是否具备担当这个工作任务的能力。职业化技能大致可以包括两个方面的内容，一是职业资质，学历认证是最基础的职业资质，专科、本科、硕士、博士，等等，通常就是进入某个行业某个级别的通行证。二是资格认证，资格认证是对某种专业化的东西的一种专业认证，比如会计，就必须拥有会计上岗证。我国《专业学位设置审批暂行办法》中指出，"专业学位强调的是一种职业或行业准入的资历，专业学位是任职资格的重要条件"①。这一表述表明专业学位与任职资格的紧密关系，也规定了专业学位教育毕业生从业的方向和资格。专业学位是建立在社会分工基础上的，是职业学位的高级阶段和表现形式，因此它具有较强的行业或职业背景，与职业岗位直接对接，需要经过严格的职业资格考试，达到从业标准和要求。翻译硕士教育是众多专业学位教育中的一种，是我国研究生教育的形式之一，因此，它也强调职业或行业准入的资历。

如果说能力程序化阶段是翻译硕士学生锤炼自身翻译实践能力，使自己拥有从事翻译工作的双语语言能力、双语文化能力、策略能力、工具能力、评估能力，具备提升自身对翻译认识的心理和生理要素的过程，那么能力职业化阶段就是将翻译硕士学生从"纸上谈兵"的黩武状态置身于广阔的、真实的翻译生态环境中去实战，让学生身临其境的感受翻译学科包罗历史、文化、语言、美学、政治乃至意识形态的特性，去直面源语文本作者生存的自然环境和社会环境，还原源语文本作者发声的立场和周边氛围，同时以换位的方式站在"赞助人"的角度去审视其意图及其价值标准形成的场域，真实的剖析自己头脑里的"黑匣子"的运作方式及作用原理，在"三方会晤"的基础上，如何斡旋、调停三方关系，使译语"对等"或"等值"三方的期望，成为翻译文化长河中的标的形态。

翻译实践能力的培养是翻译硕士教学的核心任务，翻译实践能力的阶段性和不同阶段的发展特征决定了翻译硕士实践教学必须按其阶段特征精心设计和组织教学内容，按照动态系统理论的观点，翻译实践能力的发展具有连续性，因此翻译硕士实践教学内容的安排也按序进行，每

---

① 国务院学位委员会：《专业学位设置审批暂行办法》，1996 年。https：//baike.sogou.com/v70104447.htm? fromTitle。

个阶段教学内容虽各有侧重，但整体上统一于翻译实践能力习得这个语境，但动态系统理论也告诉我们，能力的发展不是由低到高的简单的线性排列，而是充满了停滞、倒退或前进等各种可能性，因此，翻译硕士实践教学内容的安排和组织也不是按部就班的生搬硬套和简单模仿，而是需要根据翻译硕士学生在不同阶段的现有水平进行调整，或进行规则概念反复辨别与学习，或加强对真实案例的反复研讨，或通过强化对产生式系统反复练习，使翻译实践能力能够在动态平衡中得以重组、发展。

需要说明的是，如 PACTE 小组翻译能力习得模式所描述的，译者翻译能力的习得并非简单的子能力的叠加，也并非直线的上升和静态序列的组合，而是充满曲折和变数的、跌宕起伏的艰难历程，它取决于译者运用策略发展和整合各种子能力的水平和能力，依赖于各种次能力的发展及其相互之间的整合，而各种子能力的发展与整合不仅需要积累陈述性知识，更依赖译者对现有知识的重构。因此，从初学者到专业译者阶段，译者所要学习的不仅仅是如何获得缺失的子能力的问题，更是如何重组现有的子能力，使其为翻译能力服务。在学习过程中，学习者必须具有学习能力，包括具体的学习策略，这样才能使陈述性知识和过程性知识得以融合、开发和重组。在此过程中，学习者需要习得的主要是过程性知识而非陈述性知识，因此策略能力就显得至关重要。各种翻译能力的子能力之间互相作用、互相补充，但它们并非同步发展。这些子能力是按照不同的等级组合起来的，在翻译方向（译入或译出）、语言组合、专业化及学习环境中，有可能产生差异，这就决定了在译入和译出时翻译能力习得存在差别。这就决定了我们对支撑翻译硕士实践能力习得的教学内容进行设计时，需要按照能力发展的阶段性和具体翻译任务侧重的能力类属及翻译方向适时调整，保证翻译硕士实践教学目标的实现。

3. 翻译硕士实践教学内容的实现途径

翻译硕士研究生的预期学习产出集中表现为翻译能力的发展和提升，而这种翻译能力的发展与提升主要通过课堂教学和课外实践来实现，翻译硕士实践能力的发展与提升自然也需要依靠这种途径来达成。

(1) 途径一：课堂教学

对于"课堂教学"的认识是伴随着对"课堂"的研究而不断发展的，从我国夏朝萌芽形态的"庠、序、校"到西方古希腊时期的博雅教育课程，无不映射着课堂教学的形态，从"知识课堂"到"生命课堂"的转变标志着课堂教学价值观"从单一地传授教科所上呈现的现成知识转为培养能在当代社会中主动、健康发展的一代新人"[①] 的重构，人们对"课堂"的不同理解决定着课堂教学的本质、目的、内容与方法。本研究将课堂教学理解为"发生在教室里的有目的有意义的活动"，是教育教学中普遍使用的一种教学组织形式，其目的是师生在互动交往中实现知识的探究和学生的成长发展。谈到课堂教学自然离不开课堂的载体——课程体系，课程体系的构建对实现学生学习预期产出至关重要。OBE 教育理念下的课程体系关注学生毕业要求与课程体系结构的映射关系，毕业要求分解而成的每一条具体要求都必须有对应的课程来支撑，每一门课程都要与对应的具体毕业要求有某种映射关系，课程对毕业生要求的作用程度决定着课程的类型和课时数，课程体系所支撑的毕业生要求就是毕业生毕业时能具备的条件，即学生毕业时"能有什么"，而"能有什么"（毕业要求）决定着学生是否"能做什么"（培养目标）。

翻译硕士实践教学的核心任务主要是培养翻译硕士研究生的翻译实践能力，OBE 教育理念下翻译硕士课程体系的构建要把握好以下几对关系。

第一，把握好毕业要求与课程体系之间的关系。正如其名字的寓意一样，OBE 是以学生的预期学习产出（毕业要求）为主的教育理念，其教学设计与教学实施皆围绕学生的预期学习产出进行，因此，用来培养翻译硕士研究生翻译实践能力的课程体系也必须以学生的预期学习产出（毕业要求）为依据构建。毕业要求指对毕业生应具备的知识、能力、素质的具体要求，反映在教学大纲或课程说明中就是被分解的毕业要求的各能力指标项，在本研究中翻译硕士研究生的毕业要求表现为翻

---

① 叶澜：《重建课堂教学价值观》，《教育研究》2002 年第 5 期。

译实践能力及其各子能力项，OBE 教育理念下翻译硕士研究生的毕业要求与课程体系的映射关系可以用"矩阵"的方式表达（见表6-1）。

表6-1　基于 OBE 理念的翻译硕士课程矩阵示例（节选）

专业课程 / 毕业要求	第一学期 必修 笔译理论与技巧	第一学期 必修 文化翻译基础	第一学期 选修 翻译跨学科研究与应用	第一学期 选修 第二外国语	第二学期 必修 笔译工作坊	第二学期 必修 计算机辅助翻译	第二学期 必修 高级英汉翻译	第二学期 选修 商贸笔译	第二学期 选修 旅游笔译	第二学期 选修 外事笔译	选修 工程笔译	第三学期 必修 中国文化典籍翻译	第三学期 必修 笔译研究方法与论文写作	第三学期 必修 翻译技术	第三学期 选修 翻译质量控制与评价	第三学期 选修 翻译职业发展与规划	第四学期 必修 本地化翻译	第四学期 必修 翻译企业运营与管理	第四学期 必修 语言服务项目管理	第四学期 必修 技术写作	第四学期 选修 术语翻译	第四学期 选修 影视翻译	必修（门）	选修（门）
1. 翻译实践能力																								
1.1 一般实践能力																								
1.1.1 双语语言能力	★			◆	★	◆											▲						2	
1.1.2 双语文化能力		★										★					▲						1	1
1.2 专项实践能力																								
1.2.1 策略能力		★			★							★									★		4	
1.2.2 工具能力					◆	★								★			▲			★			2	1
1.3 综合实践能力																								
1.3.1 评估能力			▲									★			▲	★							2	
1.3.2 生理心理能力	◆		◆		◆										◆			◆			★		2	1
2. 翻译认知能力																								

"课程矩阵"能够清楚地显示每门课程支撑的毕业要求及其能力指标点，也可以明确显示各门课程之间的相关性和支撑关系，同时，课程矩阵的方式也可以凸显院校重点强化的能力指标点，有利于师生清楚了解教学的重点和人才培养的侧重，为更进一步地课程研究提供参考。

第二，把握好翻译硕士研究生毕业要求在课程矩阵中的纵横关系。由于翻译实践能力有其阶段和层级性，所以对应的翻译硕士研究生的毕业要求能力结构也有其阶段和层级性，即横向上体现了翻译实践能力的系统化、程序化、职业化发展阶段，纵向上体现的是一般实践能力、专项实践能力、综合实践能力的习得过程，因此，在构建翻译硕士应用型人才培养的课程体系时，要注意翻译实践能力结构的纵向和横向关系（见图6-4）。

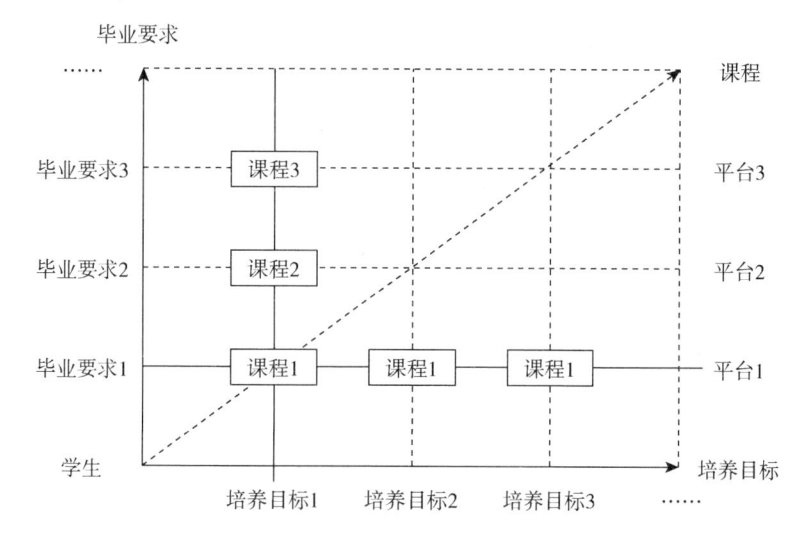

图6-4　基于OBE理念的翻译硕士研究生能力结构关系示例（节选）

如图6-4所示，OBE教育理念下的能力结构纵横关系可以用坐标轴的方式体现，在坐标轴上能力的层级和阶段特点被鲜明地呈现出来，横向的阶段特点以同层次课程间形成的课程平台的方式表示，纵向的层级特点以不同层次课程间形成的课程串的方式表示。此外，这种二维结构的纵横关系图，清楚地表明了学生、培养目标、课程体系和毕业要求之间的关系：学生是中心，培养目标是统领，毕业要求是依据，课程体系是支撑，毕业要求、培养目标的设计和课程的设置必须以学生为中心，以学生的学习成长和专业发展为中心，学生毕业要求的达成和培养目标的实现必须依靠课程体系落实在课堂教学中。

第三，把握好各类课程之间的关系。根据本研究对西北地区翻译硕士院校课程设置情况的调查和"调查报告"结果所示，目前翻译硕士院校的课程设置仍以翻译硕士研究生的语言能力培养为目标，课程类型、结构单一，课程设置无重点、与教学目标关系不大，课程内容陈旧，无法支撑市场所要求的其他能力的实现。"调查报告"中用人单位对翻译硕士课程设置的建议数量最多的是"多开设翻译实践类课程"，其次是"加强实际翻译项目实习实践""加强中文书面表达的课程"和"加强语言服务类课程"。考虑到翻译硕士教育培养目标的"实践型、应用型、专业语言服务人才"的转向，翻译硕士院校在课程设置时，在确定清楚毕业要求能力指标与课程体系的对应关系的基础上要设计能使学生获得客观世界直接经验和真切感受的经验课程，促使学生认识整体发展、形成解决问题的全新视野与方法的综合课程；在调整课程结构和类型的基础上合理确定各类课之间的学分比例；增大专业选修课的比例，形成选修课与必修课之间的课程模块，保证学生的兴趣、爱好、个性和共性共同发展在保证学生具备完整知识结构的前提下尽量增大选修课比例。

第四，把握好毕业要求与课程教学内容之间的关系。"毕业要求是确定教学内容的依据，教学内容是达到毕业要求的支撑。"① 翻译硕士实践教学的核心任务是培养翻译硕士研究生的翻译实践能力，期望在翻译硕士教育结束后翻译硕士毕业生能够具备从事翻译工作的双语语言能力、双语文化能力、策略能力、工具能力、评估能力以及强硬的生理心理能力，这些毕业要求的能力指标点需要逐个落实在支撑能力实现的对应的课程中，因此课程教学内容的选择对于能力的实现至关重要。

按照传统模式，课程教学内容的选择体现在课程教学大纲中，它以教材为载体，详细规定了教学内容章、节顺序和课时安排。教师只需要按照教材的章节内容完成教学任务即可，对于教学内容学习的目的、教学内容对学生毕业要求的作用大小都无从所知，教师糊里糊涂地完成教学任务，学生懵懂无知地"上完了课"，没有人告诉学生学这门课是为了让学生毕业时"能会什么"，也没有人告诉学生设置这门课的意义何在？造成的结果是"不明不白"。

---

① 李志义：《解析工程教育专业认证的成果导向理念》，《中国高等教育》2014年第17期。

基于OBE理念的《课程说明》清楚地描述了课程的性质、作用、目标、类型、三级课程培养要求、课程教学内容安排与学时分配、与其他课程之间的关系以及通过本门课程的学习能达成哪几条或哪一条毕业要求，课程教学内容不再是按章节顺序呈现，而是以模块的形式对应到欲实现的毕业要求，其中还规定了该课程教学内容选用的教学策略和考核方式（见表6-2和表6-3）。

表6-2 基于OBE理念的翻译硕士毕业要求实现矩阵示例（节选）

课程培养要求 \ 课程模块	模块一 篇章写作	模块二 概要和读书报告	模块三 正式和非正式风格	模块四 论文写作	模块五 应用文写作
1. 语言运用能力 系统实地掌握英语语言知识，具有英语语言理解能力、表达能力、语用能力及翻译能力，能恰当地使用语文交际策略					
1.1 系统地掌握英语语法、语音、篇章和语用知识，并能运用所掌握的语言知识进行语文理解、表达和分析					
1.1.1 能理解和使用相关专业语域中特有的语法形式	H				
1.1.2 能根据不同场合、不同体裁等选用恰当的表达方式或句式结构	L			L	
1.1.3 能熟练运用常见论证性文体的句法形式，清楚地组织语篇和表达思想	M		H		L
1.1.4 能使用衔接手段表示对比、因果、递进或转折，使表达具有连贯性和逻辑性	H				
1.2 能就各种熟悉的话题、社会热点问题进行对话、讨论等口头表达，表达准确流畅；能就社会热点问题或现象进行书面表达，运用多种论证方法阐明观点，论据充分，有逻辑性					

表6-2所示，OBE理念下的课程教学内容与毕业要求实现之间的

关联程度清楚地展示在毕业要求实现矩阵中,分别用字母"H""M""L"表示。"H"表示关联程度高,至少覆盖80%;"M"表示关联程度中,至少覆盖50%;"L"表示关联程度低,至少覆盖30%。

表6-3 基于OBE理念的翻译硕士课程教学内容与学时安排示例(节选)

模块名称	主要内容	学时	教学方法	评价要点	备注
模块一 篇章写作	1. 篇章写作的步骤 △2. 篇章写作的要求与规范 ★3. 不同类型文体写作基本方法	8	讲授 写作训练	熟悉篇章写作的步骤和要求;掌握记叙文、描写文、说明文、议论文写作的基本方法	比较辨析
模块二 概要和读书报告	△1. 概要的作用与写作步骤 ★2. 读书报告的构成与撰写要求	8	分组讨论 口头展示	了解概要和读书报告的撰写规范与要求;能简练语言撰写概要与读书报告	观看案例
模块三 正式和非正式文体	△1. 文体的概念与内涵 ★2. 正式文风格与非正式风格	4	课堂讨论 范文分析	能根据文章内容、结构、语言特征去区分正式风格与非正式风格	范文比较
模块四 论文写作	△1. 论文写作的步骤 ★2. 论文写作的格式	6	讲授 课堂讨论	了解论文写作遵循的规范与要求;能区分论文写作与篇章写作的异同	模拟写作
模块五 应用文写作	★1. 通知、便条、信件、信函的模拟写作 △2. 应用文写作的要求与规范	10	范文讲解 写作训练	能写简单语句的便条、贺卡表达祝贺祝福、感谢;能写简短的日常信件,表达歉意或惊异;能写简单的正式信函,进行询问、告知或推荐	模拟写作
合计学时	36学时				

注:★表示重点内容,△表示难点内容。

基于OBE理念的翻译硕士课程体系构建明确规定了培养目标与课程体系、课堂体系与毕业要求、毕业要求与课程矩阵的纵横关系和课程教学内容的关系,课程矩阵的形式明确实现了每门课程对毕业要求的贡献程度,按照课程对毕业要求的贡献程度设计课程教学内容和安排课时与考核方式突破了传统按课程教学大纲章节顺序、课时安排授课的弊端,OBE理念反向设计、正向实施的原则为翻译硕士实践教学任务的达成提供了精准的设计和实施路径和方法,为人文学科"严谨"和"准确"的科学研究提供了思路。

依据对毕业要求的贡献程度挑选课程的方式看起来似乎有"断章取义"和"碎片化"的嫌疑，但整体上以横向的课程群和纵向的课程串的结构呈现，因而，总体知识更加系统和有条理，即便偶因对某种能力强调而出现该支撑课程的"偏颇"和其他知识的"断层"，学生会自主地补足课堂中"间断性"和"阶跃式"，自行跨上通往知识海洋的"阶梯"。

（2）途径二：课外实践

翻译硕士教育是专业学位教育，翻译学科的属性和专业学位教育的特性决定了翻译硕士研究生毕业生只有通过不断训练和反复的练习，才能真正体验翻译的过程、提升翻译实践能力和强化对翻译的认知，因此，翻译硕士研究生必须时刻处于"实践"的情境和状态中。

翻译硕士作为一种学校教育，课堂教学自然是翻译实践的主阵地，但课程教学的课程教学内容设置的层次性、阶段性以及不可逆和无法重复的特点，使得课堂教学只能拘泥于某种目的、某个意义下对某种能力的特别强化，导致受课时、时间、教师资质、教学环境等因素所限，往往无意忽略或者有意舍弃其他能力的培养，更令人担忧的是，由于翻译任务的发展规律、学生译者主体的个体差异和能力提升的阶段性，对翻译任务的认知和自身能力的发展提升需要学生译者多次重复练习、反复强化、加固方能内化为无意识的适用于某种特定情境的解决翻译问题的"产生式系统"，此种情况下，仅靠课堂教学远远不足以达到翻译能力的内化和无意识的产生，因此，课外实践是翻译硕士研究生翻译能力，尤其是翻译实践能力提升的必要途径。

目前，大部分翻译硕士培养院校的翻译硕士的学制都是 2—2.5 年（虽各个学校培养方案中有弹性学制 3—5 年的规定，但并未真正执行），学生课堂学习的时间不足三年，不到三年的上课时间再抛去公共课的修读时间，学生专业课的学习时间所剩不多，翻译学科的综合性导致课程科目繁多且不同科目内容繁杂难，学生常处于疲于应对或一知半解的状态，随着翻译行业趋向语言服务行业的转向，以翻译能力为培养目标的翻译人才向涵盖翻译能力、项目管理能力、语言技术处理能力以及综合素质的语言服务人才的转变，翻译硕士研究生需要学习和掌握的知识、技能、素质更是名目繁多，此种情景下，课外实践的作用尤为重要。此处的课外实践指区别于传统的包括师生主体、教学场所和教学活动的课堂教学之外的一起活动，既包括校内课堂外的实践，如毕业论文设计、科学研究、创新创业项目申报、学科竞赛等形式，也包括校外的各种实践活动，如专业实习、社会实践、国外交换交流活动等，此外，还包括使用信息网络技术将传统课堂延伸至课外的教学活动。

无论是"显性课程"的课堂教学，还是"隐性课程"的教学实践，抑或是课堂之外的以各种形式呈现的课外活动都是翻译硕士实践教学内容实现的重要途径，如何保证课外实践途径作用的充分发挥是翻译硕士实践教学必须考虑的问题。本研究中将翻译硕士实践教学的核心任务确定为培养翻译硕士研究生的翻译实践能力，因此，课外实践的设计需要综合考量翻译硕士课堂教学的特点和课程教学内容的结构，建立在翻译实践能力的阶段特点、层级结构上，同时兼顾学生译者认知的一般规律和学生个体差异的基础上，翻译硕士教学的课外设计应是融多样性与多元化于一体，体现翻译实践能力层级结构的（见图6-5）。

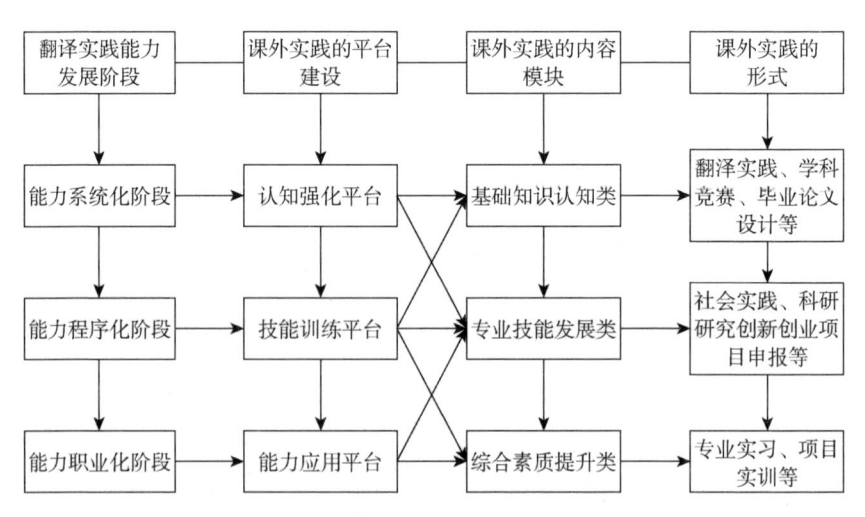

图6-5 翻译硕士教学课外实践环节设计思路

如图6-5所示，翻译硕士教学的课外实践环节设计包含与翻译实践能力发展阶段相呼应的课外实践的平台建设、课外实践的内容模块以及课外实践环节的形式，在前面本研究已经对翻译硕士实践教学目标和内容的能力层次结构进行了分析，基于对翻译实践能力不同发展阶段的翻译硕士实践教学目标和内容分析的基础上，翻译硕士教学的实践环节有针对性地对课外实践环节进行了平台的设计，能力系统化阶段建设认知强化平台，旨在让翻译硕士研究生通过翻译实践、毕业论文设计以及学科竞赛的形式加深对翻译及翻译过程的认知；能力程序化阶段建设了适合能力程序化发展的技能训练平台，旨在通过社会实践、科学研究和创新创业项目申报，促进专业技能的发展；能力专业化阶段建设了能力应用平台，旨在让翻译硕士学生通过专业实习和项目实训提升语言服务行业需要的综合素质。

以建设平台的方式进行翻译硕士课外实践环节设计，有利于整合翻译硕士培养院校、合作培养院校和翻译公司、企业的优势资源，使课外实践系统化、程序化、条理化，避免因名目和形式多样造成的鱼龙混杂和漏网之鱼现象的发生，三大课外实践平台与课外实践内容呈多元、互通联结模式，能够在翻译实践能力培养过程中查缺补漏，相互支撑，与翻译硕士课程教学一起共同实现翻译硕士实践教学的内容和核心任务。

4. 翻译硕士实践教学内容的实现方法

对教学方法概念的界定，也因视角不同、关注的焦点不同，界定自然不尽相同，比较有代表性的界定有以下三种。第一种界定："为达到教学目的，实现教学内容，运用教学手段而进行的，由教学原则指导的，一整套方式组成的，师生相互作用的活动。"[①] 第二种界定："为了完成一定的教学任务，师生在共同活动中采用的手段。既包括教师教的方法，也包括学生学的方法。"[②] 第三种界定："教学方法是教师和学生

[①] 王策三：《教学论稿》，人民教育出版社1985年版，第244—245页。
[②] 《中国大百科全书·教育》，中国大百科全书出版社1985年版，第151页。

为了实现共同的教学目标，完成共同的教学任务，在教学过程中运用的方式与手段的总称。"①

以上三种界定，第一种详细描述了教学方法的规约性，即任何一种教学方法的采用都必须为实现教学目的服务，且教学方法是在教学原则的指导下的教学方法，是遵从某种理念的，按照某种成熟的模式进行的，能独立完成某种教学任务，同时第一种界定表明了教学目的、教学内容、教学手段、教学原则和教学方法之间的逻辑关系，教学方法是实现整个教学活动必不可少的要素。第二种界定同样说明了教学任务与教学方法（概念界定中用"手段"一词）的逻辑关系，但正如它所表述的，将方法与手段等同起来，但从《资本论》中马克思对劳动工具的分析，可以看出，手段通常以实体形态的样子存在，是人类器官的延伸的工具，当方法被等同于活动的手段时，它被看作主观方面的手段，是没有物质形态的，是人们认识世界、改造世界过程中所遵循的方式、途径和程序的总和。第三种界定表明了教学目标和教学任务之间的关系，将方式和手段一起纳入教学方法之中，指有形的实物工具，方式一般指构成教学方法的细节和技术形式。教学方式与教学方法不同，它是教学方法的必要组成部分，教学方法指向一系列的教学活动，能够独立完成教学任务，而教学方式则只能充当教学方法的助手，辅助教学方法完成教学任务。综合以上分析，本研究采用第一种界定，即将教学方法看作能够完成某项任务的一连串有目的的活动，既包括教师的教的方法，也包括学生学的方法。

翻译硕士教学任务的多元性，教学内容的复杂性以及教学主体复杂的身份决定在选用教学方法是一定要以实现翻译能力培养和强化翻译认知为目标，以秉持教师主导型主体预设和学生发展性主体有效生成的现代课堂为理念选择教学方法，由于信息技术的发展和语言服务业的兴起，在实现方式上要融入翻译技术和计算机辅助翻译。无论是翻译能力

---

① 王道俊、王汉澜：《教育学》，人民教育出版社1989年版，第242—243页。

的习得，还是翻译认知的强化，都是译者本身内省的行为，因此，翻译硕士的教学方法必须以真实体验为原则，营造真实的双语交际环境，特定的交际人和交际话题，让学生译者忠实的表达"讲话人"要传递，用多种手段训练学生用一种语言理解信息，再用另一种语言等值另一种信息。依据现状调查中翻译硕士实践教学方法中存在的问题以及翻译硕士实践教学的层级目标和阶段内容的特征，本研究对翻译硕士实践教学方法的优化实行分阶段按预期目标进行的方式，即在翻译实践能力的系统化阶段采用问题探究式教学方法、在程序化阶段采用案例讨论式教学方法，在职业化阶段采用项目参与式教学方法。

（1）能力系统化阶段：问题探究式

翻译实践能力系统化阶段旨在培养翻译硕士学生的双语语言能力、双语文化能力以及对作为翻译主体的自己的认知能力，这一阶段对教学内容主要涉及翻译硕士学生对翻译任务相关概念、规则、原理运用知识的系统掌握，为产生式与产生式之家的系统联结打下基础，因此，这一阶段以发现问题、分析问题、解决问题为线索，实现翻译硕士学生对翻译实践相关知识的系统掌握和娴熟运用。

①问题探究式方法的内涵特征。对"问题"的界定，角度不同，观点也不尽相同，认知模拟经济学家纽厄尔与西蒙（Newell and Simon）曾言，问题是一种未知情境在头脑中模糊的呈现。美国数学家哈尔莫斯（Paul Halmos）将问题看作数学得以存在的灵魂，它的存在导致了教学活动的发生。建构主义学习环境模型的创建者乔纳森（David Jonassen）认为问题有两大关键特征：1）问题是某种情境下的一个未知实体目标状态与当前状态的差异；2）所寻找的或解决的哪些未知的东西要有一定的社会的、文化的或技术的价值。以上探讨揭露了问题的实质，即问题是事物的未知态，问题及问题的探究应具有一定的价值。

问题探究式方法是将问题作为分析和研究的对象，在创设的情景中主动发现问题、分析问题，解决问题，从而实现知识的学习、问题解决能力的提升和创造性思维的提高。问题探究式教学方法作为案例教学法的前身，在 20 世纪初哈佛商学院一经提出就受到了普遍欢迎和大力推广。哈佛商学院邀请工商界管理者在课堂上呈现企业管理与运营中所碰到的问题，告知学生企业在决策和实践中面临的困难，让学生自主进行分析、讨论，提出可行性方案，这是问题探究式教学方法的雏形，它源于哈佛商学院对传统课程教学方法的改革和古希腊哲学家、教育学家苏格拉底（Socrates）教学辩证法的创新运用。问题探究式教学方法兴起和繁荣有着深厚的理论基础和学科积淀，哲学内因和外因的辩证关系为问题探究式教学方法的兴起强大的诱因，认知心理学认为人是主动的信息加工者和知识加工者的观点为问题探究式教学方法的发展提供了可依靠的基础，建构主义理论和情景学习理论认为学习是一个主动建构的过程，是学习者在一定的情景下，对事物未知态的探究的观点为问题探究是教学方法提供了可以参照的依据和运行模式。基于以上理论和学科观照下的问题探究式教学方法有着其他教学方法不可比拟的优势。

首先，按照归属关系来讲，问题探究式教学方法是基于课堂问题的教学方法。基于课堂问题的问题探究式教学方法遵循与学科紧密相关，以课堂教学目标实现和教学任务完成为着眼点的路线，即"提出问题—形成假说—探究验证—得出结论"，该模式下，以问题的提出为起点，对问题情景进行设置、分析讨论问题、联系已知知识，最终实现问题的解决。与问题教学方法相比，周期短，往往一个课时或周学时就能完成，操作简便，目标明确，内容单一，适合初学者阶段对低级内容的学习，以课堂教学内容的学习和问题探究与解决能力的提升为重点。

其次，按照教学活动的结构关系来讲，问题探究式教学方法是问题呈现和问题解决本身就是教学活动的目的和内容。与传统以教材为主，以知识点为线索设计的课堂教学视问题解决能力为专业技能提升的辅助，掌握知识为发展智力的手段相比，问题探究式教学方法将问题解决作为教学主要目的，以便引发新问题的产生，在问题解决的过程中，问题、问题情景的设置、问题的探究和问题的解决本身与学科知识紧密联系，因此，问题探究的整个过程都是课堂教学的主要内容。

最后，按照教学的逻辑关系来讲，问题探究式教学方法以问题的提出和问题的解决为出发点，以提高课堂效率为归宿。如哈尔莫斯所述，问题是教学的开端，一切教学活动的开展都是围绕某个问题的探究与解决，将问题置于情景中让学生在多样的情景中发现问题、分析问题，与已有知识形成联系，求解问题的过程符合学生学习的规律和认知特点，易于激发学生的兴趣、好奇心，便于养成学生挑战自我的决心和信心，但是，必须明确的是，问题的解决并不是课堂教学的归宿和最终，问题的解决是为下一个问题的出现做准备，问题是客观存在的事物的位置态，它本身并不会消亡或生长，而是事物的情境和看待事物眼光发生了转变，因此，以问题的探究和解决作为课堂教学的起点，是人类认识客观世界和改造客观世界的出发点。同理，无论是基于问题、任务的、案例的、项目的抑或是其他的方法开展教学，其目的本身必然指向以实现目标、完成任务的高效课堂，并不是为了展示方法本身而选取方法，教学方法必须服务于课堂效率的提高。

②问题探究式方法与翻译实践能力的系统化。从上述问题探究式教学方法的概念、理念与特点的分析可以得知，问题探究式教学方法的目的是习得概念、规则和原理，提高问题解决能力以及培养学生的创造性思维，问题的探究和解决过程是课堂教学的起点，也是课堂教学内容的有机组成部分，以问题情景为问题呈现方式，以问题链的串联作为问题间对话的形式，鼓励学生对教学内容进行认知，以问题解锁的方式达成教学任务，实现学生在现实情境中根据具体情况运用知识和经验的应变水平和创造性思维的培养。

翻译实践能力的系统化就是对构成翻译实践能力的各子能力（包括双语语言能力、双语文化能力、策略能力、工具能力、评估能力、心理生理能力）概念、规则和原理进行系统的辨别和学习，旨在与已有知识进行联结，在反复使用和联系中建立真实翻译情境需要的问题解决的产生式集合。这个阶段是翻译实践能力发展的初级阶段，是建立在动态系统理论所说的"最初条件"的敏感性上，在这个阶段翻译硕士学生需要对翻译硕士入学前应该具有的语言知识、翻译知识和主题知识进行补充、联结,作为翻译实践能力这种结构不良领域知识学习的基础,为翻译实践能力程序化阶段翻译情境问题解决产生式系统形成打下基础。问题探究式教学方法以期周期短,见效快,目标明确,课堂教学任务单一的优势,将一个个涉及语言知识、翻译知识、主题知识的问题以及后期涉及双语语言与文化对比、策略选择与使用、工具挑选与规范、过程评估和译文评比等知识的问题置于多样的情景中,使学生在发现翻译实践中的相关问题、对问题进行分析和解决问题的过程中自然而然地建构知识、习得能力、养成创新性思维。

翻译实践能力系统化阶段采用问题探究式教学方法是二者相同的特质所决定的,它便于高效的弥补翻译硕士学生的"最初条件",便于翻译硕士学生系统学习构成翻译实践能力的子能力的概念、规则和原理,最终形成翻译问题解决的产生式条件和行为。问题探究式教学方法通过问题的探究实现翻译实践能力的系统化,问题探究行为的结果取决于发生翻译实践能力系统化阶段提出的问题的品质。

首先,翻译实践能力系统化阶段的教学目标是系统学习各子能力的概念、规则、原理,形成翻译情境问题解决的产生式集合,因此,翻译实践能力系统化阶段提出的问题应该与教学目标细化之后的课堂教学目标保持一致,即问题应该根据分解在课堂教学中的各子能力的概念、规则和原理相关,按照设置的翻译情景设计与各子能力习得相关的问题链,各子能力在发展过程中与翻译情境相互作用,以动态螺旋式样态发展,最终与翻译情境问题结合形成问题解决的产生式集合。

其次,情景学习理论强调知识学习和意义建构与真实情景的关系,认为学习者只有在真实的活动中学习并使用其所学的知识技能,才能真正了解所学知识的意义和价值,成为其实际问题解决的工具。因此,翻译实践能力系统化阶段提出的问题应该是真实的,问题的情景也应该是真实的,因为只有这样才能将陈述性知识转化为程序性知识,也唯有这样才能应用于真实的反映情境中。

再次，翻译实践能力系统化阶段重在对知识的弥补和系统地掌握，涉及的概念和规则众多，每节课的教学任务也较为繁重、枯燥，以问题为线索设计课堂，将问题置于真实情景中，能够持续激发学生学习的兴趣和热情，能够唤起学生对问题本身、学习方法、自我价值和自我认知的探究。

最后，翻译实践能力系统化阶段是翻译硕士学生学习的初级阶段，受"最初条件"的影响，学生对翻译概念、规则的学习有明显的差异，所以在问题设置时要考虑到学生的认知特点和对"最初条件"的敏感性程度，因此，所提出的问题应该符合学生的认知和学习水平，问题可以以问题链的逐级呈现的形式置于某个特定的情景中，便于学生由具体概念到定义性概念，由基本规则到高级规则学习的认知特点。以上对提出问题的品质保障并不一定就能保证问题探究的结果良好，能实现问题的解决，因为，问题探究的结果往往取决于对问题情景、学生建构知识的能力和知识建构过程中认知思维的控制三个方面的合力。

③问题探究式方法实施的环节

问题探究式教学方法实施的效果是翻译实践能力系统化的关键因素，在设计和实施过程中要以课堂教学目标和当下任务的实现为根本，提出的问题必须是与翻译概念、规则和原理学习相关的单个内容，问题探究式教学方法实施的过程模式一般为：提出问题→探究验证→得出结论。

环节一：问题设计

"问题"是问题探究是教学方法的起点和关键，对"问题"的设计是建立在准确把握课堂教学目标和分解教学内容的基础上的，翻译实践能力系统化阶段是系统学习结果不良领域知识（掌握翻译实践能力子能力的概念、规则和原理），教学任务是翻译实践能力各子能力的概念、规则和原理，因此，翻译实践能力系统化阶段的问题设计要根据其教学目标、教学任务，围绕翻译课程标准的要求进行，问题的设计包括问题情景的设计和问题链的设计。

"问题情景"指承载未知事物的逻辑背景，它真实、生动、鲜活为特征将问题置于其间，使问题易于辨别、理解。翻译情景中的问题指借助真实译文语料呈现的关于语言知识、翻译知识和主题知识及对这些知识的概念、规则和原理的掌握。因此，问题情景取材于翻译实践中关于双语语言对比，文化移植、策略使用、工具选择、译文鉴赏的平行文本，可以是文学翻译，可以是科技翻译，也可以是应用文的翻译，无论哪种体裁的文本素材作为承载问题的情景，该素材必须是真实的、紧密结合学科和课堂教学目标的、能突出说明问题的、易于学生理解的、可以探究的、具有一定价值能够推及它者的。

"问题链"指由核心问题合理拆解得到的问题的有序集合，它有一定层次和属类之分，按照一定逻辑关系联结而成，是实现问题由起始状态向目标状态转变的必然途径。问题的逐级拆解有助于激发学生对核心问题的深入思考，拆解的过程可以有效训练学生对问题之间逻辑关系的准确把握，最终以击破各个子问题的方式达到核心问题的解决。拆分问题、编制问题链首要注意的问题就是围绕教学活动的中心，即教学目标的实现，一切教学活动都是围绕这一处以中心地位的、决定其他教学要素的核心要素，只有问题链紧紧围绕教学目标的实现才能保证课堂教学的价值和教学目标的实现，也才能体现核心问题的意义和价值。在问题链编制过程中首要保证问题的新意和情趣，如翻译引起的中西文化的场景或诗歌翻译时利用文字编排或者利用信息技术融入声音和意境等；其次，在问题编制时还要注意问题之间的逻辑关系，各个子问题一定有相关性，按照一定的逻辑结构排列，否则会偏离教学目标的实现；最后，问题链编制时各个子问题一定要指向某个解决方法，即问题和解决方法之间呈一一对应或一对多的对应关系，这样便于把握问题解决的关键点，易于形成问题解决的产生式集合。

环节二：自主探究

教育心理学家加涅（Robert Gagne）认为解决问题需要具备两个条件：规则和控制思维过程策略的掌握情况。于本研究而言，翻译实践能力系统化阶段学生能否解决翻译情景中的问题，完成课堂教学任务和实现课堂教学目标取决于学生是否取得有关问题解决的语言文化知识、翻译知识以及主题知识，是否具备控制自身内部思维过程的策略，即翻译硕士学生是否习得翻译问题解决的策略能力、工具能力、评估能力以及调节和掌控自身心理生理的能力。

这一环节是问题探究式教学方法建构翻译情境知识，提高问题发现、分析、解决能力，养成创新性思维的主要环节，大致经历小组内学生的自主学习→初步探究→意见交流→深入探究→集中讨论几个步骤。"小组内自主学习"是指自我寻求问题解决的理论支撑、方法体系和技术路径以及自主进行问题解决的方案规划；"初步探究"是在自主学习的基础上按照问题解决的方案规划尝试以某个理论、某种方法和某种路径对问题进行分析、提出问题解决的假设，验证假设成果的可能性，形成问题解决的初步思路和路线设计；"意见交流"是就形成的初步思路和路线设计图与小组内成员交流，对思路的路线图进行可能性和可行性的分析，根据小组成员的意见调整或改进思路与路线图；"深入探究"是对根据改进和调整的思路和路线图对问题的解决方案深入探究，在探究过程中与指导教师和小组成员定期保持联系，对偏离路线的方案或需要调整的行为予以及时修正，最终得出初步的问题解决方案；"集中讨论"是以小组集中的方法对所提出的问题解决方案进行汇总，形成本小组对问题解决的意见，如果小组内意见存在分歧且小组内部无法解决分歧，不必强行统一，可以寻求其他小组或指导教师的帮助。

环节三：得出结论

在各个小组探究结果整理与改进的基础上，指导教师根据课堂教学的预期目标将每个教学任务置于问题情景中，从提出的主要问题到问题链的设计自上而下梳理每个问题对应的教学内容和预期目标，回顾从问题提出到问题探究再到问题解决的完整过程，让学生从整体上把握问题探究式教学方法的流程，在回顾过程中将点状的知识以线以面最后以图谱的形式系统的掌握，最终实现翻译实践能力的概念、规则学习的系统化。需要特别强调的是得出问题的结论或者解决问题，也就是翻译实践能力的系统化并不是将问题作为一个障碍或毒瘤消灭掉，而是在子能力初步掌握的基础上，将子能力运用于较复杂的翻译情境中呈现出的问题，新问题也许是真实问题情景解决不了的，需要以其他方式，如真实案例或者项目的方式解决，问题的探究由课堂转向课外，在一轮又一轮的"问题解决→问题创新→问题解决"的循环中获取知识，发展能力，养成创造性思维。

（2）能力程序化阶段：案例讨论式

翻译实践能力程序化阶段旨在培养翻译硕士学生的解决翻译问题的策略能力、工具能力以及评估能力，这一阶段对教学内容主要涉及在翻译实践活动中对解决翻译问题的产生式系统的合成与调谐，因此，这一阶段主要以真实案例分析讨论的方式，反复训练翻译硕士学生对解决问题的产生式系统的提取和挑选。

①案例讨论式方法的内涵特征

案例讨论式方法以真实案例为研究对象，旨在通过真实案例的分析、讨论、评价提取案例中的问题解决的方案，或者基于分析、讨论、评价的基础上对原案例中问题解决方案进行改进，生成现实情境下对同一问题解决的新方案。在这一过程中涉及对案例内涵与本质的把握，教师对案例的选择与运用以及学生自主或在教师指导下对案例中问题解决方案的分析、讨论、评价和改进。

对于"案例"（case），目前学界有两种看法，一种是将"案例"看作是对问题情境的客观描述，这种看法把案例当作一个真实的故事或者记录，是对简单或复杂实际问题解决过程的原样再现，"在这个情境中，包含有一个或多个疑难问题，同时可能包含着解决这些问题的方法"[①]；另一种看法从教师教学能力构成的角度将"案例"理解为教师从事某学科教学所具备的知识，这种知识具体的、完整的报告或叙述了教师在教学活动中真实经验的形成过程和对复杂的多变的教学情境的认

---

① 郑金洲：《案例教学指南》，华东师范大学出版社2000年版，第1页。

知过程（Shulman，1986；Kater，1993）。它虽与范例、实例、例子等词语共同对应英文单词"case"，也或多或少有着某种联系，如都是对现实发生事件的客观描述，都涉及问题解决的过程，但它与范例、实例、例子有着本质的区别。首先，案例是基于某种教育理念，为实现特定的教学目的而产生；其次，为实现该教育目的，案例需要以学习内容为支撑，只有完成了内容的学习，达到需要的效果才能达成目标实现的愿望；再次，案例具备完整的结构，即标题、问题情境和问题，只有严格遵循"标题→问题情境→问题"这个结构由易到难的设计教学问题自然而然地由已知构建未知的方法完成内容的学习，才能真正发挥案例教学的作用；最后，案例并非如范例一般直接描述一个问题解决的全程，案例教学的目的是基于对案例的分析与研究，发现问题解决中存在的问题，讨论和辨别问题解决方案的优劣，最终提出新的解决方案。这种案例不是经验的传授，不是事实的介绍，更不是解决过程的模拟，它强调学生自己主动探究问题、发现问题、解决问题的能力培养。由于范例、实例、例子和案例在某个方面具有相似性，因此，在实际教学中范例、实例、例子可以成为案例编制的样本源之一，作为案例的有益补充。

案例的性质和结构特征决定了案例在教学中具有描述事例，帮助学生学习复杂概念、规则知识的作用和分析问题，启发学生思考、辨别、解决和教学决策的作用。案例教学的两大作用使得案例教学法（Case-based Teaching Method）一度盛行于美国、加拿大、英国，应用领域也从集中于法学、医学、工商管理到现在的经济学、社会学、教育学、翻译学等领域。在我国，案例教学法始于1980年的中美合作现代管理培训项目，该项目旨在对我国管理教育与企业界的现代管理知识进行启蒙，在为期12年的项目推进中，涌现出了我国一批案例教学相关的标志性成果，如指导我国案例教学的书籍《案例教学法介绍》的出版，首次被美国教材收录的"中国企业案例"和为我国工商管理硕士专业学位教育开发的"中国企业案例库项目"，直至目前，我国许多高校已成立了案例研究中心，国家也为此专门设立了更为规范、专业的"中国管理案例共享中心"的工作机构专门负责案例的开发、实施及资源的共享。案例教学法在不断的探索和实践中已具备非常成熟和完善的开发、操作流程,在我国中小学教育、高等教育中应用十分广泛。

②案例讨论式方法与翻译实践能力的程序化

案例教学法以案例为起点,假定学生能够通过对案例中问题的分析,解决为触发点进行有意义地发现式学习。本研究中提倡的案例讨论式教学方法是指在翻译硕士实践教学活动中,为实现翻译实践能力的程序化而采用的一系列真实翻译案例,旨在以课堂集中讨论的方式激发学生发现翻译情景中存在的问题,对问题解决各种方案进行分析,比较,改进,从而获得该翻译问题解决的产生式系统,应用于与该翻译情景相似的问题解决中,最终帮助翻译硕士学生养成翻译问题与解决方案之间的最佳调谐。翻译硕士实践教学中采用的翻译案例既是总结了翻译实践经验的教学档案,又是教学内容的直接呈现,此翻译案例蕴含了翻译具体概念、定义性概念、简单规则和高级规则的结构不良领域知识的学习,其教学内容和构成教学内容的形式都无不与翻译实践活动息息相关,大到再现双语语言的比较、双语文化的鉴别、翻译策略和翻译技术的选择与使用的文本,小到翻译理论流派的比较、文学翻译作品的翻译及评估的文本,都是翻译这一综合学科的真实体现,都是翻译硕士学生应该了解、掌握的基本内容。翻译硕士学生通过翻译案例的学习可以真实地再现当时的翻译情景,启发学生思考、分析、改进或对某个翻译问题求解的方案进行辨别与决策,也可以通过翻译案例的呈现的内容,进行翻译的概念、规则与原理本体的学习。由于翻译案例是对某个特定翻译情景中翻译实践活动经验的客观描述,因此案例具有真实性、指向性和典型性的特征,可以提供案例的学习,建立翻译情景相同的翻译问题求解的产生式系统"集合",再将该产生式系统推广至相同翻译情景问题的解决过程中,诱发的形成控制流程,为更为复杂的产生式系统的形成积蓄条件。

选择在翻译实践能力的程序化阶段采用案例讨论式教学方法是基于

以下考虑。

首先，翻译硕士实践教学是属高级内容的学习，是对结构不良领域知识的学习，也是专门对开动脑筋思考、分析、辨别、评价等高智力技能的训练。这种训练无法通过陈述性知识学习的直接表征的方式学习，只能将定义性概念、高级规则蕴含在案例的真实情景中，透过案例的了解、分析、研究间接获得其运用的"法门"，是一种从有意识到无意识、从刻意琢磨到自动化的默会知识的习得，一个个具有真实情境和翻译问题交织的翻译案例正是承载这种默会知识的最好载体。

其次，案例教学法的本质属性决定案例的实施必须以复杂概念、规则的辨别、学习为基础，且案例学习的对象必须具备一定的翻译实践经验。如学界对案例的界定一般，案例是对事件或问题解决过程所做的客观描述，这就意味着案例中的事件和问题并非单一的单独存在，在很大程度上是相互交织在一起，这就决定了学习者不仅要能辨别、归类问题或事件的能力，还要能从掩映在事件、问题之下的纠缠在一起的概念、规则、原理进行辨别学习。案例的编制、呈现和实施是对各种学科知识综合应用的结果，只有掌握了案例学习所应具备的基本知识和技能才能在案例本体研究的基础上进行更高一级的问题分析、解决和决策能力的学习。翻译硕士学生经过了翻译实践能力系统化阶段的学习，已具备案例本体的知识和技能，且已提供课堂或课后的翻译实践熟悉了问题解决的流程、具备了一定的问题解决的对策，此时正是案例介入课堂学习的最好时机。

最后，翻译实践能力的程序化阶段是历时最长、最为艰难的过程，学习者需要通过反复不断的练习才能形成问题解决的产生式系统，而且只有通过大量的练习，学习者才能完全掌握产生式之间的"控制流程"，从而达到自动调谐产生式系统与问题解决方案的水平，这一过程不仅涉及阅读、辨别、判断、决策等认知活动，也涉及学习者个人的兴趣、情感、意志等非认知活动，这些非认知活动伴随对认知活动的始终，起着抑制或促进作用。学生经历了翻译实践能力系统化阶段对概念、规则、原理的枯燥的辨别、学习，经过了初接触综合了各学科知识的翻译问题的好奇、兴奋、愉悦的情绪激励着学生探知问题、发现、挖掘真相的欲望，但是，随着学生自身认知的限制和翻译问题的复杂多变，学生自然会丧失热情和欲望去继续探寻问题的解决之道，产生诸如灰心丧气、厌倦、焦虑不安等非认知因素，这些负面情绪严重影响了翻译实践活动。在这个时候以鲜活的真实情景的案例为素材进行讨论、辨别、模仿、决策学习，将课堂和课外融为一体，激发学生对问题主动探求的兴趣和欲望，将会收到良好的效果，案例教学的过程中辅以实例、范例引起学生的好奇心，允许学生利用信息技术多渠道获取资料，小组合作学习允许学生在发挥个人力量的同时，养成团队合作的精神，案例讨论式学习方法是符合信息时代、学生的心理特点、学生学习规律和翻译学科综合学科的性质的方法，因而，在翻译实践能力的程序化阶段采用这种方法是综合考量各种影响因素的首选结果。

③案例讨论式方法实施的环节

案例讨论式教学方法的实施过程是一个综合翻译硕士实践教学目标、教学内容综合考量的过程，其中涉及教师对案例的挑选和学生对案例的研究，其步骤大致为案例的挑选与运用、分析与讨论、总结与评价以及方案的提取与改进。

环节一：案例准备

案例讨论式教学方法实施中的第一步就是案例的选择与编制。案例的选择与编制是教师有目的有意识的行为，学生不参与案例选择和编制的过程，而是在教师的指导下对案例进行分析、讨论。在选择与编制案例时，要结合罗伯特①提出的案例选择的标准做到以下三点：一是案例必须是所学学科领域发生的真实事件或问题且该案例在目前的现实情境中是可以操作、可以被分解讨论和分析的；二是案例要涵盖学科领域的

---

① ［美］罗伯特·K. 殷（Yin, R. K.）：《案例研究：设计与方法》，周海涛、李永贤、张蘅译，重庆大学出版社2004年版。

实际工作中可能遇到的各种典型性问题且该问题是比较有代表性的较大或重大问题，分析、研究后可以以此为标的或者值得推广的；三是选择的案例应该有明确的可以提炼的目标、有合理的教学内容可以支撑目标的实现，有相关的问题串引导，通过案例的分析与学习以及解决方案的改进，学生可以获得一整套解决相似情景问题的产生式系统。

翻译教学内容的复杂性和实践能力发展的动态性决定了翻译案例的选择与编制需要综合考虑影响翻译实践能力程序化实现的各种因素。翻译实践能力的程序化内在表现为构成翻译实践能力的策略能力、工具能力、评估能力以及决定这些子能力习得效果的心理生理机制的程序化，翻译实践能力的程序化外在表现为翻译问题解决过程中对翻译情景、翻译任务以及翻译产品的分析、判断、决策等行为的自动化。基于翻译实践能力程序化阶段的表现形式和最终目的，选择与编制翻译案例时需要从案例的内容和结构上把握案例所涵盖的信息是否能够体现不同策略选择与使用的效果差异，不同资料与媒介选择的标准与使用效果，对翻译产品的总结、批评与反思是否准确以及在这个过程中译者是否加深了对翻译本质的认识和对自我的认识，是否在自我、源语文本作者和赞助人之间实现了翻译情景需要的理解与共识。因此，翻译实践能力程序化阶段的翻译案例是双语语言和双语文化转换中各种策略和工具的交锋，其中伴随着译者对译品的反复推敲和对自我的深刻认知。

环节二：分析讨论

案例讨论式教学方法的第二个关键环节是对选择与编制的翻译案例的分析与讨论，这个环节发生在学生自主对任务和问题的学习和探究之后，以课堂集中讨论的形式呈现。我们已知在第一个环节中教师完成了对案例的精心准备，并对翻译案例本身进行了简要的描述，对本次案例教学对翻译实践能力的程序化的作用进行了说明，并依此对案例中的内容和问题进行了解读和设计，将学生按照案例涉及的内容和问题进行了分组，发布了各组需要完成的任务（教师可以按照问题解决的需要对任务进行小组分工，也可以各个小组接受共同的任务）。在第二个环节，各个小组要将小组内部经过小组成员讨论、分析后业已形成的建议或方案以文稿加口头解释的方式呈现出来，由于呈现的建议或方案存在着分歧和差异，因此课堂上教师需要根据课堂目标和翻译问题情境与学生一起展开讨论，在讨论中学生可以听到与自己不同的见解，了解这种见解背后的认知和思维差异，同时学生之间也可以对其他小组的意见或方案提出质疑，在讨论过程中如无法达成一致意见的情况，教师可以给予一定的提示与点拨，直至各个小组对认为的解决方案达成一致。

讨论在形式上体现为一种针锋相对式的小组合作和团队互动，在本质上践行了思想的交流与智慧的共享的教育理念，参与讨论的小组先经过小组内部的思想碰撞和观点交流，在头脑风暴的基础上与其他小组之间分享见解和观点，以相互启发的方式，融于单元知识的学习中，接受与批判共存，质疑与认同共生，合作与分工共处，接受学习与发现学习互补，是一种非常适合翻译学科学习的教学方法。正如社会建构主义理论所述："人是在社会文化情境中接受其影响，通过直接地跟他人的交互作用，来主动建构自己的认识与知识的，而且知识形成的主要活动是语言和基于语言的相互沟通。"[①] 讨论无疑是最直接的一种基于语言的相互沟通，是知识形成的最主要活动。

环节三：总结评价

如果说案例讨论式教学法的第二个环节是发散的，是集思广益的过程，那么第三环节则是内敛的、综合归纳的过程，与发散的过程相比，这个归纳的过程更需要智慧和胆识。在这个过程中，首先要做的是在教师的指导下提取翻译案例中解决某个特定问题的产生式，寻找联结各个彼此独立的产生式的控制流程，依照"If-then"（条件与行为）的模式对各个产生式进行联结，形成解决某一特定问题的产生式是系统，建立真实翻译问题解决的工作记忆系统。这一过程中，教师要引导学生揭开

---

① 钟启泉：《知识建构与教学创新——社会建构主义知识论及其启示》，《全球教育展望》2006年第8期。

复杂的翻译现象，看清变异的翻译概念与规则的本质，找到翻译问题解决时使用的策略与工具，把握翻译问题解决时译者的所发生的心理生理机制，将其按序组合为一套产生式的集合。其次，在对翻译案例映射的翻译问题解决方案教学分析、总结的基础上，要对提取的解决方案和方案实施过程中学生的情感、认知和观点的变化进行评价与反思，其目的一是改进翻译问题解决的方案，使该方案可以随翻译问题以及翻译情景的改变而调适；二是增强学生对自我心理及行为变化的认识和对翻译本质和翻译过程的理解。

（3）能力职业化阶段：项目参与式

翻译实践能力职业化阶段旨在实现翻译硕士学生翻译实践能力与职业岗位的对接，这一阶段对教学内容主要涉及对翻译硕士学生自我行为、职业素养和技能的规范和强化，因此，这一阶段的教学方法主要以真实体验为主，侧重学生的职业资质和资格认证的实现。

①项目参与式方法的内涵特征

项目参与式教学法是项目式（Project-based learning）和参与式教学方法（Participatory Teaching Method）的融合，是从问题探究式的"学习"到案例讨论式的"练习"的终极目标——以真实体验和主动参与为特征的"实习"。该教学方法是一种以真实的翻译项目为线索，以学生主动参与真实项目为重点，鼓励学生发挥创造性思维，通过设计项目方案、获取项目解决的资料与资源，项目的具体实施，实现预期教学目标的教学方法。项目式和参与式教学方法以欧洲的工读教育、美国的合作教育为雏形，吸收了杜威的实用主义和心理学内在激励与外在激励关系的理论思想，强调真实情景中意义的建构和学生主体能动性的发挥。

杜威在他的实用主义思想中强调教育的本质就是儿童通过主动活动去获得各种直接经验的过程，让儿童在主观和客观交互作用中获取经验的首要条件就是儿童的亲身活动，儿童通过亲身活动获得经验的过程就是儿童思维的发展过程，教育活动的安排和教学方法的选用要以发展儿童的思维为基础，基于这种"做中学"原则和发展儿童思维的"思维五步"法，杜威提出了"教学五步"的教学方法：学生要有一个真实的经验情景；真实情景中应具有能刺激思维进行活动的问题；学生要通过占用的资料，对问题进行观察、分析；问题解决方法应该依问题解决的需要而逐一展开，自成体系；对自己提出的解决方案进行评价，从预期目标实现的角度判断方案的效果[①]。杜威的"教学五步"虽然有经验论的影子，却为项目参与式教学方法的形成奠定了基础，其对真实情景和儿童主动实践获得直接经验的强调，有助于实用型人才培养过程中对教学目的、教学内容以及教学原则与方法的准确把握与设计。

　　心理学将人的需要分为外在需要和内在需要，认为人们的外在需要受外界环境支配，人本身无法左右或直接获得，人们的内在需要是人们自身所从事的活动本身，可以通过完成工作、任务或学习活动直接获得，人的内心的满足需要依靠这种内在或外在激励来实现，外在激励和内在激励之间的此消彼长决定着所从事工作、任务或学习活动的实现状态，当外在激励强内在激励弱时，工作或学习受外在激励的抑制表征为缓慢费力；当外在激励弱内在激励强时，工作或学习容易达到预期效果，个体获得的满足感较强；当内外激励皆弱时，工作或学习则出现低迷无效的"石化现象"；当内外激励皆强时，工作和学习生机勃勃，诱人进去前进。项目参与式教学方法所提供的主动参与的机会能够加强个体的内在激励，而它所提供的真实情景亦能加强个体的外在激励，个体共同内外激励的合力，主动探索、分析、评价，实现真实情景问题的有效解决，从而获得完成工作、任务或学习活动的满足感，激励个体不断奋发向前，攻克更大的难题，实现学习的良性循环。

　　从以上对项目参与式教学方法理论基础的分析可以看出，项目参与式教学方法的理念与翻译理论家霍姆斯（James S. Holmes）所描述的翻译是"经验"科学的观点一致，即翻译学是建立在翻译实践基础上的

---

① ［美］约翰·杜威：《民主主义与教育》，王承绪译，人民教育出版社2001年版，第179页。

经验科学，其主要作用在于对经验世界中的特定现象进行描写。这一表述告诉我们，翻译本身就是一种实践活动，作为实践活动主体的译者在描述经验世界中特定的现象时，以语言的转换实现文化的交流与传播，实现译者对翻译世界的深度认知。在这个活动中，无论是源语还是目的语都处于一定的社会文化中，都是对客观世界中某个特定情境的描述，而它所传递的文化亦是某个时代统治阶级思想意识的反映，就连译者对翻译世界的认知都是受制于译者个体所处的社会文化情境的当时当下的思维状态，这种种的行为无一不刻有"时间"和"实践"的烙印。

②项目参与式方法与翻译实践能力的职业化

项目参与式教学方法与翻译实践能力职业化的耦合是由翻译学科的性质所决定，是翻译实践能力发展的必然之举。首先，项目参与式教学方法以学生为主体，学生在真实的情景中积极建构知识，在翻译实践中强化对翻译的认知，这不仅有利于激发学生学习的热情和主动探索的欲望，还有利于在项目的计划、实施、管理和评价中提升自己的翻译实践能力和职业化水平；其次，项目参与式教学法以"项目"为线索开展课程教学，改变了传统课堂以学科"知识点"的串联为线索的模式，项目本身既是翻译课程的素材，同时是课程的教学内容，以项目为依托进行教学，便于教师近距离观察学生的在真实项目中欠缺的知识以及学生将陈述性知识转化为程序性知识的能力；再次，项目式参与式教学方法强调学生的自主探究和小组合作和主动参与，改变了传统课堂教学"老师讲，学生听"的单向传授知识的手段，真实情景中师生、生生的多方互动和合作，有利于发展学生的自主学习能力和团队合作精神，同时，真实的来自企业或自行设计、开发的符合翻译市场运行要求的项目能否让学生尽早熟悉翻译的流程，了解翻译规范、翻译项目管理，具备翻译职业技能和职业素养，尽早实现由学生译者向职业译者的转变。

翻译实践能力的职业化阶段就是要求翻译硕士学生在系统学习翻译概念、规则，建立了符合问题情境的产生式系统的集合的基础上，获得翻译职业的资质和翻译职业资格（水平）的认证，实现课堂翻译向市场翻译的转变，由课堂的反复练习向翻译企业、公司的实习转变。这一转变的实现，只能依靠某种真实场景的翻译实践获得。据"调查报告"和本研究对 16 所翻译硕士院校翻译硕士毕业生实习及其满意度情况的现状调查得知，在 107 家用人单位中有翻译硕士实习生仅 17 人；在问及院/系为学生提供的专业实习的机会时，6.6% 的学生认为机会"很多"，23.4% 的学生认为机会"较多"，47.7% 的学生认为机会"一般"，18.3% 的学生认为机会"很少"，3.9% 学生认为"没有"机会参加实习；问及关于实习安排总体满意度时，5.7% 的学生对于实习安排表示"很满意"，12.4% 的学生对于实习安排"较满意"，22.6% 的学生认为"一般"，47.8% 的学生对实习安排"较不满意"，11.5% 的学生对实习安排"很不满意"；用人单位对翻译硕士毕业生和实习生的不足之处的看法基本相同，主要集中在专业知识缺乏、综合素质低下和实习实践不够三个方面，其中用人单位对翻译硕士学生综合素质的期望调查显示，排在第一位的是责任感，第二位的是正直诚实，以下依次是独立工作、承受压力、协作意识和服务意识。以上调查表明，限于身份和翻译水平，翻译硕士学生进入翻译企业和翻译公司与职业翻译者一起进行翻译的机会微乎其微，即便偶尔有之，也自能以"合法的边缘性参与"的身份做些外围辅助工作，并不能真正进入"实践共同体"获得实际工作"圈子"的文化。翻译学生参加翻译实习的机会虽然因院校对实习的认识和实习资源掌握的情况不同表现得不均衡，但学生对实习的总体安排并不满意，而用人单位对翻译硕士毕业生和实习生的专业知识、综合素质和实践能力均表示不满，希望翻译硕士学生能够着重提升自己的专业知识、实践能力和责任感、政治诚实的品质、独立工作、承受压力的能力和协作、服务的意识。

从以上翻译硕士学生实习和用人单位对翻译硕士毕业生、实习生的评价可以推断出，用人单位对翻译硕士学生的高期望和翻译硕士知识欠缺、实践能力低下，综合素质不高的现状之间的矛盾已普遍存在，成为制约翻译硕士教学质量和和高层次、应用型、口笔译专业翻译人才培养质量的瓶颈，而想要打破这一瓶颈，提升翻译硕士教学质量和人才培养质量只能通过加强翻译实习实践的过程和效果，但是，以目前的局势来看，因翻译硕士学生的差强人意和各种机制的限制，翻译硕士学生进入翻译公司实习实践的机会微乎其微，即便勉强前期，实习实践的效果也难以保证，在这种情况下，只能通过"项目进课堂"的方式，尽可能地创设与翻译公司一样翻译情境，让翻译硕士学生参与整个项目的运作过程，从项目申请（有机会的情况下可以自行设计项目申请经费）、项目实施到最后的结题都能亲力亲为，翻译硕士学生才能深刻体验和感受自身双语语言转换之间的语言层面以及语言层面之下文化信息处理的各种问题，才能通过反复练习发展自身各子能力，如策略能力、工具能力、评估能力心理生理能力。也只有通过这种真实代入和对项目单位对预期成果高要求的压力，才能具备翻译职业化所要求的职业技能、职业行为规范和职业素养。

情景学习理论认为知识是情境的，教育与生产实践紧紧相连，人类只有通过不断的实践才能积累知识、养成道德品质、习得技能，知识与生产生活活动是紧密相连的，知识、技能学习和品德养成是一种实践活动，只有通过观察、模仿、动手参与，学习者才能获取。杜威的"做中学"教育原则、心理学内外激励关系理论以及情景学习理论倡导的观点与项目参与式教学方法奉行的理念一致，三者都强调在真实体验和主动参与的过程中获得知识、习得技能和养成品德，这也是本研究在翻译实践能力职业化阶段采用项目参与式教学方法的根本原因，唯有适合的教与学的方法才能有效地完成翻译实践能力职业化阶段的教学任务和预期目标。

③项目参与式方法实施的环节

项目参与式教学方法所倡导的真实体验和主动参与理念是翻译实践能力职业化阶段教与学活动的唯一选择，与案例讨论式教学方法相比，项目参与式教学方法选择项目的主体是多方面的，强调的情境是真实项目的情境，因此，项目参与式教学方法实施的环境和过程更为复杂和烦琐，在主要实施环节当中蕴含多个环节的衔接。

环节一：项目选择与任务分解

项目参与式教学方法旨在以项目为线索，通过对项目的设计、实施、监管和评价反思实现预期项目目标，因此，项目参与式教学方法的第一步就是项目介绍与任务分解。与案例讨论式教学方法选择案例仅靠授课教师把关的方式不同，项目参与式教学方法中的项目可以是招标项目、学生自行设计、研发或者申请的项目，也可以由授课教师和与学校或院校有良好合作关系的企业或翻译公司提供，无论来自哪种渠道，项目首先必须是真实的，如有时间的限制，有需要遵守的行业规范、有对译文的质量要求，甚至有一定的经费支持；其次，作为课堂训练或者"实习"的项目，它必须有较大的翻译问题，有助于建立解决翻译问题的产生式系统，能够让翻译硕士学生通过项目发展双语语言和文化的对比与转换能力，能够提升问题决策、工具使用和翻译流程及译文评估的能力，能够通过项目锤炼自身的心理生理机制，强化对翻译过程、翻译学科的认知；最后，由于翻译实践能力职业化阶段的目标是让翻译硕士学生获得翻译职业资格和完成翻译职业资格（水平）认证，因此，项目的选择必须确实是翻译市场或翻译公司经营中当下需要解决的翻译问题，项目的要求和规范必须翻译公司要求与规范相同，需要对项目进行初期的评估、设计，对翻译任务进行分组分工，需要在教师指导下对参加项目翻译的学生进行译前培训，培训包括项目相关的文体的知识与要求，翻译中术语的处理，翻译的风格与遣词择句的统一，翻译与政治和意识形态关系的处理以及翻译职业素养和职业规范的要求等，最终使学生通过项目真实体验翻译实践的过程，主动参与项目翻译的问题分析，运用翻译概念和规则解决翻译问题，为未来从事具体翻译岗位工作做好准备。

在完成了项目的选择之后，接着就是对项目进行介绍和对任务进行分解了。项目介绍时教师要对项目的来源、项目开展的意义、项目设立的背景、项目实施的要求与规范程度、项目起止时间、项目的预期目标、译文的质量要求、最终成果的使用范围与形式、成果的版权要求以及保密要求，对这些具体的要求的介绍有利于教师和学生从整体上对项目的进程和实施进行把握，有利于加强学生对项目的重视和开展项目的仪式感，更重要的是有利于教师和学生对项目做出整体规划，制定具体实施方案。接下来就是在整体规划和实施方案的基础上，根据翻译问题、翻译的重点内容和难点处理方法，对项目中的翻译任务进行分解，当然，分解是建立在分组的基础上，可以按照长项互补的方式或者按照强项分类的方式将翻译硕士学生分成若干组，进而按照翻译任务的先后和难易程度以及主次分发至各个小组。

环节二：项目实施与过程管理

经过第一个环节项目的选择、项目的介绍与任务的分解，参与项目翻译的学生都有了具体的任务，各项任务应该如何完成？完成后判定优劣的标准是什么？各项任务的主次和先后次序如何？完成任务的截止日期是什么时候？完成任务的过程中对术语和生僻词应如何处理，有无统一的遵守标准？任务完成过程中难以处理的问题向谁求教，以何种方式何时求教？小组任务完成后由谁负责？各个小组任务完成后由谁汇总与整理？汇总和整理过程中参照的标准是什么？对译文风格的审定，对译文质量的判断应该参照什么标准？审译工作由谁来做？项目结束后需不需要对项目进行总结与反思？这一系列问题的处理和解决都需要在项目翻译实践前制定一个严格的实施方案，依据该实施方案展开项目翻译，在项目进行中按照实施方案对偏离项目流程、进程与阶段目标的行为进行监控和调整，尽可能保证项目翻译的顺利实施和目标达成，在此过程中熟悉项目的流程、项目任务之间各个环节的衔接，学习项目中问题应对和处理的方法，在翻译问题处理过程中发展策略能力、工具能力和评估能力，养成翻译职业资格与职业素养。

环节三：成果汇总与评价反思

当各个小组完成既定的翻译任务，形成文稿之后，需要对各个小组的任务进行汇总和整理，在整理的基础上对比较集中的问题进行处理，对修改后的译文进行评价与反思，这一环节适合在教师的指导下以集中讨论的形式进行。首先，教师要组织要课堂对各个小组的翻译成果进行汇报和汇总，在汇报过程中对小组存在的普遍问题进行整理、针对问题寻找解决办法，在处理完普遍存在的问题和小组的个别问题后，对各个小组的翻译成果从格式、风格、体例、措辞等方面进行整理，以便保持翻译文本的一致性。接着，教师要组织人手对汇总整理后翻译文本从结构、内容以及质量三个方面进行审译，由于审译环节是项目提交前对项目的最后把关，担任审译工作的人员首先必须是从事翻译工作的有相关行业翻译实践经验的专业人士，其次，担任审译工作的人员要了解项目翻译的操作的基本流程和具体实施过程。基于以上两点考虑，担任审译工作的人员可以由该项目的指导教师、教授翻译课程教师和翻译项目提供者或合作方的职业译者三方共同担任，以便对翻译文本给出公正而专业的意见和建议。在对汇总整理后的翻译文本审译完成后，最后一步便是对本次项目的整个过程和结果进行评价反思。

反思的过程是总结过去、改正错误、展望未来的自我认知活动，它以批评为前提，指向改善和提高，是一种自我进步和完善，在反思过程中切忌一味地自我批评和认错道歉而不发自内心地改正和领悟，如果这样，则不能称为"反思"。正如实用主义教育家杜威所描述的："反思是问题解决的一种特殊形式，它不仅涉及一系列观念，也包含其结果。它是一个连贯的观念序列，其排列方式使每个观察将其后续的概念作为它决定的恰当的结果，而且每一个结果又反过来依赖于或指涉它前面的观念。"[①] 项目参与式教学方法实施的最后一环将反思纳入进来，其目的是通过这种内省式的自我认知活动对以往实践经验的分析、批评，用从中获得的启发和指导和调整后续工作和行为，最终实现自我改进和提升。翻译实践能力职业化阶段的反思是翻译教师和翻译硕士学生对照项目欲实现的目标和项目实施方案，对自己在项目指导和项目实施中的态度、行为进行审视、思考，以便及时端正态度，规范行为，对后续工作

---

① [美]约翰·杜威：《我们怎样思维：经验与教育》，姜文闵译，人民教育出版社1984年版，第231页。

三 过程监控和结果评价为两翼的质量管理体系

教学评价是泰勒原理和 OBE 教育理念重点关注的内容，也是检验翻译硕士实践教学目标实现和翻译硕士实践教学内容完成情况的重要手段，此外，基于 OBE 教育理念的教学管理也是保障教学质量提升和教学过程持续改进的重要举措。

1. 翻译硕士实践教学管理体系建设的依据和原则

翻译硕士实践教学不同于理论教学，因此评价的依据和原则自然也不尽相同。以何种理论为依据进行翻译硕士实践教学的评价？基于何种标准对翻译硕士实践教学进行评价？这关系着翻译硕士实践教学评价的与翻译硕士实践教学目标、内容以及方法的一致性和适切性，也关系着 OBE 教育理念下的翻译硕士实践教学能否提供质量监控和持续改进达到最佳有效程度。

（1）翻译硕士实践教学管理体系建设的依据

本研究对于翻译硕士实践教学管理体系的建设基于泰勒原理和 OBE 教育理念对教学评价标准、原则以及方式的描述。

泰勒原理。在教育评估方面，泰勒创建了完整的评估概念的体系，强调了评估对于检验教学计划效度及其实施工具效能的重要性。由于课程编制过程中存在着诸如学习经验选择原则的普遍化（非精确化）、学习经验选择标准的近似性及教学程序不确定性等问题，需要"进行全面的检验，以考察这些学习经验的方案是否真的能够指导教师去实现期望的结果"。[①]

泰勒的教育评价模式告诉我们为保证课程设置的合理性，就要不断

---

① ［美］约翰·杜威：《我们怎样思维：经验与教育》，姜文闵译，人民教育出版社 1984 年版，第 112 页。

调整各个环节，使之与不断变化的内外需求与培养目标相一致。首先，在设置课程的整个过程中不能一味地按照初始制定的目标要求贯彻始终，而应以不断调整和改进的思想来看待设置流程；其次，要根据评估的反拨作用，不断调整阶段目标、最终目标，调整学习经验的内容和组织方式，调整课程大纲结构和序列，保证每个环节达到最佳匹配。

OBE 教育理念。OBE 教育理念的教学评价将目光聚焦在学生的预期学习产出上，而不在课程教学内容和学习时间、学习方式上。OBE 教育理念采用多元和梯级的评价标准，强调学生达成预期学习产出的内涵和个人的成长进步，不对学生个人的学习情况做横向比较，强调学生最终的学习成果的达成。OBE 教育理念结合学生的个体差异，对学生能达到的最大教育要求做出评价，评价等级从"不熟练"到"优秀"多个尺度标准，按照不同等级的标准对学生进行针对性评价，从而确定学生通过本阶段学习后学习状态和最终成果，为学校和老师改进教学提供参考。相对于 OBE 教育理念反向设计，正向实施的教学设计原则，OBE 教育理念中贯彻的基于预期学习成果的评估能够有效保证一体化教学过程的科学合理和目标的实现。

（2）翻译硕士实践教学管理体系建设的原则

翻译硕士实践教学的核心任务是培养翻译硕士研究生的翻译实践能力，促进翻译硕士研究生对翻译的强化认识，因此翻译硕士实践教学的评价要始终围绕翻译实践能力的培养，本着实用、操作简便的原则进行。

第一，形成性评价与终结性评价相结合。翻译硕士实践教学的评价之所以采用定量评价和定性评价相结合的原则是由翻译学科的性质和定量与定性评价结合的互补优势决定的。以图里（Gideon Toury）为代表的描述翻译学派认为，翻译研究主要应该研究"翻译是什么"和"为什么这样译"而不是研究"翻译应该是什么样"，强调在研究目的文化的实际译本中总结出能够预测或解释某种翻译现象的规范和规律，而不是对译文品质本身进行评判。为了进一步揭示翻译研究的实质，图里指出：

"描述翻译学旨在通过描述实际的翻译行为及其结果,去发现语言、文化以及文学等方面对译者的控制因素,去发现翻译现象背后的文化历史'事实',用来解释译者在翻译过程中反复表现出来的选择倾向。"[①] 作为翻译研究分支之一的描述翻译学强调翻译是描述性,是以翻译产品(product)、翻译过程(process)和翻译功能(function)为导向的寻求翻译规范和翻译普遍规律的研究。翻译研究的价值取向表明,翻译学科是一个以翻译结果、翻译实践过程以及翻译对社会文化的作用为内容的学科,翻译学科的这种属性决定了翻译硕士实践教学的评价必须采用形成性评价和终结性评价相结合的原则。

第二,阶段评价和总体评价相结合。能力的发展是一个循序渐进的过程,人类认识事物的过程也是有着自身规律,翻译实践能力的发展自然有着阶段性,在翻译硕士实践教学目标优化的部分,我们基于认知技能习得理论和专业技能发展理论将翻译实践能力划分为系统化阶段、程序化阶段和职业化阶段,分析了每个阶段能力发展的特征、能力发展目标以及支撑能力目标发展的教学内容,依据能力发展的阶段特点设计了课堂教学和课外实践环节的操作模式,这里需要做的自然是对基于翻译实践能力确定的翻译硕士实践教学目标、教学内容以及支撑和支持翻译教学目标实现和教学内容达成的途径和方法的进行评价,确定学生的预期学习产出与实际产出结果相吻合的程度以及需要通过持续改进教学调整的内容。因此,对翻译硕士实践教学的三个能力发展阶段的目标和翻译硕士研究生毕业最终成果分别进行评价,有利于及时调整教学内容和教学过程,使教学结果朝着既定的目标发展。

第三,开放性和多元性相结合。翻译的语言属性、文化属性和认知属性决定了翻译学科是一种社会性的实践活动,作为主体的译者、翻译现象和翻译产品都是社会从产物,因此,翻译体验和认知过程必须发生

[①] Toury, Gideon, *Descriptive Translation Studies and Beyond*, Shanghai: Shanghai Foreign Language Education Press, 2001: 12.

在真实的翻译情境中，它与翻译任务的赞助者、翻译服务的对象目标以及译者自我的认知建构和个体主观能动性的发挥都处于其赖以生存和存在的社会系统中，翻译的语言系统、翻译的社会系统、翻译的文化系统决定了对翻译的评价必须是开放的，需要将组成翻译活动的生态系统中诸因素都纳入评价的体系中，让与其相关的评价主体都参与到具体的评价过程中。学校指导教师构建预期学习产出设计和制定评价标准和方法，根据评价标准和方法实施教学评价，在此基础上对评价标准和方法教学优化，对教学过程进行改进；学生通过自评、互评或团队评价的方式反思并及时改进，在评价过程中及时调整目标和前进方向，养成团队合作的精神和自主学习的习惯；企业和实习指导教师对学生的实习表现和学习态度以及职业资质进行监控和评价，缩短学生进入实际工作岗位的时间提供指导；鼓励学生参加翻译硕士专业资格（水平）考试和社会技能鉴定，保障学生的能力、素质与市场和职业要求的资质对接，对学生的最终学习成果进行资格认证，为用人定位提供用人信息。从教师、学生、企业与实习指导教师以及社会的评价是一个闭合的、动态的评价过程，对保证教学质量的提升和教学过程的持续改进提供了有利的环境。

2. 翻译硕士实践教学管理体系设计

基于 OBE 教育理念和泰勒原理的翻译硕士实践教学评价体系是对翻译硕士实践教学过程和翻译硕士毕业最终产出结果的综合评价，旨在验证翻译硕士实践教学的目标与最后结果的适配程度和对翻译硕士实践教学过程和教学质量的监控与改进。

（1）翻译硕士实践教学过程监控

由于翻译硕士实践教学过程监控是基于 OBE 教育理念的一体化教学设计基础上，因此，它严格遵循翻译硕士研究生预期学习产出，即翻译实践能力的发展情况，其质量监控过程按照 OBE 一体化教学设计逐步展开，其教学评价融入多元主体、对学生最终成果和阶段成果分别教学统计、评价，既涉及最终的成果，又包含了对过程行为和表现的评价，能够准确而全面地反映出翻译硕士研究生通过翻译实践教学所取得的真实成绩和学习效果。

如图6-6所示，翻译硕士实践教学评价包括四个环节：评价准备、数据采集与量化、评价分析、反馈与调整，旨在对翻译硕士实践教学过程中的主体、各个环节进行过程性评价，在评价分析的基础上，根据翻译硕士预期学习产出对翻译硕士实践教学目标进行调适，对翻译硕士实践教学过程进行改进和调整，最终保证翻译硕士研究生翻译实践能力的发展与提升。

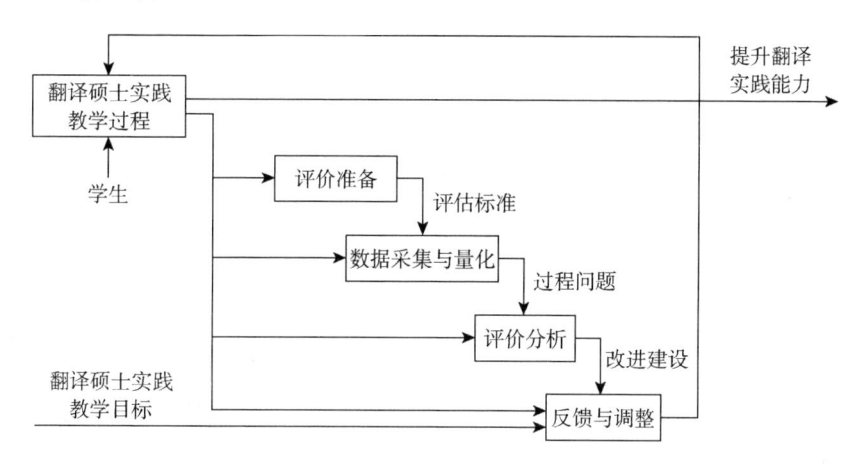

图6-6　基于OBE教育理念的翻译硕士实践教学过程监控模型

传统教学评价方式受"知识本位观"的影响，以知识获取的程度来判定学生的学习成果，以试卷作为量化的评价的指标，学生的实践能力、创新能力无法通过测试的方式体现出来，尽管目前大部分教育工作者意识到这个缺憾，将学生的平时表现纳入评价体系中，但限于这种过程性评价方式缺乏前提参照和预设目标，所以过程性评价的机制和效果都难以令人满意。此外，传统的评价模式往往通过"优""良""中""差"将学生划分成不同的等级，对学生的学习结果进行横向和纵向的优劣比较，这种评价方式难以系统的体现学生的阶段学习成果，基于OBE理念的翻译硕士实践教学评价体系以翻译硕士研究生翻译实践能力的发展和对翻译认知的提升为中心，强调学生能力的获得以及个人成长进步，所有的教学设计和教学实施都围绕翻译硕士毕业生预期学习成果的实现展开，学生的预期学习成果是翻译硕士实践教学教学活动的起点，也是翻译硕士实践教学的最终归宿，教学过程和教学实施严格对应学生的预期学习成果，最终保证翻译硕士实践教学质量的提升。

(2) 翻译硕士实践教学质量评价

根据本研究对西北地区翻译硕士实践教学情况的现状调查结果得知，目前翻译硕士实践教学评价存在两大问题：1) 实践教学环节考核沿用课堂教学的考核方式，缺乏对实践过程的监控和管理；2) 对翻译实践能力发展的阶段目标和最终结果缺乏整体设计，学生毕业成绩单无法体现其具备的能力、素质的要求。问题导致的结果是翻译硕士研究生对专业实习、社会实践、项目实训等环节缺乏热情，最终导致翻译硕士研究生的翻译实践能力低下，无法满足市场对高层次、应用型翻译人才的需求。基于此，本小节在翻译硕士实践教学评价模型的基础上，设计了翻译硕士实践教学质量评价指标框架，尝试解决目前翻译硕士实践教学评价体系中存在的问题。

如图6-7所示，翻译硕士实践教学评价质量指标包括评价内容、评价标准和评价参与的主体三部分，尝试建立以翻译实践能力培养为目标的质量评价指标。其中评价内容是评价标准实施的对象，即通过课堂教学和课外实践内容的设计和实施发展和提升翻译硕士研究生毕业时应该具有的一般实践能力、专项实践能力和综合实践能力，由于翻译学科的综合性和实践性，因此参与评价的主体必定要体现参与主体的多元性和评价过程的开放性，参与评价的主体从翻译硕士培养院校内部的教学主体——学生和教师到翻译硕士实践教学保障条件之一的协同创新机制的主体——企业实习导师，最后到翻译硕士研究生最终的归宿——就业市场和社会，市场和社会对翻译硕士研究生的评价使用翻译专业资格（水平）考试和职业资格认定的方式进行，集评价内容、评价标准和多方参与主体的翻译硕士实践教学质量评价体系以明确的培养翻译硕士研究生翻译实践能力为目标，避免了课外实践环节沿用课堂教学考察的方式，从校内校外两个渠道对翻译硕士实践教学环节进行有效监控和管理，最终保障翻译硕士实践教学质量的稳步提升。

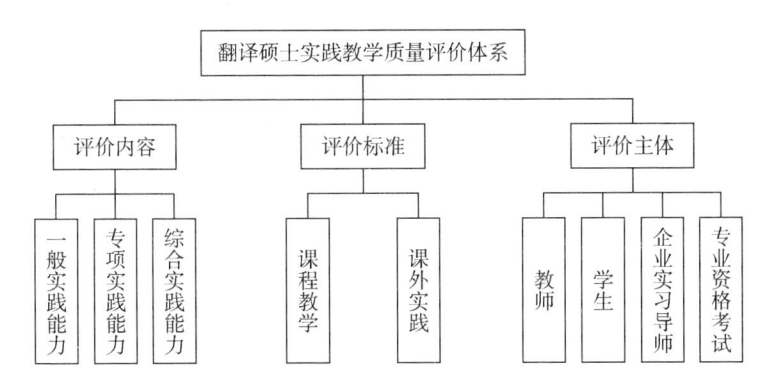

图 6-7　翻译硕士实践教学质量评价体系指标框架

四　资源+机制为支撑的保障体系

教学条件是实现教育目标，完成教学任务，根据教学活动和人才培养模式的要求，提供的资源、手段及相应的管理手段与方式，一般包括软件教学条件（如师资队伍、课程建设、教材的使用与建设等）和硬件教学条件（如多媒体教室、教学设备的配置、教学资源、实践基地等），是采用教学方法和手段实施的基础，是教学质量的重要保证之一。在翻译硕士教学活动中，为了加速实现学生译者翻译实践经验转化为认知的过程，必须辅以良好的教学条件，保障翻译硕士研究生翻译实践能力发展和翻译认知的强化。限于精力和本研究对翻译硕士实践教学体系影响因素及其专业机制的分析，本环节主要从翻译硕士实践教学的软硬件资源与协同创新机制建设两个方面进行优化。

1. 翻译硕士实践教学资源建设

学界对教学资源的界定有广义和狭义之分，广义上指可纳入教学活动的一切要素，包括钱、材、物、人、信息等，狭义的概念仅包括教学材料、教学环境和支持教学展开的后续条件。本研究将教学资源看作可供翻译硕士实践教学顺利进行的各种资料、素材和条件，包括人类资源，如教师、教学管理和技术指导与顾问，非人类资源，如教学媒体、教学辅助、教学平台和实践基地以及信息技术等。本研究对教学资源的探讨只关注影响翻译硕士实践教学体系建设和发挥作用的核心因素上，以保障翻译硕士实践教学活动的正常进行和陈述性知识向程序性知识的转换。

一直以来翻译硕士专业学位教育致力于"应用型、高层次、专业口笔译人才"的培养，翻译学科的综合性和"实践"的特性要求翻译硕士研究生培养必须是发生在真实情境中，方能内化为具体翻译情景需要的产生式系统。按照"教指委"下发的《全国翻译专业学位研究生教育指导性培养方案》精神，首先，翻译硕士教学必须满足精良的教学设施这一条件。信息技术和翻译产业的迅速发展致使多媒体教学设施成为促进翻译硕士教学的重要方式，按照国务院学位办的要求，50%以上的翻译硕士核心课程必须使用多媒体教学设施进行教学，要具备口笔译实验室和数字化语音实验室。其次，为了保证学生译者15万字以上的笔译实践和400磁带时以上的口译实践，翻译硕士培养院校需要配备供师生专用的现代信息技术设施和设备，还需要安装供翻译实践和实习的教学平台，与企业合作建立校内外实践基地将翻译实践贯穿教学全过程。此外，为了保证实践实习的过程和效果，翻译硕士培养院校还需设立专门的管理机构，配备专人管理实践教学、翻译实践和实习的过程资料和最终成果，保证翻译实践的质量和效果。

目前，随着翻译行业向语言服务行业的转变，翻译硕士培养目标也随之从"高层次、应用型、口笔译翻译人才"转向"多元化语言服务人才"，这种转向要求翻译硕士实践教学的资源也需要做出巨大的调整，它需要的不再是仅仅如"教指委"翻译硕士试点院校评估指标规定的"同声传译模拟实验室、笔译语料库、有良好社会声誉、专职译员、可使用1个学期以上的可供学生进行翻译实践的实习基地",翻译硕士教育多元化语言服务人才的培养需要内容更加丰富的教学条件和资源,如包含本地化服务、项目管理、技术开发与维护等内容在内的实训平台。以上对多媒体设施的配备,口笔译实验室、数字化语音实验室的建设,实践平台、实习基地的建设,还是管理机构、管理制度和监控环节的设立,都是为了保障翻译教学任务的完成和教学目标的实现,都趋向于真实场景,真实环境的模拟,与企业和市场需求的翻译情景相同。

时下,随着教育技术的日益发展和教育者对教学资源作用的重视,无论是有形的物质资源,还是无形的数字资源,都得到了极大的发展,专门供翻译教学和学习的教育资源网、教育资源平台、教育资源中心被建立起来,方便了教师的教学和学生的自主学习,"教指委"的网站上也专门开辟了翻译硕士教学的"教学资源"版块,里面包括翻译教材、工具书、考试大纲以及学习网站和影视频媒体资料。丰富的资源和信息技术为翻译工作者和学者提供翻译研究的素材和技术支持,一系列有关翻译教学与网络资源、计算机辅助翻译、翻译技术等的专题研究也随之出现,为翻译教学增添了新的内容和研究素材。

服务于翻译硕士翻译实践能力提升和语言服务人才综合素质提升的翻译硕士实践教学资源应本着"真实情境体验"的原则进行设计。

(1) 翻译硕士实践教学对师资队伍的要求与建设

翻译硕士师资队伍建设是翻译硕士实践教学顺利进行的必要条件,是保障翻译硕士实践教学体系优化成败的关键教学改革的关键,要以慎重的态度、适用的原则,找出翻译硕士专业学位研究生教育人才培养和师资建设的路径与具体措施。

第一,翻译硕士教学对师资队伍的要求。翻译硕士专业学位教育是我国研究生教育一种有益尝试,标志着人才培养从"学术型"向"应用型"转变。应用型人才培养更趋向于操作和实践,这就要求用现代课堂教学模式来替代传统的以教师为主导的翻译讲练式的课堂教学模式,这种模式以学生发展为中心，利用有限的课堂时空和教师的指导，最终实现学生的全面与个性化发展最大化。翻译硕士研究生教育属高级学习内容阶段，主要是借助结构良好领域知识的学习，达到有效运用结构不良领域知识构建的过程，这个过程中存在着许多的复杂的概念和不确定性的信息内容以及对结构不良领域知识的整合，因此必须有实践经验的教师予以指导方可实现预期目标。现代课堂理念的倡导者——现代教学论认为课堂教学活动是教师和学生互相交流、合作、共建的动态过程，是教师主导型主体预设和学生发展性主体有效生成的过程。教师主导型主体预设指教师事先按照现代教学理论本着以学生为中心，有利于学生发展的原则，对课堂目标、教学内容、教学实现途径等做最佳教学设计，教师始终以学生发展为中心，在课堂中充当教学的组织者、指导者。

翻译是实践性极强的活动，翻译硕士教学内容复杂多样，因此，这就要求组织和指导课堂教学活动的教师，必须具备多种身份，首先他必须懂教育教学，清楚教育的本质，了解教学的规律和学生的认知特点，能够以适当的教学理论为指导设计出最佳的教学方案；其次，他必须懂语言，基本语言的基本原理、语言的规律和语言转换的规律；再次，他必须懂翻译，要么是一位翻译从业者，或者至少必须有兼职或专职的翻译实践经验，熟悉翻译的感觉、切身体会过翻译过程中语言的"选择"和文化的"移植"，能够将自己在翻译实践中得到的经验分享或者根据自己的经验指导学生从入门走向专业；最后，他最好还是一位懂翻译服务和翻译流程的管理者，了解翻译技术、大数据时代翻译服务和翻译本地化的操作和理念，为翻译硕士研究生的专业发展和职业规划提供帮助。

2011年修订的《翻译硕士专业学位研究生教育指导性培养方案》明确规定了翻译硕士教学的师资队伍要求："导师组应以具有硕士研究生导师资格的正、副教授为主，并吸收企事业部门具有高级专业技术职务的译员参加；可以实行学校教师与有实际工作经验和研究水平的资深译员或专业人员共同指导研究生的双导师制。"① 对翻译硕士师资队伍的要求也进一步体现在《申请新增翻译硕士（MTI）培养单位的基本条件》② 中："MTI 核心课程和重要必修课程的教师中，具有口译和笔译实践经验者的比例不低于 50%。口译教师应有证明承担过 20 场次以上高规格的口译，笔译教师应出版过 20 万字以上的译著。"除了对翻译硕士教学翻译实践经验的规定外，还规定了担任翻译硕士教学专职教师的数量、结构、教学经验以及参与培训的情况。所有这些对翻译硕士教学师资的要求，都是为了保证在学生学习结构不良领域知识时，教师能够给予专业的指导，能够做到在教学活动各个环节的教学设计达到最佳的预设效果。

"学生发展性主体有效生成"是指在课堂教学活动中以学生为中心，一切活动都服务于学生发展性主体有效生成。在这个生成的过程中，始终围绕学生的发展，学生是知识与问题的主动生成者，问题解决与策略共享的内化者。这就要求在现代课堂教学模式中教师不仅要具备多重身份来满足教学活动设计的需要，同时，现代课堂教学模式也对学生提出了较为严格的要求。首先，他应该以学生的身份主动参与教师预设的翻译实践和翻译课堂教学活动，能够以课堂主人的身份发挥自身的主体性建构知识；其次，他还应该具备作为译者的专业知识和职业精神，了解翻译公司的运作模式、知晓企业的文化和需求，能够按照翻译从业者的操守应对和处理各行各业的各种翻译任务。这一点体现在翻译硕士专业学位教育对招生对象的要求上："具有良好的双语基础的学士学位获得者，鼓励具有不同学科和专业背景的生源报考。对于攻读在职学位的学生，有口笔译实践经验者优先考虑。"③ 与制定的随机水平评估、本科教学水平评估或外语专业本科教学评估的指标体系相比，翻译

---

① 全国翻译专业学位研究生教育指导委员会：《翻译硕士专业学位研究生教育指导性培养方案》，2011 年修订。
② 国务院学位委员会办公室：《关于申请新增专业学位研究生培养单位的通知》，2008 年 9 月。
③ 全国翻译专业学位研究生教育指导委员会：《翻译硕士专业学位研究生教育指导性培养方案》，2011 年 8 月。

硕士专业学位评估指标体系确实给予"师资队伍"大得多的权重：除了占总分100分中的25分外，"评估方案说明"中还明确规定，达到合格标准的培养单位在一级指标"师资队伍"中的得分一定要高于19分。这一规定向所有MTI培养单位都送达了一个明确无误的信号："师资队伍"是所有6个一级指标中最重要的一项内容。

众所周知，教师队伍在任何一所高校的学科建设、教学改革和日常教学活动中都起到一种主导作用，因为再好的办学理念、再完备的教学大纲、再先进的教学方法和教学手段，以至学科建设的每一个环节，都需要依靠教师去落实，去贯彻执行。没有一支过硬的、与本学科建设目标相适应的教师队伍，任何一个专业的学科建设，甚至日常的教学工作都无从谈起。与其他人文学科——如外语——相比，翻译硕士专业学位对于教师队伍则有更新、更高的要求。其中最重要的就是一支兼职教师队伍和专任教师的翻译实践能力。高素质、应用型的职业口笔译翻译人才仅仅依靠我国高校目前的一支专业外语师资队伍是无法培养出来的，这是因为我们现有的外语教师普遍缺乏在外交、外事、外贸、科研、出版等翻译工作岗位长期工作的经验，他们对于什么是职业翻译所需要的素养的理解往往也仅仅出自书本，而不是实战。翻译硕士专业学位评估指标体系要求，MTI培养单位"应有1名以上以翻译为职业，并能每学年开设1门专业课的兼职教师"，而这名教师应"有正式出版译作或200万字以上翻译工作量，或胜任大型国际活动的口译任务，或具有从事翻译项目管理或技术管理5年以上的经验"。如此详细的规定就是为了保证MTI学生在校学习期间能够得到有实战经验的职业译员的指点。评估指标体系中对专任教师翻译实践能力的要求，目的就是"迫使"我们现有的教师自觉地去弥补自己在职业训练方面的不足，多少有点"亡羊补牢"的意思。

教师是整个教学系统的核心因素。教学水平的提高、教学改革的成败等都与教师的整体素质密切相关。为此，国务院学位办要求翻译硕士专业学位试办单位的翻译硕士核心课程及重要必修课程均须配备2名以上具有较丰富的教学经验的专任教师授课，其中教授和博士学位获得者须达到一定比例，翻译硕士核心课程及重要必修课程的任课教师中具有口译或笔译实践经验的比例要达到70%，笔译教师应承担过30万字以上的正式笔译任务，口译教师应担任过20次以上的正式场合的交传、同传任务；教师队伍中需有一定数量的来自实际翻译部门的资深翻译工作者任兼职教师。但从本研究对西北地区翻译硕士培养院校的师资现状调查和"调查报告"数据来看，翻译硕士的师资存在着"专业化和实践型教师队伍建设不足，重理论轻实践现象，教师评价体制有待完善，'教得好'不如'写得好'"① 等问题。

第二，翻译硕士师资队伍提升的依据。面对翻译硕士教学对翻译教师资质的特殊要求和目前翻译硕士师资队伍中存在的问题，该以何为依据建设翻译硕士的师资队伍，满足翻译硕士专业学位研究生教育实践型、应用型专业化语言服务人才的培养需要呢？

首先，我们来看一看国家层面对高校师资队伍提出的新要求和建设措施："全面提高高等学校教师质量，建设一支高素质创新型的教师队伍。着力提高教师专业能力，推进高等教育内涵式发展。搭建校级教师发展平台，组织研修活动，开展教学研究与指导，推进教学改革与创新。加强院系教研室等学习共同体建设，建立完善传帮带机制。"②

其次，我们来看一看翻译学科上级主管部门对翻译硕士师资队伍组成部分之一的兼职教师的资质要求。"口笔译实践课程兼职教师需具备以下条件之一：1）有正式出版译作或200万字以上的工作量；2）胜任大型国际活动的口译任务；3）获得国家中级以上翻译专业技术职称；4）持有全国翻译专业资格（水平）考试二级以上证书；5）中国翻译协会专家会员。翻译管理与翻译技术课程兼职教师需具备以下条件之

---

① 崔启亮：《全国翻译硕士专业学位研究生教育与就业调查报告》，对外贸易经济大学出版社2017年版，第10页。

② 中共中央、国务院：《关于全面深化新时代教师队伍建设改革的意见》，2018年1月20日。

一：1）从事 5 年以上翻译项目管理或翻译技术管理工作；2）具备 20 人以上的翻译团队管理经验或 5 人以上的翻译技术团队管理经验；3）有单一案例 300 万字以上或单一案例 10 名以上口译项目管理经验；4）有组织、主持翻译技术工具的开发经历或能熟练使用三种以上翻译管理和翻译技术工具软件。"①

最后，我们看一看高质量的师资队伍应具备的特征。"师资队伍的质量包括三个方面的内容：素养、结构和效能。"② 师资队伍的素养主要指教师个人的德行和修养，包括生理、心理、体魄、人生观、价值观、思想道德、理论水平、教育意识等，它是教师个人魅力的直接表现，是教师成长成才、专业发展的动因，是高质量师资队伍存在的基本条件；师资队伍的结构指教师从教或谋生的方式，包括年龄结构、学历结构、职称结构、学缘结构等，这些要素相对独立、彼此依存，其排列的方式和发展引起的变化影响着教师的专业发展和行业地位，是高质量师资队伍发展的重要条件；"效能"一词用在企业管理中指"效率"和"效益"的现实性和潜在性，效率高低并不代表效益的高低，效益的高低也不意味着效能的高低，效益对效能有着重要的影响作用，但不能代表效能本身。"效能"一词用在师资队伍质量上，则指投入和产出的比例，即教师投入的能耗与产出的成果之间的比值，它是师资队伍质量能力和水平的直接表现，也是影响教师自身价值和学校功能的重要因素。这里的"效能佳"是指实现最大产出、取得最大成果或达到最高要求。

翻译的"实践"特性和翻译硕士"应用型"和"职业化"的性质决定了翻译硕士师资队伍不仅要具备扎实学科知识、高深的理论水平，还需具备较强的实践能力，他们不仅承担着知识传播、交流的重任，还起着榜样的引领和模范的示范作用。一支素养高、结构优、效能佳的师

---

① 全国翻译硕士专业学位研究生教育指导委员会、中国翻译协会：《全国翻译硕士专业学位研究生教育兼职教师认证规范》，2011 年 7 月。
② 胡志刚、任胜兵：《工程人才一体化培养体系探索与实践》，高等教育出版社 2013 年版，第 26 页。

资队伍对于翻译硕士教学和人才培养有着非常重要的作用。高素养能够让教师实现"育人"的愿望和价值,允许教师通过言传身教影响和提升学生的素养,激发学生求知、上进、好学、慎思的学习兴趣和热情,激励学生养成乐观、豁达、无私、奉献的可贵品质;结构优意味着教师拥有蓬勃的朝气和成长发展的巨大空间,也体现着教师之间团结、合作、共同探索、共同进步的潜在能力,它决定着学校教育质量、人才培养和科学研究的水平和高度;"效能佳"指教师能够创造的价值和财富丰富,教书育人的成果丰厚,带领学科和专业发展建设的能力强,学校能在较短的时间内获取最大的利用价值,是保障学校生生不息发展、壮大的重要保障条件。无疑,翻译硕士教学正需要这样一支素养高、结构优、效能佳的师资队伍。

第三,翻译硕士师资队伍提升的路径与措施。综合以上国家层面对高校师资队伍的要求、建设措施,翻译学科上级主管部门对翻译硕士教师和兼职教师的资质要求以及学术界对高质量师资队伍的规定,结合"调查报告"中对实践型、应用型、专业化语言服务人才培养师资队伍的建设要求,本研究提出走"教师实践共同体建设"之路,从资源配置、观念更新、制度完善、方式转变四个方面着手提升翻译硕士师资队伍建设质量。

2017年10月,在庆祝中国共产党成立95周年大会上,习近平同志提出我国外交政策的政治主张是:"坚持和平发展道路,推动构建人类命运共同体",向全世界庄严宣告:人类生活在同一个时空,相互联系、彼此依存,合作才能共赢、和平才能发展。构建"人类命运共同体"的主张是全世界人民共同的呼声,自然也是师资队伍发展和壮大的契机。翻译的语言属性、文化属性和认知属性决定了翻译教师必须将自己置于人类世界现实的生活情境当中才能实现对生命、对教育、对文化的自觉,才能完成真正意义的"教书育人"的使命。

"实践共同体"的概念最初是由美国学者莱芙和温格(Lave and Wenger)提出,被用来作为学习过程和社会实践之间的"启发性装置",后经威尔逊(Wilson)和汉斯曼(Hansman)的丰富和发展,从分析性理论的视角被赋予了新的意义,即个体学习的载体。"实践共同体"被用于教师教育领域特指价值观、行为目标、组织目标相同教师的自愿形成的团体,他们通过"合法的边缘性参与"实践活动,共享资源、共同成长。教师成长的过程,即专业发展的过程就是"共同体""合法的边缘性参与"的过程,"合法"是个人进入"共同体"的前提,它赋予了个体参与团体实践文化的权利,"边缘性参与"强调学习的路径和方式,它一开始只能是位于共同体的"边缘",而不是"中心"或"完全"地带的参与,强调学习的过程是一个从边缘参与到充分参与的渐进过程,是由"学徒"到"专家"的过程,随着知识的积累和自我的成长,学习者逐渐获得更多实践和学习的机会,得以向"共同体"的核心靠拢,个体"边缘性参与"的过程,是个体专业发展和"共同体"成长、更新、发展的过程,同时,这也是"实践共同体"实现文化传承和文化再生产的可持续发展的过程。"教师专业发展与实践共同体的结合是遵循个体通过合法的边缘性参与从新手到专家成长规律的表现,教师实践共同体的构建能够为教师提供有利的结构性学习资源、职业认同的情感支持、实践反思的真实参照以及专业身份转变的合理契机,有效促进教师的专业发展。"[①]

翻译硕士教师"实践共同体"的构建能够打破"绩效式"培养路径的只关注结果和以"技术支撑"的方式短期弥补知识的传统模式,将教师知识和教学能力渐进生长的过程与实践参与的方式提到非常突出的位置,这符合学习和认知的规律,体现了知识"情境建构"的特点。首先,翻译硕士教师"实践共同体"能够激发教师主动探究知识建构的过程。由于实践共同体内的成员拥有一致的目标,这促使成员能够在心灵契约模式下主动追求教学和学习的提高。其次,翻译硕士教师"实践共同体"能够体现知识的"生成性"特征。与传统权威化的、经由

---

① 李兴洲、王丽:《职业教育教师实践共同体建设研究》,《教师教育研究》2016年第1期。

专家界定的知识传递方式不同，实践共同体通过成员间共同协商、对话等互动方式激发知识的积极生成。再次，翻译硕士教师"实践共同体"强调教师知识获得的"反思"特征。实践共同体通过在一种生成性的、非预测的情境中进行教学设计，在教学实践中不断修正、完善来改进教学，知识和能力的获得是一个自我不断否定之否定的循环。最后，翻译硕士教师"实践共同体"注重知识经济条件下对复杂问题的"弹性"解决，这种方法必须以追求学习观念的变革、认识框架和思维方式的转变为前提，将教师个人的专业发展、职业生涯与教师整体效能提升相结合，强调实践知识和能力的获得，强调转识成智的途径与重要作用。综合以上分析，翻译硕士教师走"实践共同体"的专业发展道路是翻译学科"实践"特性和"综合"特性的综合体现，是翻译硕士教师结合语言服务产业的需求与发展，谋求自我成长、职业认同以及整体效能提升的必然选择，本研究主要通过以下四个方面措施的实施，实现翻译硕士教师"实践共同体"的构建。

第一，合理配置教师资源，加强实践型、应用型、专业化翻译硕士建设。由西北地区翻译硕士实践教学体系现状调查的结果得知，目前构成翻译硕士师资队伍总数中 65.8% 的教师是有传统英语教育转型而来，32.8% 的教师是基于一定翻译实践经验的翻译专业教师，从企业或机构聘请的职业译员只占总数的 0.9%；而翻译教师的实践经验 75.4% 的是依靠兼职获取，真正具有专职翻译经验的只有 8.8%，近 30% 的样本学生根本不清楚自己的老师有没有翻译经验；62.5% 的样本学校根本没有兼职导师有校外导师，8.1% 的样本院校聘请了兼职导师，但很少联系；翻译硕士教师的研究方向语言学、文学、语言教育之和为总数的 43%，虽然 57% 的教师研究方向为翻译，但不清楚是文学翻译还是翻译理论。"调查报告"中西北地区的翻译硕士学生认为"老师根本没有翻译项目经验，对实践教学指导不足"的占 12.1%，远远高于其他六个行政区的比值（华南地区仅占 1.27%，东北地区 5.96%）；西北地区对教师翻译经验的满意度低于其他地区水平近 10 个点，满意度最高的是华南地区，占 77.22%。以上两处数据表明，翻译硕士师资存在配比不合理，西北和西南地区建设水平整体偏低，华南、华北、华中地区教师实践经验丰富；传统英语教育方向、文学与语言学方向的教师占多数，翻译研究方向中，文学翻译和翻译理论研究的教师教不利于翻译硕士实践型、应用型翻译人才培养。针对这两个问题，首先，"教指委"和中国翻译协会应有意进行引导，努力促成西北地区与东部地区师资间的横向交流，纵向培育，西部地区注意加深与东部地区的交流与学习，适量引进翻译实践经验丰富、项目管理和翻译水平高的、熟悉翻译教学的师资对西部地区教师进行培训；其次，应该着力引进具有多学科专业的年轻教师，形成学科专业教学或科研团队，培育或培养不同语种、不同学科方向、不同专业领域、不同学科水平层级的教研力量，为翻译硕士教学和语言服务行业的发展储备力量。

第二，更新传统翻译人才培养理念，摆脱英语教育学科下学术型师资队伍的培养模式。翻译硕士师资队伍建设是一项长期的、系统的工程，首先，不说现在我们对目前潜在的可能将来会从事翻译硕士教学的教师们——学习者的培养采用的方式依然传统守旧的问题，光说目前的我们，因为目前的我们就是翻译硕士师资队伍中的一员，我们如何、何时才能真正地认识到专业学位研究生教育与科学学位研究生教育的区别？如何、何时才能翻译学科的人才培养与其他外语学科的人才培养之间的区别？如果说广大翻译工作者、教育者已经认识到了翻译学科与外语学科、专业学位研究生教育与科学学位研究生教育的区别，那么体现和反映我们的认识的那些教学大纲、教学方法、选用的教材、学习经验及其组织的方式、教学手段为何依然如此，并没有多少实质性的不同。说说可能真的容易，但要实现真正意义上的改革或者彻底地脱胎换骨式的改变岂是一朝一夕的工夫所能实现的，更何况，大部分教师拒绝改变、抗拒认识那些区别，不大愿意走出来了解所谓语言服务行业的市场及其需求，我们自己尚且如此消极地沉溺于我们赖以生存和成长的、熟悉的、学术型翻译人才培养模式，又岂能责怪那些如我们一样自身存在着诸多不足的人们呢？相比较这种根深蒂固的观念的改变而言，翻译硕士教师所缺乏的实践经验倒是可以通过反复的练习、实践短期可以补足。摆在我们和我们的学生面前的最大的困难，依然是摆脱传统的翻译人才培养模式和翻译理论与实践框架下的翻译师资队伍的培养模式的桎梏，从事翻译的工作者、翻译学科的专家们也认识到了这个问题的严重性，认为翻译硕士的师资同翻译硕士的培养模式一样需要体现翻译人才培养的专业性和职业性，要改变目前我国高校翻译教师仍以研究型师资培养为主，忽略应用型师资培养的现状（仲伟合，2007；黄友义，2007；许钧，2009；穆雷，2009；柴明颎，2012）。

  第三，利用"政用产学研"合作的便利，着力培养适合翻译硕士实践教学的，"双师型"师资力量。虽然限于当前学术型人才培养的大环境和认知，我们无法一蹴而就地实现完全的改变和彻底的摆脱，但如何在长期的、系统的转变培养观念的过程中，有所针对地提出应对之策，尝试补救或者逐渐更正目前翻译硕士师资培养中的不足，是目前我们必须做的工作。既然翻译是一门综合学科，既然翻译是社会中的人的翻译，翻译语言交流、文化书写的社会身份和文化建构的作用是社会历史赋予翻译的使命，也是翻译的价值所在，必须在其赖以生存生长的生态系统中实现，而这个系统就是目前市场经济下"合作共赢"的理念。实现翻译学科的合作共赢和翻译人才培养的合作共赢就是要将"政用产学研"协同创新的机制引入翻译人才培养的过程中，对于翻译硕士师资队伍的培养而言，我们可以这样做：1）鼓励高校翻译专业的教师深入到企业和目标用户中去，了解企业的相关发展动态和目标用户的需求，在提高教师的翻译实践能力的过程中反哺翻译教师的教学技能，转变传统的翻译人才的培养观念；2）翻译学科和行业的上级主管部门有意引导企业相关的翻译人员到高校进行兼职交流，参与到高校具体的翻译实践教学中或合理配置东西部地区翻译硕士师资，帮助地区和学校之间翻译师资的交流和共同发展。由于企业翻译人员来源于实践第一线，具有更多的实践层面的话语权，这样就可以让学校的师生主体更进一步地了解企业在具体实务操作上相关的工作流程，尽快地完成学徒到专家的身份转变；3）高校教师、企业员工、科研单位、目标用户共同参与项目协商、进行科研合作、技术、技能交流，实现资源的优势互补，提高各自在教学、科研、工作、生活方面的水平。"政用产学研"协同创新的机制引入翻译硕士师资队伍培养旨在加快翻译硕士教师教学、科研、行政管理以及学生人生导师四种身份的适应和转变，加快"双师型"师资队伍的建设步伐。

第四，完善翻译硕士教师能力评价制度，突出教学能力和实践应用能力。目前，翻译硕士教师与翻译本科教师一样，面临着职称晋升、考核评优、项目申报以及成果报奖等多方面的困境，一方面，学校抓教学质量工程，要求教师必须完成额定的教学任务且年终综合考核和教学评价达到"优"（有部分学校规定职称晋升至少需要年终考核有一个"优"，或者3个年终考核的"优"作为一个晋升的条件；晋升正高职称必须在副高任职期间教学评价是"优"）；另一方面，学校为了提升学校排名和影响因子，大力督促教师狠抓科研，通过项目带动科研经费和获奖概率的增加，教师的科研成果直接决定着选岗的级别和聘期考核的合格与否，岗位级别和考核情况则直接与薪资待遇挂钩。此外，教师还面临着继续学习深造、承担学科专业建设、班主任工作、本科生/研究生导师、教学或其他赛事的比赛与学生指导以及其他社会公共事务，因此，教师限于时间与精力，往往顾此失彼或在左右为难中错失或故意放弃继续深造或职称晋升的机会。目前，翻译学科的改革职称评定普遍存在着过分重视理论研究和科研能力，忽视翻译实践和应用能力的传统评价方式的现象。部分学者，如钱多秀、杨英姿（2013），也看到了高校普遍实行的学术化取向聘任条件的不足之处，呼吁改变这种为"学历"的职称评定和聘任机制。第四轮全国高校学科评估对师资队伍质量的考量采用"代表性骨干教师"方法评价师资队伍水平，克服了仅"以学术头衔评价学术水平"评价方式的片面性，对学科师资队伍的整体质量和师资队伍的结构质量进行综合考察。在翻译硕士教师评价机制改革的问题上，我们可以借鉴这种"代表性骨干教师"评价方法，"将翻译教师教学能力和翻译实践成果（译作、译著、口译实践等）纳入能力评估指标，鼓励翻译硕士教师重视教学、重视实践。"①

（2）翻译硕士实践教学对实习基地的要求与建设

基地建设是翻译硕士教育培养目标实现的重要依托，与师资队伍建设相比，基地建设和平台建设是教学资源中的硬件条件。

第一，翻译硕士实践教学对实习基地的要求。由第五章对翻译硕士实践教学基地的调查和"调查报告"对实践基地的调查结果可知，翻译硕士实践教学基地建设存在的问题不在于如翻译硕士试点院校评估方案中所要求的实习基地数量的多少、规模的大小和基本条件优劣，而在于实习基地建设与实习内容设计与市场需求和翻译情境脱节以及"实习"环节缺乏有效指导和监管，导致实习效果不佳、无效实习或者流于形式。针对保障翻译硕士实践教学质量的实习基地建设中存在的问题，应该从哪里入手，又如何去完善和优化实习基地的建设呢？仅仅通过加强实习内容与市场和翻译情境的联系，加强实习指导教师对翻译实习的指导和监管就可以提升实习的效果和保障翻译实践教学的质量了吗？这个问题的答案显而易见，这种头痛医头脚痛医脚的方法显然割裂了实习基地建设与内容设计的整体性，没有考虑到实习基地各个构成要素之间的结构和作用发挥的程度，因此，对用于翻译硕士实践教学的实习基地的优化还需要分析各个构成要素的结构关系，在把握结构关系的基础上进行整体优化与设计。

学者董洪学（2015）对翻译硕士实践教学体系中保障条件实习基地建设创新模式的思考为我们提供认识实习基地结构关系的镜子。董洪学借鉴其他专业相对成熟的实习基地的建设模式，提取影响实习基地建设的8个因素，分析了8个影响因素的结构关系和作用原理，发现在培

---

① 崔启亮：《全国翻译硕士专业学位研究生教育与就业调查报告》，对外贸易经济大学出版社2017年版，第38页。

养优势、就业市场、校外实习基地、校内实习基地、翻译实习、软件设施以及校内外实习指导教师8个影响因素中，直接影响校外实习基地类型的是所在院校的优势和就业市场，实习基地建设应以校外建设为中心，或者是学校与其他利益主体合作共建，或者是政府或企业所建立的满足区域发展的综合性公共实习基地，校内实习基地限于经费和其他投入问题主要指翻译实验室之类的小型基地，可供短期、零时的模拟教学所用，校外实习基地和校内翻译实验室的建设规模、条件、设施配备决定了实习的内容和时长以及岗位类别。实习效果和效率由来自校外实习基地的导师和校内的实习指导教师一起决定。

第二，翻译硕士实践教学基地的建设。翻译硕士实践教学的实习基地应该具备什么样条件？应该建立哪种类型的实习基地？翻译硕士研究生的翻译实习应该怎么安排？应该建立何种机制才能保证实习指导和监管的效果和质量？对以上四个问题的回答就是建设和优化翻译硕士实习基地的方法。

第一个问题的答案早在2011年"教指委"就和中国翻译协会联合给出了答案，即《全国翻译专业学位研究生教育实习基地（企业）认证规范》（以下简称"基地规范"）的出台与基地认证工作的启动，"基地规范"中，明确提出了翻译专业学生实习企业的资格和管理机制，截至2019年3月已经完成了3批共36家企业的教育实习基地认证工作，为实习基地建设的目标和规范提供了依据。

第二个问题的答案取决于翻译硕士培养学院自己和翻译硕士毕业生的就业市场。翻译实习基地建设的目的是实现学生向员工的无缝对接，即希望翻译硕士学生提供实习基地提供的翻译实习岗位，具备职业资质和专业资格（水平），联结学生的前端是翻译硕士培养院校，末端是就业市场的需求（表现为企业提供的就业岗位），因此，培养院校的学科优势、地缘优势与企业参与校企合作的目的和程度决定着校外实习基地的类型（传统意义上有高校主导型、企业主导型和校企合作型），"调查报告"显示，校企合作以设立实习基地方式的占98.82%，开展项目合作的占 64.50%，参与课程设计与教学的 39.64%，从这个数据可以看出，目前企业参与校企的合作的方式主要是设立实习基地，一起进行课程设计与教学的较少，数据背后需要考虑的是校企合作的实质性和有效性程度。

第三个问题的答案依赖于校企合作设立实习基地的初衷和意愿，学生以何种岗位身份进行实习，实习的内容安排如何，周期可以多久？这是校企合作双方合作之初既定的"协议"，在实习之前可以进一步就实习的职位、内容和时长进行协商，需要注意的是切记避免"流于形式和沦为廉价劳动力"[①]。

最后一个问题取决于合作双方的实习指导老师对实习的指导、管理和考核情况，可以以规章制度的形式明确双方指导、管理、考核的责权关系。

实习基地的建设和翻译实习的开展有助于真实地体验翻译情境和翻译项目流程切实感受职业的氛围，在具体实务操作中检验知识的掌握情况，对自己的问题进行反思和改进，提高翻译硕士学生的翻译实践能力，强化对翻译本体的认识。翻译作为一门实践性极强的学科，实践教学在学生评语过程中占有重要的地位。只有给学生充分的自主实践训练的时间与空间，充分调动学生参与实践训练的积极性，激发学生的翻译兴趣和创造力，才能实现真正意义上的专业化、职业化的语言服务人才培养的目标。

（3）翻译硕士实践教学对实践平台的要求与建设

第一，翻译硕士实践教学对实践教学平台的要求。传统意义上的教学平台指教学活动得以开展的一整套软硬件设施，既包括物质形态的教学场所、教学设备等，又包括无形的网络、视频影像等，按照实现方式的不同又可以分为传统的以教师课堂为主体的教学平台，以网络为基础的教学平台以及以电视视频为载体的教学平台，随着教育技术的发展，

---

① 董洪学、张晴：《翻译硕士专业学位实习基地建设模式创新思考》，《外语电化教学》2015 年第 2 期。

更多趋向于以电脑、投影仪、电子白板等设施为教学环境的多媒体教学平台和网络教学平台。目前，各高校（如云南师范大学、吉林大学、重庆交通大学等）安装建设实践教学（管理）平台是基于教学过程管理的综合性系统，集考勤、作业、点名、教学资源、教学质量评价、考查考试等方面进行量化管理在内的覆盖实践教学、实习实训、科研项目、学科竞赛、毕业论文、技能测试、实习管理、成果登记、学分奖励等内容于一体的网络系统。对翻译硕士实践教学而言，实践平台的建设主要是可以提供真实情境体验的网络教学平台，如吉林华侨外国语学院就以当地经济需求为导向分别构建适合应用型翻译硕士人才培养的校内实践平台，包括"外语听说训练中心"、"国际语言文化实践教学中心"、"翻译实践教学中心"和"多语言文化翻译服务创新协同中心"。这些侧重不同能力、素养训练的实践平台以政产学合作的模式建立起来为翻译硕士研究生提供了翻译实践的机会，为翻译硕士研究生胜任不同工作岗位打下了坚实的基础。

第二，翻译硕士实践教学平台的建设。随着语言服务行业的发展，单一的口笔译人才培养理念已经不再适应快速发展的语言服务市场，因此仅致力于翻译实践能力的培养已不足以应对市场的需求，翻译硕士实践教学平台的建设需要走出"语言转换能力打天下"的认识局限，走校内实践平台为中心，企业和合作培养院校共建教学平台为两翼的建设道路。校内实践教学平台的建设要以校院系三级单位主体的长期规划为依据，结合当地区域经济发展格局和人才需求，突出院校优势和学科专业特点，以翻译硕士研究生专业发展和就业为中心，体现"真实体验、做中学、生活教育"的教育理念，覆盖学校翻译硕士实践教学主要环节，将翻译实践、专业实习、创新创业、毕业论文设计、科学研究等能提升翻译硕士研究生实践能力和综合素质的内容纳入平台建设中，实现翻译硕士人才"内部造血"的目标。在"内部造血"功能得以基本保证的基础上，利用与企业、合作培养院校资源和优势的共享，共同打造融翻译实践、语言服务、语言文化翻译研究在内的教学平台，致力于学校、企业、合作培养院校的语言服务人才培养、科学研究以及科研成果的转化，实现学校、企业、合作培养院校的共赢。

翻译硕士实践教学平台建设是翻译硕士实践教学体系的有力保障，是理论转化为实践的基础，在建设内容上要按照翻译实践能力发展的阶段特点，分别建立"翻译实践能力系统化阶段"的"专业公共教学平台"、"能力程序化阶段"的"专业翻译实践平台"和"能力职业化阶段"的"项目训练平台"，横向之间形成相对独立又相互关联的模块，体现翻译硕士研究生翻译实践能力的连续性和翻译学科综合性的特点。纵向按照翻译实践能力的层级结构，形成供"一般实践能力"发展的"基础层"教学平台、"专项实践能力"发展的"应用层"教学平台和"综合实践能力"发展的"综合层"教学平台，三个递进层次的教学平台，体现翻译实践能力的层级性，翻译硕士人才培养的渐进过程性。

（4）翻译硕士实践教学对信息技术的要求与建设

经济发展决定科技进步，科技进步取决于人才培养，人才培养需依靠教育的革新，科学技术作为这个循环路径上的一环，无疑在现代化语言服务人才培养目标的实现中起着至关重要的作用。

首先，信息技术融入高校是智慧教育的诉求。智慧教学是继传统教学、电化教学和数字化教学之后出现的一种在智慧教学环境下，利用各种先进信息化技术和丰富的教学资源开展的教学活动，是技术工具在教学活动中应用的典范，是科学技术施加于教学所产生的变革。智慧教学的诞生源于2008年IBM（国际商业机器公司）充分把握科技大势而提出的"智慧地球"的构想，IBM公司试图用一个可以统一智能全球基础设施的系统将纷繁复杂的自然系统转变为复杂的社会和商业系统，简言之就是用大数据、云计算统合全球人类社会的各种交互行为，实现"感知化、互联化、智能化"的理想社会。在"智慧地球"构想的催生下，"智慧城市""智慧教育"的理念相继问世，于是乎依托互联网、大数据、云计算和无线通信等新一代信息技术顺势而生的智能化教育信息生态系统席卷了国内外各级教育机构，伴随而来的是智慧教学、智慧学习、智慧管理、智慧科研、智慧评价和智慧服务的诞生。

从教学主体双方来看，智慧的"教"和智慧的"学"是智慧教育的核心和重心所在，前者从教师的角度，强调教师掌握并利用现代信息技术，提升自身知识整合能力、教学设计能力及信息技术应用能力，以实现促进专业发展和创新人才培养的目的。智慧的"学"则以学生为中心，强调在智慧环境学习的效果，在这种信息化、全球化和协同创新与知识融合的环境中，学习者不仅能够及时获取自己所需的资源、信息和服务，还能够享受到个性化定制的资源和服务，不断发掘自己的兴趣爱好，挖掘自己的潜能，使得学习过程更加轻松高效。智慧管理、智慧科研、智慧评价和智慧服务同属于智慧教育的活动系统中，它们与智慧教育教学和智慧学习一起相互依存、互为支撑，为智慧教学质量和人才培养质量的提升贡献力量。

其次，信息技术融入翻译教学是现代语言服务人才的技术诉求。对于科学技术力量的论断早已有之，"科学技术是第一生产力"是邓小平同志对马克思主义"科学技术是生产力"科学原理的继承与发展，相比于马克思主义将人类改造自然的能力看作生产力的论断，邓小平同志更深刻地解读了新时代生产力的内涵，进一步强调了科学技术所蕴含的巨大力量。江泽民同志不仅高度认可科学技术在生产力形成、发展中的重要作用，还赋予了科学技术在新技术革命中的全新意义，即"科学技术是第一生产力，而且是先进生产力的集中体现和主要标志"[①]。江泽民同志不仅认识到科学技术对社会发展和经济建设的巨大推动作用，还预见到未来科学技术发展势不可挡，处于社会主义初级阶段中国急需依靠技术解决底子薄、落后的经济现状。

"科学技术是第一生产力"是科学技术发展的必然趋势，也是科学

[①] 江泽民：《江泽民在庆祝建党八十周年大会上的讲话》，《人民日报》2001 年第 7 期第 2 版。

技术对促进生产力发展的使命所在，科学技术对生产力的先导和推动作用是依靠其自身作用于生产力的诸要素（劳动者、劳动工具和劳动对象）实现的。科学技术作用于劳动者，使其成为具有先进理念和管理能力的人才，科学技术首先发挥了精神生产力的作用，然后科学技术作用于劳动工具和劳动对象应用到生产实践中，以现实生产力的形式使得劳动资料的性质和水平发生变化，劳动对象的状况和范围发生变化，劳动者智力和生产技能发生变化科学技术，最终随着生产力结构的变化，实现由落后到先进的转变。

现代语言服务人才是现代化信息技术与语言服务产业结合而催生的以翻译和本地化为核心的专门人才，其突出特征为"技术"和"服务"。前者体现了现代语言服务人才产生的时代背景和生长的土壤环境，后者表达了其职业化和胜任的资格条件，也就是说以口笔译翻译和本地化项目管理、本地化工程、语言咨询与服务、译后编辑排版、技术写作等为服务内容的现代化语言服务人才除了具备语言、翻译及相关专业知识、语言转换能力、策略能力和过硬的生理、心理素质外，还须具备云计算、大数据、翻译技术的知识，基本的行政能力、计算机辅助翻译的能力、项目管理能力，较好的职业素养和团队合作精神、抗压能力、吃苦耐劳等综合素质。现代化语言服务人才是未来翻译硕士培养院校目标定位的取向所在，要培养以"技术"和"服务"为特征的现代语言服务人才就必须无条件的依靠现代信息技术，将技术要素切实融入课堂教学和实践环节。

2. 翻译硕士实践教学机制建设

正如翻译硕士实践教学体系隶属于翻译硕士教学的系统一样，语言服务同样属于众多生态系统当中的一个子系统，它与自然生态系统、社会系统等其他生态系统一样，其构成要素，各要素之间，各要素与与之相关赖以生存的环境之间都存在着不同程度的联系与互动，知识与信息的流通、循环取决于各系统的构成部分协同作用，以期达到整体的平衡发展。依据现状调查部分影响因素和作用机制发挥的条件得知，政府、企业、学校、科研机构和目标用户共同构成语言服务的生态系统,现代化语言服务人才培养目标的实现需要依靠政产学研用协同发展。

(1) 政用产学研协同创新的概念与内涵

政用产学研协同创新是"政府、目标用户、企业、高等院校和科研机构等主体按照市场经济机制,在共同价值观念和合作理念的指导下,为了共同的目标和利益而开展的诸如政策咨询、用户服务、产品开发、技术研发和人才培养等一系列合作创新活动"[①]。其中,"协同"指利益相关者之间资源与优势的全方位的协调与合作,"创新"包括创意的产生和创意的转化,是创意实实在在变为应用的过程。政用产学研协同创新是一种合作模式,更是一种机制和理念,前者强调,后者侧重,"政用产学研"概念的形成先后经历了党的十八大"着力构建以企业为主体、市场为导向、产学研相结合的技术创新体系"时期的"产学研"模式,国家创新系统理论、三重螺旋理论发展过程中的"政产学"模式和2011年全国科技工作会议上主推的"政产学研用"模式,今天,随着信息技术发展和知识社会的到来,面向知识社会的创新2.0形态凸显了政府在开放创新平台搭建和政策引导中的作用以及用户在创新进程中的主体地位,"政"和"用"的地位得到了更进一步的重视,推动科技创新从"产学研"向"政产学研用",再向"政用产学研"协同发展的转变。

概念的演变寓意着内涵的更新与发展,从第一个阶段的"产学研"到第二阶段的"政产学"再到第三阶段的"政产学研用"最后到今天的"政用产学研",虽然只是一两个字的增加和顺序的变化,但其意义发生巨大的变化,从强调到进一步强调应用和用户,突出了产学研结合必须以企业为主体,以用户为中心,以市场为导向,突出了知识社会环境下以用户创新、开放创新、协同创新为特点的创新2.0新趋势。政用产学研机制的形成是国家创新系统理论和协同理论在生产实践中应用和

---

① 张良、唐志宏:《政用产学研协同创新实践探索》,《当代教育实践与教学研究》2015年第10期。

发展的结果，更是信息时代和全球市场经济发展的需求，政用产学研协同创新机制可以更好地实现政府、目标用户、企业、高等院校和科研机构等利益相关主体在功能和资源优势上的协同集成与整合，更好地实现各合作要素的协同对接与耦合，更好地实现创新成果的协同生产与应用。

（2）政用产学研创新主体的合作与分工

翻译硕士实践教学是在翻译真实情境中体验翻译过程、养成翻译实践能力和强化翻译认知的实践教学活动，其真实的情境要求决定翻译硕士实践教学始终须按照"对接产业，服务产业，引领产业，将翻译硕士应用型人才培养深度融入翻译产业发展"的设计理念，大力加强政府相关职能部门、目标用户、行业企业、院校和科研院所之间的多元协同与互动，在实践中构建具有翻译硕士培养院校各自特色的政产学研用协同创新模式，走政用产学研协同创新的特色化发展道路，作为翻译硕士专业学位教育和人才培养的利益相关者，各个利益主体应该各司其职，协同分工，发挥各自的资源与优势，共同服务于语言服务行业领域的人才培养。

政府部门。与翻译硕士教育和人才培养相关的政府部门主要指实现政策指令的各级各类负责、管理和从事翻译教育的专门机构，如 MTI "教指委"，应该本着翻译硕士教学与服务工作的职责，定期组织对216所翻译硕士培养试点院校进行抽查，从院校所在区域、院校性质、院校特色、获批期次、是否翻译本科专业试点等方面考察其建设情况和翻译硕士研究生培养状况，委托调查公司或项目组对语言服务行业、翻译市场进行摸底调研，全面及时了解市场和企业对语言服务人才的需求，为翻译硕士专业学位教育指导方案的制定和产学互动提供可靠的依据；指导建立相关行业企业专业人员、高级技术技能人员和民间能工巧匠参加的翻译专业各行业教学指导委员会，为职业学校、高等学校人才培养方案制定、专业或专业群建设、课程体系建设、教学模式改革、实习实训条件改善、师资素质能力提高等提供指导和协助；指导高校推行面向企业真实生产环境的任务式翻译人才培养模式,培养市场需要的专业人才;鼓励企业依托或联合高等学校设立产业学院和企业工作室、实验室、创新基地、实践基地。

目标用户。"用"是技术创新的出发点和落脚点。用户直接参与产学研合作,不仅能够减少技术创新的盲目性,缩短新产品从研究开发到进入市场的周期,而且能够有效降低技术创新的风险和成本。中国产学研结合走过的道路表明,要使产学研结合真正取得成效,使科技成果更好地转化为现实生产力,必须进一步加强"产学研用"紧密结合,或者更进一步强化用户创新、用户参与为"用产学研"。知识社会以及创新民主化的进程使得生活、工作在社会中的用户、大众成为创新的主体,传统意义的实验室的边界以及创新活动的边界也随之"融化"。相较于工业时代 1.0 的创新形态,信息时代、知识社会的 2.0 创新形态重新定义了创新中用户的角色、应用的价值、协同的内涵和大众的力量。以生产者为中心的创新模式正在向以用户为中心的创新模式转变,以用户为中心、社会为舞台的面向知识社会、以人为本的创新 2.0 模式正逐步显现,用户创新成为科技创新活动的重要战场。用户代表市场,市场代表需求,是创新成果最终的检验者。由于领先技术使用的用户可以预测市场上大部分人的未来需求,并且拥有专业的知识和丰富的经验,能够做出新产品概念和原型设计,使自己的需求得到满足。所以,"政用产学研"协同创新,必须从用户的角度考虑,结合用户的需求信息,用户提供的创新方向才是整个行业的创新方向,此外,企业经常与用户进行技术、知识、信息等方面的交流,可以使企业了解到创新的最新方向,促进"政用产学研"协同创新的不断完善。

企业行业。企业参与主要指以翻译公司和语言服务中心等形式存在的单位以各种途径参与到学校的办学过程中,要实现校企的产教融合,必须拓宽企业参与高校的途径。首先,政府应鼓励引导企业以独资、合资应或合作的形式依法参与高校建设,改进企业准入机制,简化审批流程;其次,政府应支持引导企业参与学校教育改革,企业通过多种方式参与学校专业规划、教材开发、课程计划设计、实习实训等环节；最后，企业应按照世界经济形势发展和国家大政方针及时调整产业结构，与高校和科研机构协作，构筑语言服务人才培养的链条，融入高校实践课程的开放与授课、项目实训的设计与无缝对接、岗位实习的职业培训和实践教学平台、实践基地的建设与营运中，切实做到共同设计、共同经营、共享成果，避免流于形式。

翻译硕士培养院校。作为人才培养主要渠道和核心力量的翻译硕士试点院校不仅需要上知政策，下知用人单位意向，还要通晓区域经济发展对高校人才培养的需求和高校学科专业发展的优势，将翻译学科发展的规律、翻译硕士研究生专业发展的需要、市场对语言服务人才的需求意向、学科专家及用人单位对毕业生的规格要求等方面结合起来筛选出翻译硕士专业学位教育的目标体系，根据所要达成的最终目标和近期目标选择有助于其实现的学习经验，与企业和科研机构一起精心设计、安排、组织学习经验，最后与学科专家和利益相关者一起检验、评估是否已达成不同阶段的教育目标，这个过程自然离不开翻译硕士教学质量的监控与教学过程的评价，通过监控与评价，不断总结经验与规律，及时反思不足与缺陷，在实践中不断修正直至完善，最终实现翻译硕士专业学位教育的终极目标。

高等教育是学校教育的一个子系统，系统的本质属性决定了高等教育除了居于中心地位的人才培养和根本地位的社会服务的功能之外，还肩负着科学研究的功能。其中人才培养是核心，是高等教育赖以生存和发展的基础，社会服务是根本，是高等教育的落脚点，科学研究则是穹顶，是转识成智和知识经济的先导，三者相辅相成，共同作用于高等教育的发展，决定了高校产学研合作共谋发展的道路。一方面，高校应服务地方经济建设而起，其价值诉求决定了高校必然谋求适应经济发展的学科建设、实现成果转化与技术开发的科学研究，为企业提供人才和技术支撑，进而推动区域经济建设和产业发展，高校学科建设和科学研究的过程本身也是人才培育和成果孵化的过程，学科建设的成果和科学研究的成果是高校实现服务社会功能的基本条件；另一方面，地方经济建设与发展过程中，势必引发诸多新的产业、催生多种新的学科、形成知识和技术创新的源头，高校与企业在人才、技术与信息等方面的交流与合作，可以帮助企业快速实现产业升级和技术换代，为企业带来经济利益，反过来，企业给予高校在人才培养、成果转化、技术与产品开发等方面的经费、资源、设备的投入为高校的学科发展和科学研究提供了助力，推动高校更好更快地发展。随着知识经济的纵深发展，高等教育的地位和作用愈加体现为对人才创新能力的培养和高新科技成果的转化，科学研究的作用将进一步凸显。

科研机构。科研机构在"政用产学研"协同创新中主要扮演着技术引领的角色，主要依靠创意的生成和转化，为协同创新方向提供技术和智囊指导，同时是主要的知识贡献者。企业与科研机构之间可以通过举办计算机辅助翻译、翻译技术等讲座进行交流，一方面企业可以更好地了解科研机构的技术和学术研究前沿，达成合作统一战线，形成协同创新发展战略，企业可以从科研机构处获取最新的研究方向，提供创新技术支持，也可以直接获取科技研究成果，再将科研成果付诸实际应用，实现科研成果向现实生产力的转化，直接面向市场消费者；另一方面，科研机构可以将创意和技术引入企业产品生产和项目运营中，促进科研成果的快速转化，最终达到双赢的局面，科研机构还可以借助社会企业的良好平台及资源，科研机构在技术上的开发的同时完成对研究方向的规划，以单纯的技术型研究机构转型成技术、方向性兼顾的研究机构，同时研究成果将推动企业以及行业的整体发展。

翻译教育事业的发展是一项系统的工程，不仅仅是承担翻译人才培养的高校单方的问题，闭门造车、盲目建设绝不是明智之举，相反，应将翻译教育置于社会大环境场域中通盘考量，从全球经济政治发展的形势入手，考虑国家的发展规划、政府的政策导向、市场对不同语言服务人才的兴趣、企业的技术和人才要求、高校的学科优势，在顺应人才培养信息化、职业化发展趋势的基础上，多方协调，共同参与科学合理的培养目标的制定与培养目标实现路径与手段的设计。

以上对翻译硕士实践教学体系各要素的优化考量是建立在对翻译硕士教学特点的分析和对翻译硕士教学实质的准确把握基础上的,在优化翻译硕士实践教学体系的过程中应该综合考虑诸因素,以免偏颇。构成翻译硕士实践教学的要素,与以往其他教与学的双向活动一样,有着"相互关联、相互影响或制约的关系"①。在这些要素中,学生是教学活动得以开展的最根本原因,一切其他教学活动皆围绕学生的发展而存在,是教与学双边活动主体之一,是课堂教学的主人,同时是知识传承、情感体验、科学规范维护的主体;教学目的是开展教学活动所要达到的预期目标或所要实施的任务,这个目标和任务可以体现为人才培养规格的知识、能力、素质要求,也可以体现为一个教学环节所要达到的结果,也可以体现为学生主体想要获得的显性或隐性知识;教学内容是教学活动得以存续的最直接的存在和支撑,它主要伴随课程发生,是知识、能力、素质的载体;教学方法是教师和学生在教学活动中为实现其教学目的而采用的一种或一组手段,是教学内容得以实施的途径;教学环境是教学活动得以发生的场域和时间;教学评价是连接教学目的和教学效果的必要环节,是检验教学内容是否有效完成教学目的的有效机制,是实现师生交流的渠道;教师是指导和设计教学活动得以展开,且按照既定目的和预设内容顺利进行,实现良好教学效果的主体,其业务水平、教学态度、教学能力等因素影响着学生的学习教学活动的开展和教学效果的优劣,此外,教师在指导设计教学的同时,还潜移默化地影响着学生的人生观、价值观。

自翻译学科建立以来,经历了初期艰难的摸索和中期繁荣的发展,时至今日,经过翻译本科专业人才培养、翻译学硕士(学术型人才)培养的探索和实践,我国翻译学科的发展正逐步走向成熟和稳定,随着智慧教育的兴起和"世界一流大学和一流学科"建设的发展和深入,各个高

---

① 王鉴:《课程与教学基本原理》,人民教育出版社2014年版,第242页。

校都使出浑身解数寻求发展，开办了翻译硕士的试点院校也毫不例外地面临这一挑战，如何在智慧教育中走内涵发展之路，如何实现"双一流"大学建设实施办法中"一线教师普遍掌握先进的教学方法和技术，教学经验丰富，教学效果良好"的要求，将是每个高校都必须深入思考、认真回答的问题。而对于这两个问题的回答都跳不出现代信息技术的范畴，翻译硕士专业学位教育走智慧教育之路是现代信息技术与高等教育深度融合的必然之举，是国家"双一流"大学建设的趋势所向。

第三节 翻译硕士实践教学体系的价值与特征

一 翻译硕士实践教学体系的价值

翻译硕士实践教学体系是在理论指导下的，以翻译实践能力培养为旨趣的翻译硕士实践教学系统，该理念架构下的翻译硕士实践教学体系，不仅清楚地体现了系统要素与要素、要素与系统、系统与环境的关系，还便于顺利实现系统工程原理"施动—受动—调控—保障"的功能，这是翻译硕士实践教学体系的价值所在，也是该体系构建的本质特征所在。

首先，翻译硕士实践教学体系的价值体现在培养翻译硕士研究生的翻译实践能力上。翻译实践能力的培养贯穿整个翻译硕士实践教学体系的始末，从目标体系的确立到内容体系的支撑再到管理体系机构和质量监控的制度化最后到保障体系的保驾护航，皆严格遵循系统工程原理"施动—受动—调控—保障"的功能，致力于培养高层次、应用型的专业口笔译人才，其人才具有知识结构多样、综合素质高和创新能力突出的显著特征，格外强调理论对翻译实践指导和实践能力的培养，因此，翻译硕士人才最突出的特征就是具有很强的翻译实践能力，这一点在"教指委"下发的《翻译硕士专业学位教育指导性培养方案》也有详细说明。

应用型翻译人才是适应国家社会、经济、文化发展和市场需求孕育而生的一种人才,因此应用型翻译人才不仅需要具备广博的专业知识、扎实的翻译能力,还需要良好的职业素质。教育部提供的"国标"和"参考框架"对人才培养规格中的素质要求、能力要求和知识要求三者关系表述如下:"素质是属概念,能力和知识是种概念,素质包括能力和知识,能力和知识是素质的基本组成部分。也就是说,素质更宏观,能力和知识更具体。能力和知识相互依存,相互促进。能力是素质的外显形式……属实践活动范畴。"[①] 能力和知识有着密切的关系,一方面,能力的形成与发展依赖于知识的获得,随着人的知识的积累,人的能力也会不断提高;另一方面,能力的高低又会影响到掌握知识的水平,一个能力强的人较易获得知识和技能,他付出的代价也比较小;而一个能力较弱的人可能要付出更大的努力才能掌握同样的知识和技能。能力是掌握知识的前提,又是掌握知识的结果。两者是互相转化,互相促进的。能力既是素质的外显,又是知识的内化,因此,从翻译硕士教学的特点、翻译硕士人才特点和翻译实践能力入手,分析翻译硕士实践教学体系的内涵与特点是准确构建翻译硕士实践教学体系的关键。

其次,翻译硕士实践教学体系的价值旨趣指向与翻译硕士理论教学体系一起服务于翻译硕士教学质量的提升。翻译硕士实践教学体系与翻译硕士理论教学体系相对独立又彼此联系,一起服务于翻译硕士人才培养的教学系统。翻译硕士实践教学的本质是与翻译硕士理论教学一起协作实现翻译硕士教学的功能——高层次、应用型、翻译专业人才培养,翻译硕士实践教学体系作为实践教学活动的有机整体,其人才培养功能的实现需要依靠翻译硕士实践教学体系的各构成要素共同作用,各构成要素(目标体系、内容体系、管理体系、保障体系)以个体或共核的方式向命令接受的其他体系发送主体消息,向对方提出服务需求,接受命令的子体系主动完成指定功能,各体系依据指令完成自身的功能,共

---

① 柳海民、李伟言:《析知识、能力、素质》,《中国教育报》2002年第3期。

同完成整个实践教学体系的功能。

最后,虽然翻译硕士实践教学体系的建设直接指向翻译硕士实践能力的培养和提高,但是学生翻译实践能力的培养、提高和翻译教学质量的提高不能绝对而简单地说是翻译硕士实践教学体系产生的作用。由于翻译能力与翻译实践能力知识属性的不可切割性,结果必然是翻译硕士实践教学体系和理论教学体系协同作用,共同服务于翻译能力的提高。此外,研究将翻译实践教学体系功能聚焦于翻译硕士实践能力的培养,但翻译硕士实践教学体系的作用并不仅限于提高翻译实践能力,它对于翻译理论水平的反哺作用也是无法忽视的。

一项翻译活动的发生,伴随着许多与之相关的活动,如在实际翻译之前、之中、之后同时伴随着对所谓翻译理论知识,如翻译本体性质、翻译专业识、语言文化知识和翻译实践能力,如策略选择、工具挑选、语言转换及反思评估等其他心理活动,这些活动并非线性排列随翻译进程逐一进行,而是紧密的交织在一起,分工协作,保障翻译实践的顺利进行。

二 翻译硕士实践教学体系的特征

翻译硕士实践教学体系建立在对其他学科和层次实践教学体系的继承和发展之上,它除了有其他学科实践教学体系的共性之外,还有着翻译学科和专业硕士学位教育独有的特性。

1. 指向明确

翻译硕士实践教学体系的指向性体现为如下方面。

首先,起点方向明确。实践教学体系和理论教学体系虽然各有其不同的特征和使命,但二者有机的统一在教学活动体内,是一组相对独立又互为彼此的存在,我们无法准确将彼此切割开来,任何割裂一方去标榜另一方价值的做法都是有失偏颇的,是无法准确把握其实质的。翻译硕士实践教学体系是翻译硕士教学活动要素之一,是相对于翻译硕士理论教学体系的概念，二者一起支撑翻译硕士教学活动。

其次，过程任务明确。翻译硕士实践教学体系的构建是为了更针对性地培养翻译硕士研究生的翻译实践能力。翻译是一门实践性很强的学科，它既是狭义上的语言转换活动，又是广义上符号信息传递的活动，符号是社会信息的物质载体，包括语言的和非语言的，这就决定了任何一项翻译活动都必须遵从语言活动的三大规律，即客观规律性和主观能动性的辩证统一、内容信息与形式意义的辩证统一、个体性与社会性的辩证统一，换句话说，任何一项翻译活动都必须是译者在语言规律和翻译规范的前提下、在社会环境的制约下运用自己所掌握的知识、技能使原语内容信息与形式意义尽可能达到统一的过程，这个过程中充满了生理、心理的活动和程序、操作与知识、能力的应用，因此，相比较翻译学硕士而言，翻译硕士因其专业学位的性质，更需要对翻译实践能力的锤炼与培养。翻译硕士实践教学体系的构建可以通过各个体系与各实践能力及其子能力的对应，顶层设计，各个击破，达到各实践子能力的有效培养。

最后，终极目标明确。翻译硕士是一种专业学位教育，是一种特殊的研究生教育形式，是现代高等教育学位体系重要的一环，是社会生产力高速发展映射到社会经济领域的真实表现，其最明显的表现形式就是对高层次、应用型人才的需求。翻译硕士专业学位教育同其他学科专业学位教育一样，是为了培养能适应全球经济一体化及提高国家国际竞争力的需要、适应国家经济、文化、社会建设需要的高层次、应用型、专业性口笔译人才。人才培养是专业学位研究生教育教学活动开展的中心领域，一直具有较强的针对性，针对特定职业领域的需要，培养专业能力较强的高层次应用型专门人才。与翻译学硕士这种传统的学术型学位相比，翻译硕士专业学位研究生教育具有其独特的教育模式和显著的特征，它的人才培养是直接针对特定的职业领域，培养该领域专业能力较强的专门的应用型人才。

2. 动态开放

知识习得是一个连续的过程，陈述性知识转化为程序性知识并不是线性的简单排列，因此对翻译实践能力的划分只是一个相对概念，一项实践活动中并不是只有概念释义中的实践能力卷入，还有陈述性知识和心理、生理活动卷入，因此，实践教学体系本身是一个动态发展的系统，随着社会对翻译人才的规格特征的要求、翻译教学的要求和社会背景的变化而产生变化，牵一发而动全身，因此，与之相关的产学研活动都会发生变化。

翻译硕士实践教学体系是翻译教学活动的有机组成部分，它势必也具备教学的七要素，一项完整的教学活动是七个要素协调发展的结果，因此，从微观上讲，翻译硕士实践教学体系内部的各要素如：目标系统、内容系统、管理系统及条件保障系统之间及各个系统内部的要素都是彼此联系、相互制约的。中观上讲，实践教学体系和理论教学体系是教学活动是一体两面的关系，由于知识的习得具有连续性，由陈述性知识转化为程序性知识的过程是渐进的，并非非此即彼的存在，因此翻译硕士理论教学体系和翻译硕士实践教学体系之间便也存在着彼此支撑，互相依存的关系，二者构成翻译硕士教学活动整体，共同服务于翻译能力的培养和翻译教学质量的提升。宏观上讲，翻译是一种语言活动，同时，翻译也是一种文化活动，无论是语言的还是非语言的，它都是社会信息的物质载体，文化是人类创造的物质财富和精神财富的总和，它受当时社会条件和生产力水平的制约，而作为翻译教学主要任务的主体——译者，他是个性与社会性统一的个体，因此，在符号信息传递的过程中，翻译必然与其赖以生存的社会环境有着千丝万缕的联系，大到社会经济发展，中至语言服务行业与翻译市场，小至政府、企业、学校、科研机构乃至原作者、赞助人与读者。可以说，从没有一项活动似翻译这般上达古人下达后人，牵涉如此之广，涵盖如此多的要素，外部的、内部的诸多因素构成合力，共同作用和制约着翻译的进程和结果，因此翻译硕士教学体系的构建、运行及运行的效果，不仅是体系内部和理论教学体系有关，它还受制于为其提供理论和实践平台的学校、企业、科研机构与决定其培养对象规格的翻译市场、企业乃至社会经济发展的大背景。

实践教学的目的和任务决定了它不是封闭的教学体系，它必须面向行业、社会开放，因而决定了实践教学内容是开放的，它必须关注行业和社会的需求，及时吸收最新的技术和工艺成果并在教学过程中体现，保证教学内容与岗位实际需求之间尽可能零距离；同时，实践教学的形式也是开放的，教学过程、教学场所、师资配备等都是直接面向企业或行业的。实践教学体系的目标体系应根据人才培养规格、对接职业岗位要求，动态调整，教学内容应根据目标体系的变化，适时调整，完善专业设置、改革教学模式与教学方法，保障体系中教师队伍、实训基地、教学资源等建设应该由协同创新主体共建共享。

3. 内外互动

翻译硕士实践教学体系内外互动的特点体现在如下方面。

第一，构成翻译硕士实践教学体系要素间的有序组合。目标体系、内容体系、管理体系和保障体系四者按照系统工程原理"施动—受动—监控—支撑"功能逐一发生，环环相扣，相互影响、制约。

第二，翻译硕士实践教学体系与理论教学体系之间相互联系。实践教学与理论教学是教学系统的两个子系统，因各有其结构和功能而相对独立，但彼此之间无法截然分割，独立存在，这一点是由知识的性质和获取知识的规律所决定的，一项活动的发生、一个问题的解决既伴有陈述性知识，又牵涉程序性知识，且陈述性知识和程序性知识的习得及二者的转换皆须遵循阶段发展论的规律，故理论教学和实践教学在知识和能力的习得过程中各有其作用和侧重。

第三，翻译硕士实践教学体系与其产生、发展的社会环境之间的密切联系。实践教学体系的构建是为解决某一特定的问题，这是其存在的价值所在，故翻译硕士实践教学体系的构建与发展必然要与内外需求匹配，且必定受制于构建者的视野、水平和当下政策法令及院系的师资队伍、教学投入、教学设施、实践平台、实践基地等软硬件条件。除此以外，翻译硕士教学体系的内外互动更具体的体现在各子体系与其内部要素在运行过程中的联动作用。目标体系中的各项实践能力的平衡与发展，内容体系中实践课程与实践环节表现为课内与课外的活动；管理体系中质量监控机制与教学评价机制二者互为牵制，息息相关；保障体系中师资队伍建设与有利于调动教师积极性的制度以及有利于制度创新的文化氛围之间的互动。可见，翻译硕士实践教学体系恰然处于一个内外相依、左右相持的系统之中。

4. 相对稳定

与翻译实践能力及其结构相比，翻译硕士实践教学体系具有较为稳定的特性。

首先，作为组成部分的结构要素较为稳定。无论从实践教学体系和翻译实践教学体系研究得出的实践教学体系，还是"教指委"所给出MTI单位评估指标体系的构成指标和"调查报告"中提取的关键词，都体现了其结构要素的一致性，即使稍有差异，也只是是否将"评价体系"和"师资队伍"纳入条件保障体系的差异而已，并不影响体系整体结构和作用发挥。

其次，不同结构要素的各级指标项也具有稳定性。从翻译硕士实践教学体系结构框架中，可以看出各级子指标项依次按照教学要素和教学活动展开的顺序而存在，即使有所变化也只是基于培养目标而对某一指标有所侧重的不同，并没有实质上的改变或调整。

最后，翻译硕士教学体系的稳定性还体现在翻译微观活动顺序的相对稳定，即译前、译中、译后的顺序，而译者专业技能的习得和发展也势必遵循从初学到熟练进而至自动化的阶段规律，这一点恰好体现了翻译硕士实践教学体系的优化策略的层级性。

参考文献

一 中文文献

白泉等：《虚实结合的土木工程专业实践实践教学体系构建研究》，《高等工程教育研究》，2018年第4期。

班伟：《构建应用型翻译人才培养模式必然性研究》，《长春理工大学学报》2012年第11期。

曹进、靳琰：《市场驱动下的翻译硕士培养模式——以西北师范大学为例》，《中国翻译》2016年第2期。

陈科芳：《关于本科翻译专业社会应用型人才培养的一些思考》，《中国翻译》2009年第3期。

陈炼构：《建英语专业翻译实践教学体系的研究》，《海外英语》2012年第4期。

陈琳、章艳：《翻译硕士专业学位论文——翻译述评的撰写模式研究》，《中国翻译》2011年第6期。

陈茂新：《翻译专业硕士研究生的培养目标》，《北京第二外国语学院学报》2002年第5期。

陈宁：《应用型本科商务英语翻译实践教学体系的构建》，《佳木斯教育学院学报》2012年第6期。

陈新民：《应用型本科的课程改革：培养目标、课程体系与教学方法》，《中国大学教学》2011年第7期。

陈压美：《MTI实习基地与校外合作硕导认证标准研究》，《西南科技大学学报》（哲学社会科学版）2015年第1期。

崔启亮：《高校MTI翻译与本地化课程教学实践》，《中国翻译》2012年第1期。

崔启亮：《全国翻译硕士专业学位研究生教育与就业调查报告》，对外贸易经济大学出版社2017年版。

丁素萍：《建立翻译硕士专业学位双导师制可持续发展的合作机制》，《教育与职业》2012年第32期。

董洪武：《基于MTI职业翻译能力培养的翻转课堂项目式教学模式研究》，《外语电化教学》2017年第4期。

董洪武、张坤媛：《云计算学习平台下MTI翻译工作坊教学模式研究》，《外语电化教学》2016年第1期。

董洪学、张晴：《翻译硕士专业学位实习基地建设模式创新思考》，《外语电化教学》2015年第2期。

杜晓军：《翻译硕士的发展现状及其发展方向》，《职业与教育》2014年第12期。

杜彦良：《关乎成与败、得与失——对不同类型高校定位与人才培养模式的思考》，《中国教育报》2004年第7期。

冯曼：《以职业化为导向的MTI实践教学体系的构建》，《广西大学学报》（人文社会科学版）2017年第4期。

冯奇、徐可珈：《翻译硕士校外导师立体管理模式》，《外语研究》2013年第10期。

冯全功、张慧玉：《以职业翻译能力为导向的MTI笔译教学规划研究》，《当代外语研究》2011年第1期。

高黎：《培养环境对翻译硕士职业胜任力影响研究》，博士学位论文，南京大学，2015年。

高黎、崔雅萍:《翻译硕士培养环境实证研究》,《中国外语》2016 年第 1 期。

葛纯:《翻译硕士教学质量实证研究——基于国内所高校翻译硕士研究生的调查》,《剑南文学》2011 年第 12 期。

顾力平:《高职院校实践教学体系构建研究》,《中国高教研究》2005 年第 11 期。

顾明远:《教育大辞典(第一卷)》,上海教育出版社 1990 年版。

郭聪:《MTI 毕业论文写作指南》,《外语与外语教学》2013 年第 4 期。

国务院学位办:《关于转发〈翻译硕士专业学位研究生教育指导性培养方案〉的通知》,《腾讯网》2007 年第 12 期。

国务院学位委员办公室:《关于申请新增专业学位研究生培养单位的通知》,2008 年。

国务院学位委员会:《专业学位设置审批暂行办法》,1996 年。

何刚强:《传统、特色、师资——本科翻译专业建设之我见》,《上海翻译》2007 年第 3 期。

何克抗:《教学系统设计》,北京师范大学出版社 2002 年版。

何林:《高校体育教育专业实践教学体系的构建与实践》,《教育理论与实践》2018 年第 9 期。

何其莘、苑爱玲:《做好 MTI 教育评估工作,促进 MTI 教育健康发展》,《中国翻译》2012 年第 6 期。

何瑞清、王传英:《英语本科与翻译硕士学位翻译教材的衔接研究》,《中国科技翻译》2013 年第 4 期。

胡锦涛:《中国科学院第十三次院士大会、中国工程院第八次院士大会的讲话》,《光明日报》2006 年第 6 期。

胡志刚、任胜兵:《工程人才一体化培养体系探索与实践》,高等教育出版社 2013 年版。

黄有义:《翻译硕士专业学位教育的发展趋势与要求》,《中国翻译》2010 年第 1 期。

江泽民:《江泽民在庆祝建党八十周年大会上的讲话》,《人民日报》2001 年第 7 期第 2 版。

姜秋霞、刘全国:《翻译学方法论研究导引》,南京大学出版社 2012 年版。

姜秋霞、权晓辉:《翻译能力与翻译行为关系的理论假设》,《中国翻译》2002 年第 6 期。

蒋雪芳:《翻译硕士专业学位研究生实践能力及其培养研究》,硕士学位论文,西北师范大学,2013 年。

教育部与国务院学位委员:《新增翻译本科培养单位及 MTI 培养院校名单》,《中国译协网》2017 年第 12 期。

金成星:《地方理工科院校英语专业实践教学体系的构建研究》,《外语电化教学》2013 年第 2 期。

金萍:《多维视域下翻译转换能力发展与翻译教学对策研究》,中国人民大学出版社 2012 年版。

孔令翠、王慧:《MTI 热中的冷思考》,《外语界》2011 年第 3 期。

[美]拉尔夫·泰勒:《课程与教学的基本原理》,罗康、张阅译,中国轻工业出版社 2014 年版。

李昌银:《翻译硕士专业学位研究生学制问题探讨》,《上海翻译》2013 年第 2 期。

李璐:《情景认知理论视角下应用型翻译人才培养的问题与对策》,《教育理论与实践》2014 年第 16 期。

李敏杰、朱薇:《社会需求视域下的翻译硕士人才培养》,《长春大学学报》2017 年第 2 期。

李娜:《建构主义视阈下应用型翻译人才培养模式探究》,《语文学刊》2011 年第 5 期。

李娜、解建红:《应用型人才的特征和培养对策》,《河南师范大学学报》(哲学社会科学版)2006 年第 4 期。

李树林:《技术本科教育实践教学体系研究》,硕士学位论文,华东师范大学,2009 年。

李兴洲、王丽:《职业教育教师实践共同体建设研究》,《教师教育研究》2016年第1期。

李雪辉:《职业院校机械类专业实践教学体系的问题与对策研究》,硕士学位论文,湖南师范大学,2013年。

李银芳:《新时期翻译人才教学模式的理性思考》,《黑龙江高教》2006年第4期。

李英涛:《以长吉图需求为导向构建校内翻译实践平台培养应用型翻译人才》,《中国校外教育》2015年第3期。

李志义:《解析工程教育专业认证的成果导向理念》,《中国高等教育》2014年第17期。

连彩云:《创新翻译教学模式研究——为地方经济发展培养应用型专业翻译人才》,《中国翻译》2011年第4期。

廖素云:《论教学型高校本科翻译人才培养目标和课程设置》,《当代教育论坛》2008年第12期。

林崇德:《教育为的是学生发展》,北京师范大学出版社2006年版。

林郁如等:《新编英语口译教程(学生用书)》,上海外语教育出版社1999年版。

刘和平:《再谈翻译教学体系的构建》,《中国翻译》2008年第3期。

刘和平:《翻译应用型人才培养与教学法》,《中国翻译》2011年第2期。

刘和平:《政产学研:语言服务人才培养新模式探究》,《中国翻译》2014年第5期。

刘晶:《新建地方本科院校实践教学体系研究》,硕士学位论文,江西师范大学,2012年。

刘宓庆:《英汉翻译技能训练手册》,旅游教育出版社1989年版。

刘宓庆:《翻译教学:理论与实务》,中国对外出版公司2003年版。

刘雅琼:《基于职业能力培养中的中职商务英语课程体系优化研究》,硕士学位论文,湖南师范大学,2013年。

刘艳、邹斯彧:《翻译专业实践教学体系的构建研究》,《湖北函授大学学报》2016年第20期。

刘艳芹、朱珊、郭红霞：《"3+1+1" MTI教学模式探索与实践》，《中国外语》2017年第1期。

柳海民、李伟言：《析知识、能力、素质》，《中国教育报》2002年第3期。

吕丽红：《应用型高职商务英语翻译实践教学体系的构建》，《海外英语》2016年第13期。

吕志：《论思想政治理论课实践教学体系构成及其建设》，《学校党建与思想教育》2010年第16期。

罗选民、黄勤、张健：《大学翻译教学测试改革与翻译能力的培养》，《外语教学》2008年第1期。

马会娟：《MTI学位论文写作模式研究》，《上海翻译》2010年第2期。

毛泽东：《实践论》，《毛泽东选集》，人民出版社1964年版。

孟凤英：《科学构建高校思想政治理论课的实践教学体系》，《思想理论教育导刊》，2017年第12期。

孟欣征：《高职高专以就业为导向的实践教学体系建设研究》，硕士学位论文，西北师范大学，2006年。

苗菊：《翻译能力研究》，《外语与外语教学》2007年第4期。

苗菊、王少爽：《翻译行业的职业趋向对翻译硕士专业教育的启示》，《中国翻译》2010年第3期。

莫爱屏：《商务翻译硕士研究生培养模式探究》，《中国翻译》2013年第3期。

穆雷：《翻译硕士专业学位：职业化教育的新起点》，《中国翻译》2007年第4期。

穆雷：《翻译硕士专业学位论文模式探讨》，《外语教学理论与实践》2011年第1期。

穆雷、王巍巍：《翻译硕士专业学位教育的特色培养模式》，《中国翻译》2011年第2期。

穆雷、杨冬敏：《MTI论文评价方式初探》，《外语教学》2012年第4期。

潘菊素：《实践教学"三课堂"联动培养高技能人才》，《中国高教研究》
　　2008年第5期。
平洪：《对我国翻译硕士专业学位教育发展的反思》，《中国翻译》2016
　　年第5期。
钱多秀、杨英姿：《北京地区MTI教育：经验、反思与建议》，《中国翻
　　译》2013年第2期。
钱国英、王刚、徐立清：《本科应用型人才的特点及其培养体系的构建》，
　　《中国大学教学》2005年第9期。
强华等：《地方高技之实践教学体系构建研究——以机械设计制造及其
　　自动化专业为例》，《西南师范大学学版》（自然科学版）2017年
　　第12期。
乔运鸿、张华荣：《行政管理专业实践教学体系的创新：价值、困境与
　　路径》，《教育理论与实践》2016年第9期。
秦悦悦：《高校应用型本科人才培养模式研究与实践》，硕士学位论文，
　　重庆大学，2009年。
全国翻译硕士专业学位研究生教育指导委员会、中国翻译协会：《全国
　　翻译硕士专业学位研究生教育兼职教师认证规范》，2011年。
全国翻译专业学位研究生教育指导委员会：《翻译硕士专业学位设置方
　　案及其说明》，2007年。
全国翻译专业学位研究生教育指导委员会：《翻译硕士专业学位研究生
　　教育指导性培养方案》，2007年。
全国翻译专业学位研究生教育指导委员会：《翻译硕士专业学位研究生
　　教育指导性培养方案》，2011年。
［美］R.J.斯滕伯格：《成功智力》，吴国宏等译，华东师范大学出版
　　社1999年版。
任兴华：《基于市场调查的翻译硕士培养》，硕士学位论文，山东师范
　　大学，2016年。
尚亚宁：《我国翻译硕士专业发展：现状、问题、对策》，《现代教育科

学》2011 年第 4 期。

沈国强：《地方院校培养应用型人才的对策研究——以湖南科技学院为个案》，硕士学位论文，中南大学，2008 年。

施良方：《课程理论——课程的基础、原理与问题》，教育科学出版社 1996 年版。

施良方、崔允漷：《教学理论：课堂教学的原理、策略与研究》，华东师范大学出版社 1999 年版。

石鑫怡：《国内 MTI 教育现状：成果、建议、问题》，硕士学位论文，四川外国语大学，2017 年。

孙宁宁：《行动者网络理论与应用型翻译人才的培养》，《高教研究与实践》2010 年第 2 期。

孙爽：《俄罗斯高等职业教育翻译专业实践教学体系的构建及其特点》，《教育探索》2015 年第 4 期。

孙跃鹏：《以职业化为导向的翻译人才培养模式研究》，《东北农业大学学报》（社会科学版）2013 年第 5 期。

唐海蓉：《从功能主义理论视角看翻译硕士专业学位笔译教材的编写》，硕士学位论文，上海外国语大学，2010 年。

仝亚辉：《PACTE 翻译能力模式研究》，《解放军外国语学院学报》2010 年第 5 期。

汪庆华：《交互式教学模式下学生翻译实践能力的培养》，《语文学刊》2016 年第 3 期。

王策三：《教学论稿》，人民教育出版社 1985 年版。

王传英：《本地化行业发展与 MTI 课程体系创新》，《外语教学》2010 年第 3 期。

王丹丹、钱春花：《基于翻译专业硕士视角的 MTI 人才培养模式研究》，《语文学刊》2015 年第 1 期。

王道俊、王汉澜：《教育学》，人民教育出版社 1989 年版。

王建国、彭云：《MTI 的教育的问题与解决建议》，《外语界》2012 年第

4 期。

王鉴：《课程与教学基本原理》，人民教育出版社 2014 年版。

王晋瑞：《关于开设 MTI 特色专业方向及相关课程设置的思考》，《学位与研究生教育》2010 年第 7 期。

王青：《广东高职院校商务英语翻译实践教学体系研究》，《现代商贸工业》2016 年第 13 期。

王树槐、粟长江：《中国翻译教学研究：发展、问题、对策》，《外国语》2008 年第 2 期。

王树槐、王若维：《翻译能力的构成因素和发展层次研究》，《外语研究》2008 年第 5 期。

王婷婷：《MTI 学生的翻译自我效能和笔译成绩的关系研究》，硕士学位论文，北京第二外国语学院，2015 年。

王通讯：《全面解读〈国家中长期人才发展规划纲要（2010—2020）〉》，《中国电力教育》2010 年第 20 期。

王习明：《构建形式多样、全员参与的思想政治理论课实践教学体系》，《湖南师范大学学报》2018 年第 3 期。

王志伟：《美国应用型翻译人才培养及其对我国 MTI 教育的启示》，《外语界》2012 年第 4 期。

韦兰芝：《本科应用型翻译人才培养模式探索》，《长春大学学报》2013 年第 2 期。

魏向清：《翻译硕士专业人才的术语能力培养与相关教材编写思考》，《翻译论坛》2014 年第 1 期。

文军、穆雷：《翻译硕士 MTI 课程设置研究》，《外语教学》2009 年第 4 期。

吴国英：《高校人文社科专业实践教学体系的构建》，中国社会科学出版社 2011 年版。

吴国英：《高校人文社科专业实践教学体系的构建研究——基于营销理念》，博士学位论文，天津大学，2010 年。

吴俊：《论民族地区高校翻译硕士专业学位人才培养——以广西为例》，

《华中师范大学学报》2012年第2期。

吴勤：《国际贸易人才综合素质与企业需求匹配分析》，《宁波大学学报》（教育科学报）2008年第3期。

吴志华：《论学生实践能力发展》，博士学位论文，东北师范大学，2006年。

吴自选、丁素萍：《以造就可以翻译人才为目标的MTI培养模式初探》，《职业与教育》2012年第9期。

肖敏：《校企合作模式下翻译专业创新实践教学体系构建研究》，《湖北经济学院学报》2017年第4期。

辛红娟、王昱：《MTI实习基地建设与管理的实践与思考》，《翻译论坛》2014年第1期。

徐畅：《"三位一体"ERP实践教学体系优化与设计研究》，《实验技术与管理》2017年第2期。

薛莲：《基于模块化教学的应用型翻译人才培养》，《合肥学院学报》（社会科学版）2012年第4期。

杨鹏：《翻译心理过程初探到翻译教学模式设想》，《福建省外国语文学会2002年会论文集》，2002年。

杨一铎等：《基于信息化环境的MTI课程混合教学模式探索》，《中国教育信息化》2014年第24期。

杨永和：《"新国标"视域下理工院校英语专业实践教学的优化与重构》，《教育评论》2016年第1期。

杨友玉：《应用型专业翻译人才的培养与中原经济区的可持续发展》，《华北水利水电学报》2013年第5期。

叶澜：《重建课堂教学价值观》，《教育研究》2002年第5期。

易自力：《全日制普通高等学校教学全面质量管理实用指南》，湖南人民出版社2006年版。

尹朝：《区域经济发展需求下的翻译实践教学体系的构建》，《吉林广播电视大学学报》2015年第2期。

余军、王朝晖：《新建本科院校应用型翻译人才培养研究》，《吉林工程技术师范学院学报》2013 年第 4 期。

俞仲文：《高等职业技术教育人才培养模式的探索与实践》，《高等工程教育研究》2002 年第 5 期。

袁朝云：《基于行业需求的 MTI 培养模式和师资解决方案》，《中国成人教育》2015 年第 17 期。

苑欣、裴正薇：《国内外十所高校翻译硕士培养方案分析》，《内蒙古农业大学学报》（社会科学版）2012 年第 5 期。

［美］约翰·杜威：《民主主义与教育》，王承绪译，人民教育出版社 2001 年版。

［美］约翰·杜威：《我们怎样思维：经验与教育》，姜文闵译，人民教育出版社 1984 年版。

曾立人：《从翻译产业发展和译员生存状况看译员人才培养》，《山西财经大学学报》2011 年第 1 期。

曾利沙：《关于科学实践观与翻译主体间性——也谈应用（旅游）翻译实践能力与专业评价能力》，《广东外语外贸学院学报》2009 年第 6 期。

曾全胜、刘文娟：《协同视域下职业院校实践教学体系架构研究》，《当代教育论坛》2018 年第 1 期。

詹成：《翻译专业实践教学模式的探索与建构——以广东外贸外语大学为例》，《开封教育学院学报》2015 年第 4 期。

张佰英、于德伟：《以企业需求为导向的翻译专业硕士培养模式研究》，《教育科学》2015 年第 6 期。

张春生：《张氏生理学词典》，上海辞书出版社 1991 年版。

张晋：《高等职业教育实践教学体系构建研究》，博士学位论文，华东师范大学，2008 年。

张良、唐志宏：《政用产学研协同创新实践探索》，《当代教育实践与教学研究》2015 年第 10 期。

张瑞娥：《翻译能力构成体系的重新建构与教学启示——从成分分析到

再范畴化》,《外语界》2012年第3期。

赵瑾:《MTI英语口译学生的学习效果及就业情况》,硕士学位论文,广东外贸外语大学,2014年。

赵晓红:《基于大学生翻译实践能力培养的翻译教学实践探索》,《宁夏师范学院学报》2016年第4期。

郑金洲:《案例教学指南》,华东师范大学出版社2000年版。

郑帅:《翻译硕士学生感知培养质量维度研究》,硕士学位论文,山东大学,2013年。

郑悦、梁丽肖:《河北省翻译硕士专业师资队伍建设研究》,《河北农业大学学报》2014年第2期。

中共中央、国务院:《关于全面深化新时代教师队伍建设改革的意见》,2018年。

中共中央、国务院:《关于深化教育改革全面推进素质教育的决定》,《人民教育》1999年第7期。

中共中央、国务院:《国家中长期教育改革与发展规划纲要(2010—2020)》,《人民教育》1999年第17期。

《中国大百科全书·教育》,中国大百科全书出版社1985年版。

中国社会科学院语言研究所:《现代汉语词典(第六版)》,商务印书馆2012年版。

中国社会科学院语言研究所词典编辑室编:《现代汉语词典》,商务印书馆1998年版。

钟启泉:《知识建构与教学创新——社会建构主义知识论及其启示》,《全球教育展望》2006年第8期。

仲伟合:《翻译硕士专业学位(MTI)及其对中国外语教学的挑战》,《中国外语》2007年第7期。

仲伟合:《翻译硕士专业学位教育点的建设》,《中国翻译》2007年第4期。

仲伟合:《翻译专业硕士(MIT)的设置——翻译学学科发展的新方向》,

《中国翻译》2006 年第 1 期。

仲伟合：《译员的知识结构与口译课程设置》，《中国翻译》2003 年第 4 期。

仲伟合：《高等学校翻译专业本科教学要求》，《中国翻译》2011 年第 3 期。

仲伟合：《我国翻译专业教育的问题与对策》，《中国翻译》2014 年第 4 期。

仲伟合、穆雷：《翻译专业人才培养模式探索与实践》，《中国外语》2008 年第 6 期。

周亚莉、何东敏：《基于职业笔译员胜任特征的翻译人才培养》，《中国翻译》2013 年第 6 期。

周亚莉、蒋芳雪：《翻译专业硕士教育研究现状与反思》，《广西教育学院学报》2013 年第 1 期。

周彦君：《应用型翻译人才培养现状及对策分析》，《双语教育研究》2015 年第 3 期。

朱波：《MTI 教师的职业化——以近三年全国 MTI 研究生教育研究项目为例》，《外语教学》2016 年第 2 期。

朱波：《试析翻译硕士导师的多重角色》，《中国翻译》2011 年第 5 期。

庄智象：《关于我国翻译专业建设的几点思考》，《外语界》2007 年第 3 期。

二 外文文献

Adab, B., *Evaluating Translation Competence*, In C. Schäffner & B. Adab (eds.) Developing Translation Competence, Amsterdam/Philadelphia: John Benjamins Publishing Company, 2000.

Almarza, G. G., *Student Foreign Language Teachers' Knowledge Growth*, In D. Freeman & J. C. Richards (eds.) Teacher Learning in Language Teaching, Cambridge: Cambridge University Press, 1996.

Alves, F., *Triangulating Translation: Perspectives in Process Oriented Research*, Amsterdam/Philadelphia: John Benjamins Publishing Company, 2003.

Anderson, J. R. Fincham, J. M. & Douglass S., *The Role of Examples and Rules in the Acquisition of a Cognitive skill*, Journal of Experimental Psychology: Learning, Memory andCognition, 23 (4).

Anderson, J. R., *Acquisition of Cognitive Skill*, Psychological Review, 1982, 89 (4).

Anderson, J. R., *Language, Memory and Thought*, Hillsdale, NJ: Lawrence Erlbaum Associates, 1976.

Anderson, J. R., *The Architecture of Cognition*, Cambridge, MA: Harvard University Press, 1983.

Baer, B. J. & Geoffrey, S. K., *Beyond the Ivory Tower: Rethinking Translationgogy*, Amsterdam/Philadelphia: John Benjamins Publishing Company, 2003.

Baker, M., *Routledge Encyclopedia of Translation Studies*, London & New York: Routledge, 1998.

Beeby, A., Ensinger D. & Presas, M., *Investigating Translation: Selected Papers from the 4th International Congress on Translation*, Barcelona, 1998. Amsterdam/Philadelphia: John Benjamins Publishing Company, 2000.

Bell, R., *Translation and Translating*, London: Longman, 1991.

Bell, R. T., *Translation and Translating: Theory and Practice*, Beijing: Foreign language Teaching and Research Press, 2001.

Bell, R. T., *Translation and Translating: Theory and Practice*, London/New York: Longman, 1991.

Borko, H. & Putnam, R. T., *Learning to teach*, In David C. In D. C. Berliner & R. C. Calfee (eds.) Handbook of Educational Psychology, New York: Macmillan, 1996.

Bullock, A. A. & Hawk, P. P., *Developing a Teaching Portfolio: A Guide for Preservice and Practicing Teachers*, New Jersey: Prentice-Hall, Inc, 2001.

Chesterman Andrew, Memes of Translation: The Spread of Ideas in Translation Theory, *Amsterdam and Phiadelphia: John Benjamins*, 1997.

Chesterman, A. & Wagner, E., *Can Theory Help Translators? A Dialogue Betweenthe Ivory Tower and the Wordface*, Beijing: Foreign Language Teaching and Research Press, 2006.

Chomsky, N., *Aspects of the Theory of Syntax*, Cambridge: MIT Press, 1965.

Cochran, K. F., DeRuiter, J. A. & King, R. A., *Pedagogical content knowledge: Anintegrative model for teacher preparation*, Journal of Teacher Education, 1993, (44): 4.

De Bot, K., W. Lowie & M. Verspoor, *A Dynamic Systems Theory Approach to Second Language Acquisition*, Bilingualism: Language and Cognition, 2007, 10 (1).

Fitts, P. M., *Perceptual-motor skill learning*, In A. W. Melton (ed.), Categories of Human Learning, New York: Academic Press, 1964.

Gile, D., *Basic Concepts and Models for Interpreter and Translator Training*, Amsterdam & Philadelphia: John Benjamins Publishing Company, 1995.

Harris, B. & Sherwood, B., *Translating as an Innate Skill*, In Gerver, D. & Sinaiko, W. (eds.), Language, Interpretation and Communication, New York/London: Plenum, 1978.

Hatch, E. & Farhady, H., *Second Language Acquisition: A Book of Readings*, Newbury House, Rowley, MA, 1982.

Hatim, B. & I. Mason, *Discourse and the Translator*, London: Longman, 1990.

Holemes, J. S., *The Name and Nature of Translation Studies*, In lawrence Venuti (ed.), The Translation Studies Readers, London & New York:

Routledge, 2000.

Hymes, D., *On communicative competence*, In J. B. Pride and J. Holmes (eds), Sociolinguistics: Selected Readings, Harmondsworth: Penguin Books, 1972.

Johnson, R. & Whitelock, P., *Machine Translation as an Expert Task*, In: S. Nirenburg (ed.), Machine Translation: Theoretical and Methodological Issues, Cambridge: Cambridge University Press, 1987.

Neubert, A., *Competence in Language, in Languages, and in Translation*, In Schaffner, C. & Adab, B. (Eds), Developing Translation Competence, Amsterdam/Philadelphia: John Benjamins Publishing Company, 2000.

Nida, Eugene & Willians D., *Reyburn, Meaning Across Culture*, New York: Orbis Books, 1993.

Nord, Christiane, *Text Analysis in Translation: Theory, Methodology, and Didactic Application of Model for Translation-Oriented Text Analysis (Second Edition)*, Beijing: Foreign Language Teaching and Research Press, 2006.

PACTE, *Acquiring translation competence: Hypotheses and methodological problems of a research project*, In A. Beeby et al (eds.) Investigating Translation, Selected Papers from the 4th International Congress on Translation, Barcelona, 1998, Amsterdam: John Benjamins, 2000.

PACTE, *Building a translation competence model//Flalves*, Triangulating Translation: Perspectives in Process Orient-ed Research, Amsterdam: John Benjamins, 2003.

PCTE, Investigating Translation Competence Conceptual and Methodological Issue, *Meta*, 2005, (2).

Presas, M., Bilingual Competence and Translation Competence Developing Translation Competence, In Schffner, C. & B. Adab (eds). Developing Translation Competence, *John Benjamins BV*, 2000.

Spiro, R. & Jengh, J., *Cognitive Flexibility and Hypertext: Theory and Technology for the Non-liner and Multidimensional Traversal of Complex Subject Matter*, In D. Nix & R. J. Spiro (Eds.), Congnition, Education, and Multimedia: Exploring ideas in high technology, Hillsdale, NJ: Lawrence Erlbaum Associates, 1990.

Stenhouse, L., *An Introduction to Curriculum Research and Development*, London: Heinemann, 1975.

Stern, H. H., *Fundamental Concepts of Language Teaching*, Oxford: Oxford University Press, 1983.

Tennent, M., *Training for the New Millennium: Pedagogies for Translation and Interpreting*, Amsterdam/Philadelphia: John Benjamins Publishing Company, 2005.

Toury, G., *Descriptive Translation Studies and Beyond*, Amsterdam/Philadelphia: John Benjamins Publishing Company, 1995.